Phyllis Lose

Kein Job für ein Mädchen?

Phyllis Lose/Daniel Mannix

Kein Job für
ein Mädchen?

Das aufregende Leben einer Pferdetierärztin

Aus dem Amerikanischen von Dr. Elisabeth Golz

FN-Verlag Warendorf

CIP-Titelaufnahme der Deutschen Bibliothek

Lose, M. Phyllis:
Kein Job für ein Mädchen? / Phyllis Lose. [As told to Daniel
Mannix]. Aus d. Amerikan. von Elisabeth Golz. [Hrsg.:
Isabelle von Neumann-Cosel-Nebe]. - Warendorf: FN-Verl.,
1989
   Einheitssacht.: No job for a lady dt.
   ISBN 3-88542-210-7
NE: Mannix, Daniel [Bearb.]

Aus dem Amerikanischen übersetzt von Dr. Elisabeth Golz.
Titel der Originalausgabe „No Job for a Lady. The Autobiography of M. Phyllis Lose,
V.M.D., as told to Daniel Mannix", erschienen im Verlag MacMillan Publishing Co., Inc.,
New York.
ISBN 0-02-05752X0-5
© 1979 by M. Phyllis Lose, V.M.D., and Daniel Mannix.

Für die deutschsprachige Ausgabe:
© FN-Verlag der Deutschen Reiterlichen Vereinigung GmbH.,
Warendorf 1989, as in the original English edition.
Herausgeber: Isabelle von Neumann-Cosel-Nebe
Alle Rechte vorbehalten. Nachdruck, auch auszugsweise,
nur mit schriftlicher Genehmigung des Verlages.

Umschlaggestaltung: Uwe Spenlen, Köln
Druck: SCHNELL Buch & Druck, Warendorf
Buchbinderische Verarbeitung: Gehring, Bielefeld

ISBN 3-88542-210-7

Inhalt

Ein Fohlen wird geboren

Der Notruf riß mich mitten in der Nacht aus tiefem Schlaf, und ich hatte schon Schuhe und Overall an, bevor er verstummte. Mutter mußte einen Anruf bekommen haben, daß irgendwo etwas nicht lief, wie es sollte, und hatte mich von ihrem Schlafzimmer aus geweckt. Das Leuchtzifferblatt auf meiner Uhr zeigte ein paar Minuten nach eins. Auf so etwas mußte ich gefaßt sein, denn wir hatten Februar, den Höhepunkt der Abfohlzeit. Da die Geburtshilfe bei den Stuten mein spezielles Arbeitsgebiet war, bedeutete diese Jahreszeit, daß ich zu jeder Stunde abrufbereit zu sein hatte. Nach den Bestimmungen der Nationalen Rennbehörde gelten alle Pferde eines Jahrganges als gleich alt und müssen in den Rennen gegeneinander laufen, obwohl es natürlich ein großer Unterschied ist, ob ein Pferd früh im Jahr oder erst Monate später geboren wurde. Ein zehn oder gar zwölf Monate älteres Pferd besitzt einen gewaltigen Vorsprung. Die Züchter versuchen daher alles, damit ihre Fohlen so früh wie möglich im Jahr geboren werden. Das heißt für mich, Tag und Nacht erreichbar zu sein. Anfangs, als ich gerade meine Approbation als Tierärztin erhalten hatte, betrachtete man Geburtshilfe bei Pferden als zu schwere Arbeit für eine Frau. Sicherlich, es ist ein hartes Geschäft, aber das Erlebnis, einem kleinen Fohlen auf die Welt zu verhelfen, wiegt das reichlich wieder auf.

Das Anziehen war im Nu erledigt, weil meine Arbeitskleidung mit Reißverschlüssen ausgestattet ist, um Zeit zu sparen. Denn wenn eine Stute Schwierigkeiten hat, zählen Sekunden. Gerade jetzt hätte ich für mein Leben gern eine Tasse Kaffee gehabt, aber es war keine Zeit mehr dafür. Ich griff nach dem Hörer des Haustelefons. Mutter war am anderen Ende und wartete in ihrem Schlafzimmer auf meinen Gegenruf. Sie nimmt alle von draußen kommenden Gespräche an, weil ich oft nicht zu Hause bin und nur über Autofunk erreicht werden kann.

"Es ist die Echo-Valley-Farm, der Stall von William Fitler", teilte mir Mutter mit. Sie ist unglaublich tüchtig und kennt alle wichtigen Ställe und ihre Besitzer.

"Ich weiß, seine braune Stute ist tragend. Hat sie Schwierigkeiten?"

"Ja, augenscheinlich sieht es schlecht aus. Es klang nach einer Querlage des Fohlens. Beeile dich, bitte. Norma gibt dir an der Tür eine Thermoskanne mit Kaffee für unterwegs mit."

"Gott segne Norma", sagte ich nur und hängte auf.

Noch halb im Schlaf stolperte ich die Treppe hinunter. Da war sie, meine Schwester Norma, in Bademantel und Hausschuhen, und mit der ersehnten Thermoskanne! "Danke", konnte ich nur murmeln. "Tut mir leid, daß du aufstehen mußtest."

"Schon gut. Ich brauche dafür auch nicht stundenlang über eisige Straßen zu fahren, um einer Stute bei der Geburt zu helfen." Sie zögerte. "Ich habe das Gespräch mit Mr. Fitler mitgehört. Er ist halb verrückt vor Sorge um die Stute."

Das konnte ich mir allerdings gut vorstellen. Mr. Fitler dachte, was Pferde betraf, nur nach kaufmännischen Gesichtspunkten.

Die braune Stute repräsentierte einen Wert von 50 000 Dollar. Der Vater des Fohlens war Sporting Chance, dessen Decktaxe 10 000 Dollar betrug. Ja, ich konnte verstehen, daß sich Mr. Fitler Sorgen machte.

Norma hielt mir die Tür auf, während ich einen dicken Mantel überzog und in der Nacht verschwand. Die mörderische Kälte nahm mir fast den Atem. Das Thermometer hatte schon den ganzen Tag über strengen Frost angezeigt, jetzt war die Temperatur wohl noch eisiger. Wir wohnen in einem Haus aus der Kolonialzeit, nicht weit vom Valley-Forge-Park in der Nähe von Philadelphia, und aus unseren Fenstern konnte man seinerzeit Washington und seine Armee vorbeimarschieren sehen auf dem Wege zum Schlachtfeld der Battle of Clouds, fünf Meilen weiter. Trotz aller Fortschritte und Autobahnen hat sich der größte Teil des flachen Landes seitdem kaum verändert. Es ist immer noch ein Gebiet der Farmer und Pferdezüchter. Es gibt eine Reihe großer Landgüter, die seinerzeit die Main Line so berühmt machten, noch heute ein eleganter Wohnbezirk der Reichen von Philadelphia. Damals fragte Königin Viktoria eine Debütantin, wo sie denn wohne. Das Mädchen antwortete erstaunt: "Auf der Main Line natürlich." Die Geschichte der Grubbs-Mill-Road, an der unser Haus liegt, geht sogar noch weiter zurück bis vor die Zeit von William Penn, bis zu den schwedischen Entdeckern. Sie wird von Bäumen gesäumt, die ihr im Sommer Kühle und Schatten geben; im Winter, wenn Schnee den Boden bedeckt, kann man an ihnen die Kurven der Straße erkennen. Man findet sich dann nicht plötzlich auf einem Acker, inmitten von überraschten Schafen wieder. Einige der Ahornbäume sind uralt, mit Stämmen, die einen Umfang von beinahe zweieinhalb Metern besitzen.

Gelbe Lichtvierecke fielen aus den Küchenfenstern auf das braune, gefrorene Gras, das unter meinen Stiefeln knirschte, als ich zur Garage rannte. Der scharfe Wind und die Kälte drangen mir bis in die Lungen. Glücklicherweise war die Nacht klar, mit stahlblauen Sternen und einem bleichen Mond. Mein Wagen stand in der Garage, beladen mit allem, was ich vielleicht brauchen würde, und das war eine ganze Menge, denn ich weiß nie, was mich erwartet, und muß auf jeden Notfall gefaßt sein. Ein Klempner, der sein Handwerkszeug vergißt, kann

8

noch einmal umkehren. Wenn ich aus irgendeinem Grund zurück muß, kann mein Patient schon tot sein, bevor ich wieder da bin. Ich fahre einen Cadillac, den einzigen Wagentyp, der die Behandlung verträgt, die ich ihm zuteil werden lasse.

Im Gepäckraum war ein Kühlschrank eingebaut, der verderbliche Medikamente enthielt. Wenn der Motor in Gang war, bezog der Kühlschrank seine Energie aus der Batterie, aber jetzt war er über ein langes Kabel mit einer Steckdose in der Garagenwand in Betrieb. Es gehört zu meinen ständigen Alpträumen - und davon besitze ich eine ganze Kollektion - , daß ich vergessen könnte, diese Verbindung zu lösen, und dann mit fünf Metern Kabel hinter mir losfahre. Diesmal dachte ich aber daran.

Ich fuhr an unserer Weide entlang, deren weiße Zaunpfähle im Mondlicht wie eine Prozession von Geistern vorbeihuschten, und ließ das Eisentor hinter mir. Dann drehte ich nach Westen auf die Grubbs-Mill-Road. Sobald ich auf fester Straße war, meldete ich mich über das Autoradio: "KGH, 6-5-6" und wartete.

Das ist unser Code-Ruf. Unser Autofunk hat eine Reichweite von 50 Meilen, und wir brauchen für seinen Betrieb eine besondere Lizenz.

Alle unsere Anrufe werden von der Regierung überwacht, und nur dienstliche, beziehungsweise geschäftliche Gespräche sind erlaubt. 50 Meilen Reichweite sind der Normalfall, aber manchmal klappt der Empfang auch unter besonders günstigen Bedingungen bei weit größerer Entfernung. Einmal rief ich Norma an, und sie erinnerte mich daran, daß ich vierundzwanzig Stunden nicht gegessen hätte. "Im Kühlschrank bei den Arzneien liegt ein Sandwich für dich", fügte sie hinzu. Ich teilte ihr nur kurz mit, ich hätte keine Zeit zum Anhalten. Da schaltete sich plötzlich eine Männerstimme ein: "Essen Sie das Sandwich, verdammt noch mal. Halten Sie an der erstbesten Stelle, und trinken Sie etwas Kaffee." Ich fragte erstaunt zurück: "Wer sind Sie?" "Hier spricht die Autobahn-Kontrolle von Ohio, und wir wollen Ihrer Polizei die Mühe sparen, Sie an irgendeinem Baum aufzusammeln!"

Jetzt hörte ich Normas Stimme: "Mr. Fitler hat wieder angerufen. Die Stute wird sehr unruhig. Er wollte wissen, ob du schon unterwegs bist."

Ich hatte gehofft, es kämen etwas beruhigendere Nachrichten, wie z.B. "Sei unbesorgt, beide Vorderbeine sind schon draußen!" Trotz der vereisten und kurvenreichen Straße trat ich auf das Gaspedal. Dabei gelang es mir, den Deckel der Thermoskanne loszuschrauben und einen Schluck des kochendheißen Kaffees zu trinken. Zu den besonderen Fertigkeiten, die ich in meinem Beruf beherrschen lernte, gehörte es eben auch, gleichzeitig trinken und fahren zu können. Für keinen von uns würde es heute nacht Schlaf geben. Norma würde am Radioempfänger bleiben und auf einen Anruf von mir warten, falls irgendetwas schief ging. Mutter hütete das Telefon, um in Verbindung mit Fitler zu bleiben oder, falls ein weiterer Notruf kam, ihn an einen anderen Tierarzt weiterzuleiten, der zur Verfügung stand und sofort kommen konnte.

So ein Autofunk ist ein Geschenk des Himmels. Ich kenne einige Tierärzte, die einen Empfänger an ihrem Gürtel tragen, der einen Summton von sich gibt, wenn ihr Büro mit ihnen sprechen will. Das hat den Vorteil, daß sie selbst im Stall oder mitten auf einer Weide alarmiert werden können. Aber ich mache keinen Gebrauch davon. Es dauert meistens viel zu lange, ein Telefon zu finden, um nach dem Alarm zurückzurufen und herauszubekommen, was los ist.

Ich verließ die Grubbs-Mill-Road und bog auf eine moderne Autobahn ein, die schnurgerade über Land führte. Jetzt gab es keine Bäume mehr als freundliche Begleiter, stattdessen nur Hochspannungsleitungen und endlose Industrieanlagen, die sich wegen der hohen Steuern in Philadelphia in den Vororten angesiedelt hatten. Zu dieser nächtlichen Stunde gab es keinen Verkehr, und ich drückte nochmal auf das Gaspedal. Wieder quäkte das Radio, und ich hörte Normas besorgte Stimme: "Beeil dich, er glaubt nicht, daß die Stute noch lange durchhalten kann."

Aus langjähriger Erfahrung konnte ich mir vorstellen, wie das arme Tier, halb wahnsinnig vor Schmerz, das Stroh bearbeitete, wie das Fohlen in ihr stieß und kämpfte und wie beide immer schwächer wurden, bis eines von ihnen oder gar beide starben. Kein schönes Bild, aber jetzt waren es nur noch wenige Meilen bis zur Fitler Farm. Ich hatte das Industriegebiet hinter mir und war jetzt im offenen Farmland, abgesehen von einem Baum dann und wann und den Masten mit den Stromleitungen, die gegen den nächtlichen Himmel wie die Skelette marschierender Giganten wirkten. Ich fuhr noch schneller. Plötzlich gab es einen Knall wie von einem Schuß, der Wagen geriet ins Schleudern, während ich mit dem Lenkrad kämpfte. Dann kam ich schliddernd zum Halten, ein Hinterreifen war geplatzt, zu diesem Zeitpunkt einfach eine Katastrophe. Der Wagen war überladen gewesen, wie ich genau wußte. Norma und ich stritten uns ständig darüber, wieviel der Kofferraum fassen konnte. Gelegentlich wurde ich selbst verrückt, vor allem, wenn hinten alles so voll von Instrumenten, Arzneien, Eimern, Tabletts und Flaschen war, daß ich nicht finden konnte, wonach ich suchte. Dann ließ ich Norma das meiste wieder herausnehmen, ohne mich um ihre Proteste zu kümmern. Mit Sicherheit passierte es dann wenige Tage später, daß ich zu einem Termin unterwegs war und nicht finden konnte, was ich dringend brauchte. Dann, so Norma, riefe ich sie an und jammerte, sie hätte alles, ohne mich zu fragen, ausgeräumt. Norma packte also alles wieder ein, und bei dem nun wieder überladenen Wagen brach dann natürlich auf einem ausgefahrenen Landweg ein Stoßdämpfer. Diesmal hatte ich es gründlich geschafft! Aber, Gott sei Dank, das Autoradio funktionierte noch!

Ich nahm das Mikrophon ab und rief: "KGH, 6-5-6, Notruf!" und wartete auf die vertraute Antwort.

10

Aber es meldete sich niemand. Ich versuchte es nochmals, wieder nichts. Ich fluchte, was nicht oft vorkommt, und versuchte es zum dritten Mal. Unglaublich, aber das Radio war tot. Es hatte offenbar sein Leben ausgehaucht und doch vor wenigen Minuten noch perfekt funktioniert! Vielleicht hatte sich die Antenne gelöst. Ich sprang aus dem Wagen, um sie zu kontrollieren, nervös und besorgt wegen der Stute. Erst die Eiseskälte, die mich überfiel, als ich ausstieg, ließ mich wieder normal denken.

Als ich die Antenne betrachtete, erkannte ich, woher die Störung kam. Die Antenne selbst war völlig in Ordnung, aber ich hatte das Pech gehabt, ausgerechnet unter einer Starkstromleitung zum Halten zu kommen, die die Straße gerade an dieser Stelle überquerte. Das Radio funktioniert unter einer solchen Leitung nicht.

Es war zwar schlimm, aber keine Katastrophe, da ich die restlichen Meilen bis zum Stall auf den Felgen des Platten fahren konnte. Das würde zwar dem Wagen schaden, aber ich könnte die Stute und ihr Fohlen retten. Ich mußte nur erst einmal von der Stromleitung weg. Ich stieg wieder ein, legte den Gang ein und trat aufs Gaspedal.

Im Rückspiegel sah ich einen Funkenregen, als die Metallfelge auf dem Asphalt ins Drehen kam. Der Wagen war wie mit einem Anker an die Straße gekettet, und was noch schlimmer war, die Funken ließen sich in feurigen Schauern auf meinem Benzintank nieder. Ich schaltete schnellstens den Motor ab und versuchte, einen klaren Gedanken zu fassen.

Die Straße kannte ich genau, sie war sehr einsam. Es bestand fast keine Hoffnung, daß irgend jemand vor der Morgendämmerung vorbeikommen würde. Ich stieg wieder aus und sah mich um; nichts als Felder und Wälder, wohin ich auch blickte. Nirgendwo so etwas wie ein bewohntes Haus. Vor meinen Augen hatte ich das Bild der leidenden Stute; vermutlich war das Fohlen inzwischen schon gestorben. Norma würde nach einiger Zeit versuchen, mich zu erreichen, und wenn von mir keine Antwort kam, würde sie schließlich die Polizei verständigen, die mich dann fände. Bis dahin wären aber Stute und Fohlen mit Sicherheit tot.

Da sah ich plötzlich weit jenseits der Felder ein winziges Licht, nicht größer als ein Glühwürmchen. Von einer anderen Stelle aus schaute ich nochmals hin, um ganz sicher zu gehen. Das da drüben mußte ein Haus sein, und jemand war zu dieser Stunde noch auf.

Das Feld war mit mehrfachem Stacheldraht eingezäunt. Diese Farmer hatten keinen eleganten und leicht zu übersteigenden weißen Plankenzaun.

Ich hatte das Gefühl, als stünden mir noch mehrere dieser Hindernisse bevor, bis ich es zum Haus schaffte. So ließ ich meinen Mantel im Wagen und marschierte los über den gefrorenen Boden. Einige Jahre zuvor hatte ich versucht,

Stacheldrahtzäune in einem Mantel zu überklettern. Lieber würde ich erfrieren, als das noch einmal zu tun!

Die Strecke bis zu dem Farmhaus hatte sehr weit ausgesehen, aber das war eine optische Täuschung: es war doppelt so weit. Die alten Farmhäuser wurden nur wenige Meter neben der Straße gebaut, so daß sich die Bewohner nach einem Schneesturm schnell ihren Weg freischaufeln konnten. Aber das war natürlich lange vor der Zeit des dichten Verkehrs und der Motorfahrzeuge mit ihrem Lärm und Gestank. Heute wollen die Farmer so weit wie möglich von den Straßen weg, und ich kann es ihnen nicht verdenken, außer - es sei gerade mitten in der Nacht, und ich falle in Gräben und muß über Zäune steigen. Immerhin, das Licht wurde größer und heller, bis ich schließlich die Umrisse des Hauses gegen den nächtlichen Himmel ausmachen konnte. Das Licht kam, wie es schien, aus dem Wohnzimmer, wo ich vier Männer an einem Tisch Karten spielen sah. Offenbar rauchten sie alle seit vielen Stunden, denn das Zimmer war völlig vernebelt. Außerdem standen so viele Bierdosen auf dem Tisch, daß sie kaum Platz für ihre Karten hatten.

Ich mühte mich über die vereisten Stufen auf die Veranda und hämmerte gegen die Tür. Zuvor waren Stimmengemurmel und dann und wann ein Lachen zu hören gewesen. Jetzt trat plötzlich Totenstille ein. Ich klopfte nochmals und machte mich mit lauten Rufen bemerkbar. Schließlich öffnete ein bulliger Mann im Overall und starrte mich ungläubig an.

"Ich bin Tierärztin, die über Notruf angefordert wurde", erläuterte ich. "Ich bin mit dem Wagen liegengeblieben. Darf ich wohl Ihr Telefon benutzen?"

Die vier Männer sahen mich an, als sei ich ein Gespenst. Schließlich fragte der im Overall: "Was haben Sie gesagt, sind Sie?"

"Ein Tierarzt, ein Veterinär!" Als sie mich immer noch verständnislos anstarrten, fügte ich verzweifelt hinzu: "Ein Pferdedoktor. Eine Stute hat Schwierigkeiten beim Abfohlen, und ich brauche eine Verbindung zu meinem Büro."

Dazu muß ich erklären, daß es damals, in den fünfziger Jahren, nur zwei andere weibliche Tierärzte in Pennsylvanien gab, und die hatten nur eine Kleintierpraxis.

Für diese Männer war die Vorstellung einer Frau als Tierärztin einfach unfaßbar. Einer von ihnen, ein fetter Mann mit einer Lederjacke, fragte freundlich: "Sie meinen, wir sollen einen Tierarzt rufen für Ihr krankes Pferd?"

Die Tatsache, daß ich klein, schlank und blond bin, half mir auch nicht weiter und machte auf diese altmodischen Leute keinen Eindruck. "Ich bin selbst Tierarzt", antwortete ich ihm und hatte Mühe, meinen Gleichmut unter Kontrolle zu halten. "Sehen Sie sich meinen Overall an. Mein Wagen steht draußen auf der Straße, voll von Instrumenten und Arzneien. Wollen Sie mal hingehen?"

"Nun trinken Sie erst mal einen", schlug ein anderer Farmer vor und griff hinter sich nach einer Dose Bier auf dem Kleiderschrank. "Wo steht denn das kranke Pferd?"

Schließlich gelang es mir, sie dazu zu überreden, mich wenigstens ihr Telefon benutzen zu lassen. "Wo bist du?" Norma schrie es fast, sobald sie meine Stimme hörte.

"Von Mr. Fitlers Stall ist wieder angerufen worde. Die Stute wird immer schwächer. Ich konnte dich über Autofunk nicht erreichen. Was ist passiert?"

Ich erklärte es ihr in kurzen Worten und bat sie um die Nummer von Fitlers Stall. Dann rief ich dort an. Einer der Pfleger war am Telefon, aber sobald er meinen Namen hörte, holte er Mr. Fitler.

Mr. Fitler war völlig kopflos. Er sagte, die Stute sei so gut wie tot; für das Fohlen hatte er alle Hoffnung aufgegeben.

Ich erklärte ihm, wo mein Wagen stand. "Schicken Sie so schnell wie möglich jemanden", drängte ich ihn. "Was ich brauche, nehme ich aus dem Wagen und warte dann auf Sie. Bitte vergeuden Sie keine Zeit."

Ich dankte meinen Gastgebern, die schließlich begriffen hatten, daß ich nicht verrückt war, und verabschiedete mich. Jetzt, wo ich den Weg über die Felder kannte, war der Rückweg leichter. Aus dem Wagen holte ich einige Aluminiumeimer, Spritzen, Medikamente, Überziehärmel aus Kunststoff, meinen Geburtshilfekoffer und alle Instrumente, die ich möglicherweise brauchen würde. Kaum war ich fertig, hielt ein Wagen mit quietschenden Bremsen neben mir.

Mrs. Fitler war am Steuer. Glücklicherweise kam sie mit einem Kombiwagen. Ich packte meine Eimer und Instrumente in den Laderaum und kletterte vorne zu ihr auf den Beifahrersitz. Im Notfall bin ich selbst an schnelles Fahren gewöhnt, aber ihre Fahrweise flößte mir Angst und Schrecken ein. Sie redete dauernd von der Stute, was für ein wertvolles Tier sie sei und wie sehr sie mit dem Fohlen gerechnet hatten. Manchmal brach sie in Tränen aus. Gott sei Dank war die Fahrt nur kurz, und wir begegneten auch keinem anderen Wagen.

Die Fitler Farm ist ein riesiges Anwesen von über 60 Hektar. Während der Decksaison standen dort 200 Stuten und 5 Hengste. Selbst außerhalb dieser Zeit waren es niemals weniger als 100 Stuten. Die Farm hatte drei Ställe; der ursprüngliche Stall war über 200 Jahre alt und wie die meisten aus jener Zeit in einen Hügel hineingebaut, damit die Gespanne die Heuwagen leichter in den weiten Speicher einfahren konnten. Im unteren Teil waren dann die Ställe. Der Hügel hielt sie auf diese Weise kühl und schützte im Winter gegen die scharfen Winde.

Wir fuhren an Feldern vorbei, die jetzt kahl und ohne Frucht dalagen, aber im Sommer vor Hafer und Alfalfa strotzten, von Klee und Futtergras, die als Heu in Vorrat genommen wurden. Als wir den Boxenstall erreichten, flog die Doppeltür einer Box auf, und eine Dampfwolke drang aus dem heißen Inneren. Da stand

Mr. Fitler, neben ihm mehrere Pfleger. Er rauchte eine Zigarre und winkte mich herein. "Wo zum Teufel, bleiben Sie?" rief er, als ich aus dem Wagen stieg. "Die Stute hat sich gerade gelegt. Wir haben versucht, sie im Schritt zu halten, aber es war zuviel für sie. Das Fohlen ist mir eine Viertelmillion wert."

Eine der Tragödien bei der Arbeit mit Vollblütern - und für jeden Pferdeliebhaber ist es eine wirkliche Tragödie - besteht darin, daß sie oft so wertvoll sind, daß finanzielle Überlegungen alle anderen Faktoren ausschalten. Alle sonstigen physischen und geistigen Qualitäten werden dem Rennvermögen geopfert. Als Endergebnis einer solchen intensiven Zucht ist das Tier nur allzuoft so empfindlich, daß es kein normales Leben führen kann. Außerdem hat der Besitzer häufig so viel Geld in das Tier investiert, daß selbst eine geringfügige Verletzung, die das Pferd in seinem Tempo auf der Rennbahn behindert, seinem Bankkonto einen entscheidenden Schlag versetzen kann.

Unter solchen Umständen macht die Arbeit mit Pferden keinen Spaß mehr; es gibt keine wirkliche persönliche Beziehung zwischen Herr und Pferd. Was bleibt, ist ein hartes, möglichst einträgliches Geschäft.

Ich griff nach meinem Koffer und betrat die Box. Da standen sechs oder sieben Männer - Pfleger und Stalljungen - um die im Stroh liegende Stute herum. Sie hatte die Augen verdreht, so daß man das Weiße sehen konnte, zitterte und atmete schwer und hatte offensichtlich große Schmerzen. Vom Fohlen war noch nichts zu sehen, aber das Fruchtwasser war schon abgegangen, ihre Hinterbeine und das Stroh darunter waren völlig durchnäßt.

Ich mußte zunächst den Schmerz lindern, bevor ich irgend etwas mit dem armen Tier tun konnte. Sie bekam eine Beruhigungsspritze, und während diese langsam wirkte, schickte ich einen der Männer mit zwei Eimern nach heißem Wasser. Dann ließ ich einen anderen ihren Schweif bandagieren, damit die verschmutzten Haare nicht die Dammregion infizierten. Sobald das Wasser kam, wusch ich die Scheide aus und zog einen Kunststoffärmel über Hand und Arm.

Die Stute verhielt sich jetzt ruhig, war aber kaum bei Bewußtsein und hatte keine großen Schmerzen mehr. Ich arbeitete mich mit der Hand immer tiefer, bis ich das Fohlen berühren konnte. Die Männer, die bisher laut miteinander gesprochen hatten, waren jetzt still, abgesehen von Mr. Fitler, der dauernd hin- und hermarschierte und an seiner Zigarre kaute.

In dem Augenblick, in dem ich das Fohlen berührte, hatte ich das schreckliche Gefühl, daß es tot war. An dem kleinen Körper war kein "Tonus", keine Spannung, zu spüren. Es war feucht und schlaff wie ein Stück Fleisch beim Metzge. Ich steckte meinen Finger in sein Maul und konnte keinen Zungenreflex spüren. Dann tastete ich nach dem Auge.

Bildete ich mir das ein, oder gab es eine schwache Reaktion? Doch ich konnte weder Puls noch Herzschlag wahrnehmen.

14

Auf den Knien im Stroh und mit einem Arm in der unglücklichen Stute, fragte ich mich, ob ich wohl rechtzeitig hätte kommen können, wenn ich den Wagen nicht so unbedenklich überladen hätte. Ich würde Mr. Fitler sagen müssen, daß sein Fohlen tot war, und war zu müde und zu mutlos, als daß ich mich noch über den Wutausbruch aufregen konnte, der dann unweigerlich kommen würde. Hätte ich doch nur den armen kleinen Kerl retten können!

"Es tut mir leid", brachte ich schließlich heraus, "aber ich glaube, das Fohlen ist tot."

Er blieb stehen. "Wie können Sie das feststellen?" schrie er mich an.

"Ich bin mir nicht ganz sicher, aber ich kann keine Zeichen von Leben fühlen. Wir werden uns um die Stute kümmern müssen, sie ist sehr schwach und macht es nicht mehr lange."

Er begann wieder hin- und herzulaufen, sein anziehendes Gesicht lief rot an. "Zehntausend Dollar Decktaxe für nichts und wieder nichts. Futter- und Pflegekosten für ein Jahr zum Fenster raus! Jetzt kann ich von dieser Stute erst nach einem weiteren Jahr ein Fohlen haben - noch mehr Verlust. Warum konnten Sie auch nicht schneller kommen?" Fluchend marschierte er wieder auf und ab.

Inzwischen war ich fast soweit, das Fohlen herauszuziehen, eine Arbeit, an die ich nur ungern ging. Die Beine eines Fohlens sind überaus lang, und es ist sehr schwierig, sie für die Geburt in die richte Lage zu bringen. Ein Fehler, und die Gebärmutterhaut reißt. Das würde bedeuten, daß die Stute nie mehr fohlen könnte, selbst wenn sie überlebte, und auch das wäre unwahrscheinlich.

Oder das Fohlen könnte sich in aussichtsloser Lage in ihr verklemmt haben. Von solchen Fällen hatte ich gehört. Dann mußte der Fötus in der Mutter mit einer Drahtsäge zerschnitten und Stück für Stück herausgeholt werden, eine gräßliche und gefährliche Prozedur, bei der der Zeitfaktor wichtig war. Die Mutter könnte zuviel Blut verlieren und an Blutvergiftung oder Schock eingehen. Wenn andererseits das Fohlen zu plötzlich herausgezogen würde, könnte der Geburtsweg für immer zerstört werden.

Meine größte Sorge betraf den Verlust des Fruchtwassers und die Tatsache, daß der kleine Körper nun praktisch trocken lag. Es gab kein Schmiermittel mehr, das dem Fohlen die Passage durch die Gebärmutter ermöglicht hätte, und unter diesen Umständen würde sie bestimmt reißen. Das wäre verhängnisvoll.

Glücklicherweise hatte ich eine Magenpumpe mitgebracht und einige Liter Paraffinöl. Dies pumpte ich in die Gebärmutter der Stute. Bald danach konnte ich meine Hand einführen und das Fohlen wieder in die richtige Lage bringen; aber so sehr ich mich auch abmühte, die Vorderbeine sperrten nach wie vor, weil sie in sich verdreht lagen. Langsam, Zentimeter für Zentimeter, brachte ich sie heraus.

Plötzlich hob die fast bewußtlose Mutter ihren Körper etwas an, und das Fohlen rutschte in meine Arme und brachte mich zu Fall. Auf dem Stroh lag es bewegungslos, mit starren Augen und offenbar ohne jedes Leben. Ich wischte das Öl von seinem Maul und beatmete das Fohlen; gleichzeitig knetete ich den kleinen Körper, um seine Atmung anzuregen. Da sah ich plötzlich, wie sich ein Auge bewegte und das Fohlen Luft einsaugte. Unglaublich, aber es lebte! Jetzt konnte ich die Vorderbeine in die richtige Stellung drehen und wenige Minuten später stand es auf schwankenden Beinen.

Mr. Fitler starrte das Fohlen an, als wäre er Zeuge eines Wunders. "Wird es gesund sein?" fragte er nach einer Weile.

"Ich denke schon; aber ich muß erst die Stute hochbekommen, damit es saugen kann." Die erste Milch einer Stute enthält gewisse Bestandteile, die für das Fohlen von lebenswichtiger Bedeutung sind. Ich spritzte der Stute Flüssigkeitsinfusionen, um den Verlust von Elektrolyten während der Geburtsphase auszugleichen. Es handelt sich dabei um Spurenelemente im Blut, die die Gesundheit eines Tieres entscheidend mitbestimmen. Nach einer Stunde war die Stute auf den Beinen, und das kleine Fohlen schwankte unsicher auf seinen langen Stelzen, um zu saugen.

In diesem Falle hatte ich Glück gehabt, daß sich die Vorderbeine lockerten und wieder in die korrekte Stellung bringen ließen. Manchmal sind die Gelenke so hoffnungslos verklemmt, daß sie nicht aus dieser Position befreit werden können. Dann muß das Fohlen, selbst wenn es lebend geboren wird, eingeschläfert werden, weil es niemals gehen könnte. Wir wissen nicht, was diese Geburtslage verursacht. Sie kann vererbt oder angeboren sein und ist auch nicht die Folge eines Unfalls, soweit wir das bis jetzt wissen. Offensichtlich kommt es häufiger in bestimmten Vollblut-Linien vor - unglücklicherweise oft bei den schnellsten. Meiner Ansicht nach liegt der Fehler bei den Züchtern, die bei der Kreuzung der Blutlinien nicht genug Sorgfalt walten lassen. Vollblutzüchter möchten am liebsten ein Tier hervorbringen, das sozusagen seinem eigenen Schweif davonlaufen kann. Um Pferde mit einem Höchstmaß an Rennvermögen zu bekommen, lassen sie alle Rücksichten außer acht, einschließlich der Gesundheit des Pferdes.

Anfangs schien die Mutterstute fast Angst vor dem seltsamen Wesen zu haben, das ihr soviel Schmerz verursacht hatte, und ich verließ den Stall erst, als ich sah, wie sie begann, ihr Fohlen abzulecken. Erst dann wußte ich, daß alles in Ordnung war. Zu meiner Freude erholte sich die Stute sehr bald, und der kleine Hengst kam auf der Rennbahn zu Ehren, obwohl ich in jener Nacht beinahe beide verloren hätte.

Kurze Zeit später zogen die Fitlers fort und gaben die Zucht von Pferden auf. Vielleicht war das gut so.

Probleme mit Ponys

Solange ich mich erinnern kann, gehörte meine Liebe immer den Tieren - vor allem Pferden. Als ich drei Jahre alt war, verirrte ich mich, weil ich hinter einem Bäckerwagen herlief, der von einem Pferd mit einem herrlichen, messingbeschlagenen Geschirr gezogen wurde. Ja, um 1920 gab es noch Pferdewagen in Philadelphia! Mutter suchte zwei Stunden lang die Straßen ab, wo wir wohnten. Als sie mich schließlich fand, wußte sie nicht, ob sie vor Erleichterung weinen oder mich umbringen sollte. Sie entschloß sich für einen Mittelweg und ließ mich meine kleine Schwester in ihrem Kinderwagen herumfahren, wann immer ich das Haus verließ, in der Hoffnung, daß das meine Unternehmungslust dämpfen würde. Sie irrte sich. Am nächsten Tag zur Abendbrotzeit waren wir weg. Mutter überlegte nur kurz und wußte plötzlich, wo sie suchen mußte; sie ging zum nächsten Schmied. Und siehe da, Shirley und ich sahen mit großen Augen einem wunderbaren Ereignis zu, wie die großen Pferde beschlagen wurden, die die Milchwagen der Abbot-Molkerei zogen. Sonntag nachmittags, wenn Vater uns in seinem betagten Kombi herumfuhr, war es mir streng verboten, auf dem Rücksitz zu stehen. Ich gehorchte immer, wenn wir nicht gerade an einem Polizisten zu Pferde vorbeikamen. Dann hing ich trotz aller Versprechungen so lange aus dem Wagen heraus, wie das wunderbare Pferd in Sicht war.

Eigentlich kam ich zu meiner Pferdenarrheit auf ganz natürliche Weise.

Meine Eltern stammten von einer holländischen Familie in Pennsylvanien ab und kamen aus dem Gebiet von Montour, im Norden des Staates, wo sie jahrelang von der Pferde- und Rinderzucht gelebt hatten. Diese Farm ist immer noch in unserem Besitz, obwohl die Pferde inzwischen von Traktoren abgelöst wurden. Sie liegt in der Nähe der kleinen Stadt Exchange, die ihren Namen hat, weil die Postkutschen dort früher ihre Gespanne wechselten. Hier wachsen der beste Mais, Buchweizen, Sojabohnen und Futterklee, die ich kenne. Mutter fährt zweimal im Monat hin, um mit dem Farmer zu reden und nach dem Rechten zu sehen. Eine meiner Lieblingsstuten ist dort mit ihrem gesamten Zaumzeug beerdigt worden, und ich sitze oft an ihrem Grab und denke an die schönen Zeiten, die wir miteinander hatten.

Ich weiß nicht mehr, wann ich zum ersten Mal davon träumte, Tierärztin für Pferde zu werden, aber ich wollte immer einen Beruf ergreifen, der mit Pferden zu tun hatte. Damals war die Idee von einer Frau als "Pferdedoktor" einfach unvorstellbar, obwohl Mutter Verständnis für mich aufbrachte. Als Kind hatte sie alle Pferde auf der Farm geritten, abgesehen von einem sehr temperamentvollen Hengst. Das war nicht immer eine reine Freude gewesen, weil es sich bei allen Tieren nur um Zugpferde handelte. Mutter liebte immer das Abenteuer. Selbst nach ihrer Hochzeit mit Vater, als sie Montour verlassen und am Rande von Philadelphia ein neues Zuhause gefunden hatten, war sie immer bereit, etwas zu riskieren oder uns riskieren zu lassen. Vater dagegen vertrat bei uns die praktische Seite.

Er stammte auch aus einer holländischen Familie in Pennsylvanien, war ein Mann von fast 1,80 m Größe, der immer mit Gewichtsproblemen zu kämpfen hatte, weil er gutes Essen liebte und das Leben genoß. Als junger Mann hatte er früh erkannt, daß das Leben eines Farmers aus harter Arbeit bestand und wenig einbrachte; günstige Möglichkeiten zum Geldverdienen gab es nur in den Städten. So stieg er auf die Geflügelzucht um, kaufte Hühner, Truthähne und anderes Federvieh in ganzen Wagenladungen von den entlegenen Farmen auf und verkaufte sie in Philadelphia. Als ich sieben war, also zu Beginn der dreißiger Jahre, begleitete ich ihn immer zusammen mit meinem Vetter. Unsere Aufgabe bestand darin, die Körbe mit den Hühnern im Transportwagen zu verstauen und den Tieren Futter und Wasser zu geben. Wir hatten also durchaus Verantwortung zu übernehmen, denn wenn die Körbe nicht ordentlich standen, konnten die Vögel ersticken, und wenn wir einen Korb vergaßen, verdursteten sie. Vater bot das Geflügel zuerst den besten Hotels und Restaurants an, damit sie eine große Auswahl hatten. Dafür bekam er eine Prämie. Den Rest verkaufte er auf dem Markt. Jeder von uns bekam in der Woche anderthalb Dollar, von denen ich fünf Cent für Eiskrem verschwendete. Das übrige sparte ich in der Hoffnung, eines Tages ein Pferd kaufen zu können.

Als Kind hatte ich offenbar ständig etwas zu tun. Das heißt nicht, daß ich überarbeitet war, denn ich genoß das Gefühl, Verantwortung zu haben, und die Tatsache, daß Vater meinem Urteil bei den Vögeln vertraute. Natürlich freute ich mich auch über die Möglichkeit, Geld verdienen zu können. Mir tun die Kinder leid, die sich heute über Langeweile beklagen, aber bei der Vorherrschaft der Technik in jedem Lebensbereich gibt es auch nicht mehr so viele kleine Verdienstmöglichkeiten wie damals. Für die Jugendlichen von heute ist das sicherlich enttäuschend.

Obwohl Vater kein Reiter war, liebte er doch Pferde sehr und nahm uns alle immer zu den Turnieren in der Nachbarschaft und auch zu den Rennen mit. Ich kann mich nicht erinnern, daß er jemals wettete, aber er versuchte stets, die Gewinner zu erraten. Das gelang ihm recht häufig, denn er besaß eine überraschend gute Pferdekenntnis. Abends machten wir oft Hausmusik, denn die ganze Familie musizierte gern, vor allem Vater, der sich nebenher noch mit dem Stimmen von Orgeln Geld verdiente. Er übernahm den Klavierpart bei unseren improvisierten Veranstaltungen, bei denen jeder von uns irgendein Instrument spielte. Meines war die Geige, und ich wußte, Mutter hegte insgeheim die Hoffnung, ich würde einmal Geigenvirtuosin werden. Sicher, ich spielte gern, aber das ließ sich doch nicht mit meiner Passion für Pferde vergleichen.

In Springfield wohnten wir in einem Haus aus der Kolonialzeit auf einem Eckgrundstück mit zwei Morgen Land, was uns Kindern unermeßlich groß vorkam. Wir besaßen einen Garten, einen Rasen, der ständig gemäht werden mußte, und einige große Bäume, die sich hervorragend zum Klettern eigneten. Wir hatten auch einen kleinen schwarz-weißen Hund namens Snappy, dem wir mit großem Vergnügen allerlei Kunststücke beibrachten. Snappy war der netteste Hund, den ich kenne. Er besaß die Qualitäten einer echten Persönlichkeit und war sehr liebenswert. Solange wir zur Schule gingen, blieb er bei Mutter. Aber wenn wir zurückkamen, hatte sie nichts mehr zu sagen, dann stand er an der Tür und wartete auf uns. Snappy war das erste Tier, an dem mein Herz hing.

Als wir noch klein waren, erzählte Mutter uns immer vor dem Einschlafen Pferdegeschichten aus der alten Zeit auf der Farm, und manchmal kam auch Vater dazu und erzählte aus eigenen Erinnerungen. Als ich zehn war, fand ich, das Leben sei nicht lebenswert ohne ein Pony. Ich hatte die gewaltige Summe von 25 Dollar gespart, was meiner Meinung nach für ein Pferd ausreichte. In unserer Garage war viel Platz, und ich machte mich daran, dort eine Box zu bauen. Von einer Box im üblichen Sinne konnte man zwar nicht sprechen, denn sie hätte kaum einem athletisch gebauten Meerschweinchen widerstanden, aber für mich war es ein Meisterstück. Ich lud sogar einige Kinder aus der Nachbarschaft ein, die sie bewundern sollten. Am nächsten Tag aber traf mich der erste wirkliche Schlag, als ein kleiner Junge meinte: "Mein Vater sagt, du kannst hier kein Pferd einstellen, die Baubestimmungen erlauben das nicht."

Von solchen Bestimmungen hatte ich noch nie etwas gehört. Ich rannte zum Haus, um mich bei meiner Mutter zu erkundigen. Sie machte gerade Einkäufe, und Vater arbeitete natürlich. Ich hatte so lange davon geträumt, ein Pony zu besitzen, daß es mir einfach nicht in den Kopf wollte, die vielen Stunden seien jetzt umsonst gewesen, die ich mit dem Verladen der Hühnerkörbe, dem Bau der Box und dem Geldverdienen verbracht hatte. Der Pony-Traum war schon so weit gediehen, daß ich mich in unserem Futtermittelgeschäft nach dem Preis für Heu und Hafer erkundigt hatte. Meiner Ansicht nach konnte ich gerade ein Pony unterhalten, wenn ich während der ganzen Sommerferien und im Winter nach der Schule arbeitete. Jetzt sah es so aus, als dürften Pferde in Springfield nicht in einem Privathaus gehalten werden. Mir war, als sei das Ende der Welt gekommen und es gäbe nun nichts mehr, für das es sich zu leben lohnte.

Wie alle Kinder, die ich kannte, hatte auch ich grenzenloses Vertrauen zur Polizei. Polizisten waren freundliche, allmächtige Männer, die ihre Macht nur dafür einsetzten, anderen Leuten zu helfen, vor allem aber Kindern. Ich holte also mein Fahrrad und fuhr zur nächsten Polizeistation. Noch heute habe ich deutlich in Erinnerung, wie mich der diensthabende Sergeant anstarrte, als ich hereinkam.

"Entschuldigen Sie bitte, aber gibt es irgendein Gesetz, nach dem ich in unserer Garage kein Pony halten darf?" fragte ich aufgeregt.

Der Sergeant sah mich eine Weile an. Ich konnte nicht begreifen, warum er mir nicht antwortete. Ich hatte keine Ahnung, daß mein Gesicht tränenüberströmt war, daß meine dünnen Beine zitterten und ich mit unsicherer Stimme gefragt hatte.

Nach einer Ewigkeit antwortete der Sergeant dann: "Es gibt keinen Grund, warum das nicht möglich sein sollte, solange du das Pony sauber hältst, damit es die Gesundheit nicht gefährdet."

"Oh, tausend Dank!" rief ich erleichtert und raste auf meinem Fahrrad nach Hause. Mutter war inzwischen auch zurückgekommen, und ich berichtete ihr von der guten Nachricht. Sie sah mich sehr ernst an: "Bedeutet denn ein Pferd so viel für dich, Phyllis?"

Ich konnte sie nur wortlos anschauen, die Frage schien mir zu seltsam.

An jenem Abend setzten sich Mutter und Vater zu einer ernsthaften Beratung zusammen und riefen mich danach herein. "Phyllis, wenn wir ein Pony anschaffen, kann es nicht dir allein gehören, es muß für alle Kinder dasein. Ist dir das klar?"

Natürlich war ich damit einverstanden! Wir waren insgesamt vier Geschwister: Norma, die älteste, dann ich, Shirley und Lloyd, der einzige Junge. Man hört heute viel von Rivalitäten zwischen Geschwistern, und ich möchte nicht behaupten, daß es bei uns niemals Streit gegeben hätte, aber im großen und ganzen kamen wir gut miteinander aus und teilten alles, was wir bekamen. Das lag zum Teil daran, daß sich jeder für etwas anderes interessierte und viel zu sehr mit den eigenen Angelegenheiten beschäftigt war, um Streit anzufangen. Außerdem war ich so begeistert von der Aussicht, ein Pony zu bekommen, daß mir alles andere unwichtig schien.

Vater kannte einen zuverlässigen Pferdehändler im Nordosten der Stadt am Roosevelt Boulevard, wo damals noch überall Farmer lebten. Im Familienwagen fuhren wir alle zusammen hin, und meine Geschwister waren dabei fast genauso aufgeregt wie ich. Der Händler besaß einen Stall sowie mehrere Pferde und Ponys. Einen Teil seines Lebensunterhaltes verdiente er sich offenbar mit Kinderreitstunden auf Ponys, von denen eines, ein Schecke, verkäuflich war. Für ein Pony war es ziemlich groß, fast 1,50 m Stock, und auch schon ziemlich alt.

Deshalb war der Händler bereit, es relativ billig wegzugeben. Vater ließ unser Pony nach Springfield transportieren, und es bezog seinen neuen Stall in der Garage, wenn auch Vater an meinem Meisterstück erst noch einiges ändern mußte.

Das Pony hieß Flash, und wir alle hielten es für das Herrlichste auf der ganzen Welt. Obwohl es uns allen gehörte, war ich allein für das Ausmisten verantwortlich. Ich hatte noch im Ohr, was mir der Polizei-Sergeant gesagt hatte, und schwebte in Todesangst, Flash könnte uns weggenommen werden, wenn er nicht einwandfrei sauber gehalten würde. Das winzigste bißchen Dung wurde sofort weggefegt, er bekam jeden Morgen frisches Stroh, und ich spritzte Kalkwasser über den Boden, um jeden Geruch zu verhindern.

Vermutlich war das der Anfang meines Ticks für Sauberkeit und Keimfreiheit, mit dem ich seitdem meine Freunde und meine Familie zur Verzweiflung gebracht habe. Allerdings weiß ich selbst, daß ich in dieser Hinsicht oft zu weit gehe. Wahrscheinlich steckt dahinter noch immer die Angst, ich könnte Flash verlieren, wenn nicht alles absolut sauber gehalten wird. Noch heute muß bei mir sehr viel mehr abgekocht, geschrubbt und desinfiziert werden, als eigentlich nötig wäre.

Obwohl die Arbeit schon sehr anstrengend war, übertrieb ich alles noch gewaltig, vor allem nach heutiger Auffassung. Natürlich streute ich mit Stroh ein - jeder machte das damals. Stroh war billig und leicht zu bekommen. Heute ist es teuer und knapp, was vielleicht auch seine Vorteile hat, denn es liefert nur eine unbefriedigende Unterlage. Es enthält Schadstoffe, Substanzen, die die Lungen angreifen und Atembeschwerden verursachen, die sich mit dem Asthma beim Menschen vergleichen lassen. Früher kamen sie bei Pferden häufig vor, treten aber heute immer seltener auf. Heute besteht die Streu gewöhnlich aus Spänen, Torf oder handelsüblichem Gemisch, wobei ich Astroturf immer noch für das beste halte. Es federt gut und paßt sich weich dem Gewicht des Tieres an. Es läßt sich zur besseren Drainage dosieren und leicht waschen. Glücklicherweise kamen wir über unsere Farm an bestes Weizenstroh, das nur wenige Schadstoffe enthält. So ließ es sich ganz gut wirtschaften.

Auch der Unterboden spielt eine wichtige Rolle. Anfangs benutzte ich Bretter, mit Zwischenräumen für die Drainage. Danach legte mir Vater in harter Arbeit einen Lehmboden, der damals als die beste aller Unterlagen galt. Heute wissen wir, daß er die Ursache für Pilze und bakterielle Infektionen sein kann. Zum Glück verwendete ich viel Kalk, während ich heute eine Betadin-Lösung bevorzugen würde, die viel besser ist. Meine Eltern zeigten mir, wie man die Einstreu jeden Tag für ein paar Stunden lüftet, damit der Lehm wieder abtrocknen kann.

Wir Kinder verwöhnten Flash, was natürlich ein Fehler war, denn so bekam er viel zu viel zu fressen. Das normale Heu für Pferde gewann man damals aus einem bestimmten Futtergras (Timothy), aber Vater fand, daß es für große Pferde, die Schwerarbeit zu leisten hatten, nicht genügend Nährstoffe enthielt, womit er recht hatte. Wir konnten von der Farm Leguminosen beziehen wie Luzerne, Klee und Sojabohnen, die als "Kuh-Heu" bezeichnet wurden und als zu wertvoll für Pferde galten. Ich stehe immer noch auf dem Standpunkt, daß Leguminosen das beste Heu liefern, und es ist schwierig, es überhaupt zu bekommen. Der Preis liegt bei 150 Dollar pro Tonne, und das können sich nur wenige Leute leisten. Wir gaben Flash davon, soviel er fressen konnte.

Sehr schnell fanden wir heraus, daß auch ein Pony eine ganze Menge braucht, was man als seine "Ausrüstung" bezeichnen kann. Vater besorgte uns einen Sattel und Zaumzeug, die für uns unerschwinglich waren, und wir Kinder übernahmen den Rest. Dazu gehörte ein Halfter, eine Decke, eine Netzdecke zum Abkühlen, die man auflegt, wenn das Pferd zu warm geworden ist, ferner Striegel, Hufkratzer, Bürsten, ein Schweißmesser und Eimer. Das Halten eines Pferdes war eben teuer!

Aber Flash war es wert, denn er war ein Pony mit Charakter. Er wieherte immer, wenn er uns kommen hörte, und genoß es sichtbar, wenn er geritten wurde. Wir brachten ihm allerlei Kunststücke bei, z.B. sich auf ein Stichwort auf die Hinterbeine zu erheben, und Mutter zeigte uns, wie man das machte. Er konnte zählen, wobei er mehrmals mit einem Huf auf den Boden schlug, und er machte auch eine Verbeugung. Wenn man "Bow!" (Verbeugung) zu ihm sagte und eine Mohrrübe auf die Erde vor ihm legte, beugte sich Flash tief nach unten, um sie sich zu holen. Später genügte nur das eine Wort, und er streckte den Hals nach der Mohrrübe. Natürlich bekam er dann jedesmal eine zur Belohnung. Wenn man seinen Fuß nur leicht mit der Gerte berührte, fing er an zu scharren. Dann lernte er, wie auf Stichwort zu scharren, wenn man nur mit der Gerte auf seinen Fuß zeigte. Man konnte ihn dann fragen, wieviel 4 + 4 seien. Dann begann er zu scharren, und wenn er bei 8 war, senkte man die Gerte. Um ihn zum Steigen zu bringen, mußte man mit winkenden Händen auf ihn losrennen. Es dauerte nicht lange, dann erhob er sich schon, wenn man die Hände streckte.

Ich weiß noch, wie ich einmal seine Box betrat und ihn mit liebevoller Stimme ansprach. Zu meiner Überraschung kam er an die Tür und legte seinen Kopf auf meine Schulter. Warum, ist mir noch heute ein Rätsel. Seitdem kam er immer, wenn ich so mit ihm redete, und zeigte sein Anlehnungsbedürfnis auf diese Weise.

Ein Pony macht auch sehr viel Arbeit. Es muß täglich geputzt werden. Ein altes Sprichwort sagt: "Gut geputzt ist halb gefüttert," das heißt, der Wert des Putzens kommt dem des Fütterns gleich. Die Pflege mit Striegel und Kardätsche entfernt loses Haar, regt die Durchblutung unter dem Fell an und gibt dem Tier ein Gefühl allgemeinen Wohlbefindens. Wie die meisten Lebewesen haben auch Pferde es gern, wenn man sich mit ihnen beschäftigt. Die Pfleger aus der alten Zeit hatten eine besondere Art, durch die Zähne zu zischen, wenn sie ein Pferd striegelten. Sie waren der festen Überzeugung, daß das Tier dadurch beruhigt wurde. Das mag sein, aber soweit ich weiß, ist diese Kunst heute ausgestorben.

Wir haben Flash nicht beschlagen, weil wir ihn nur auf weichem Boden ritten. Alle paar Monate raspelte Vater seine Hufe ab, damit sie nicht zu lang wurden, und um sie abzurunden. Aus irgendeinem Grunde hatten wir Schwierigkeiten, in Springfield einen Beschlagschmied zu bekommen, aber dank Vaters Hilfe brauchten wir auch keinen. Wir achteten sorgfältig darauf, daß Flashs kleine Hufe immer mit einem Hufkratzer sauber gehalten wurden, um Strahlfäule zu verhindern. Das ist eine Pilzkrankheit, die sich im weichen Horn des Strahls bildet, wenn die Hufpflege vernachlässigt wird, vor allem aber, wenn das Pferd in einer nassen, schmutzigen Box steht. Ich sorgte jedenfalls immer dafür, daß die Box von Flash unbedingt sauber war. Trotzdem mußte aber das Wachsen der Hufe regelmäßig kontrolliert werden.

Sechs Monate lang war Flash das ideale Pony. Dann fing er an, sich zu verändern. Wir konnten sein Verhalten uns gegenüber einfach nicht verstehen. Zuerst machte er Schwierigkeiten beim Satteln und Aufzäumen, obwohl er sonst immer entzückt schien, wenn wir mit ihm ausreiten wollen. Dann ließ er uns auf einmal nicht mehr in seine Box, legte die Ohren an, fletschte die Zähne und wurde angriffslustig. Wir versuchten alles Erdenkliche, seine Gunst zurückzugewinnen, brachten ihm alles, was er gern hatte, Möhren und Äpfel und Extraportionen von Hafer, denn wie alle Ponys war auch Flash ein regelrechtes „Schwein", das alles fraß. Trotzdem wurde er immer bösartiger und niederträchtiger. Vater und Mutter erzählten wir zunächst nichts von dieser Veränderung, bis Mutter eines Nachmittags aus dem Fenster schaute und plötzlich sah, wie wir vier aus Flashs Box rannten und Flash mit gefletschten Zähnen hinter uns her!

Abends sagte sie Vater Bescheid. Er ging zur Garage, um sich von der Wahrheit zu überzeugen, und wenige Minuten später sahen wir ihn um sein Leben rennen, Flash unmittelbar hinter ihm. Sicherlich hätte Flash aufgehört, sobald er deutlich gemacht hatte, wer hier Herr im Hause war, und ich glaube nicht, daß er irgend jemand wirklich verletzt hätte. Aber er zog eine großartige Schau ab!

Vaters Urteilsspruch lautete: "Das Pony muß weg, bevor es jemand verletzt."

Mutter war der gleichen Ansicht. Aber angesichts von vier heulenden Kindern wurden unsere Eltern weich. Schließlich bot Vater einen Kompromiß an. Er wollte Flash zum Reitklub "Four Horsemen" bringen und versuchen, ob sie dort etwas mit ihm anfangen konnten. Die "Four Horsemen", ein eleganter Privatstall, war nur zwei Minuten entfernt. Er hatte eine Reithalle, die groß genug für Turnierveranstaltungen war, und lag am Rande eines Waldgebietes mit endlosen Reitwegen. Der Besitzer war Armor MacClay, ein würdiger älterer Herr mit weißem Haar, der sich immer tadellos kleidete und genauso aussah wie das, was er war: ein erstklassiger Herrenreiter. Wir Kinder hatten ihn nur von fern gesehen, empfanden aber große Hochachtung vor ihm. Obwohl wir seinen guten Ruf als Pferdefachmann kannten, zögerten wir doch, ihm unseren kostbaren Flash anzuvertrauen. Möglicherweise verstand Mr. MacClay nicht, was für eine empfindsame Natur Flash in Wahrheit hatte, und behandelte ihn grob, vor allem, wenn er versuchen sollte, ihn zu beißen.

Aber hier ging es um eine Lösung unseres Problems, oder wir verloren Flash für immer.

Als Transportwagen nahm Vater einen seiner Geflügellaster. Es bedurfte der Anstrengung der gesamten Familie, um Flash zu verladen, und selbst dann hätten wir es nicht geschafft, wenn Vater nicht eine Nasenbremse benutzt hätte. Das ist eine Schlinge aus weichem Hanfseil, die durch das Ende eines kurzen Stockes läuft. Die Schlinge wird über die Nase des Pferdes geschoben, einen sehr empfindlichen Teil seiner Anatomie, und dann gedreht. Es muß schon ein zu allem entschlossenes Pferd sein, das sich gegen eine Nasenbremse zur Wehr setzt.

Wir fuhren zu den "Four Horsemen", luden Flash ab, was diesmal leichter vonstatten ging als das Verladen, und standen gespannt herum, während Mr. MacClay ihn untersuchte.

"Was für Futter habt ihr ihm gegeben?" wollte Mr. MacClay wissen.

"Er bekommt soviel Heu, wie er will", erklärte ich. "Dann gebe ich ihm morgens einen Eimer Kleie und abends noch einen."

"Von mir bekommt er einen Eimer Hafer. Den mag er lieber als Kleie", meinte Norma.

"Und ich sorge dafür, daß er genug gequetschten Mais hat", ergänzte Lloyd.

"Ich bringe ihm immer süße Möhren", sagte Shirley stolz.

"Warum ist er so agressiv geworden?" fragte Mutter gespannt.

"Sie meinen wohl, warum er nicht zusammengebrochen ist?" antwortete Mr. MacClay barsch. "Nun seht mal her, Kinder. Ein Pony sollte niemals Getreide bekommen, es sei denn, gelegentlich eine Handvoll zur Belohnung. Und nichts außer Futterheu."

"Aber dieses Heu enthält doch so wenig Nährstoffe", meinte Vater.

"Gerade deswegen empfehle ich es. Das kleine Biest ist so fett wie ein Mastschwein. Kein Wunder, daß Sie nicht mit ihm fertig werden. Lassen Sie ihn einige Wochen hier, und er wird hinterher ein völlig anderes Pony sein."

"Sie werden ihm doch nichts tun oder ihn hungern lassen?" jammerte Shirley.

Mr. MacClay drehte sich zu ihr herum. "Mein kleines Fräulein, ich habe noch nie in meinem Leben ein Pferd mißhandelt, und ich will niemanden hier auf dem Gelände haben, der mit einem Tier schlecht umgeht. Allerdings besteht ein Unterschied zwischen Grausamkeit und Erziehung zu Gehorsam, und das muß Dir

24

klar sein, wenn du mit Pferden arbeiten willst. Zuallererst aber: Jedes Pony, das mit Getreide gefüttert wird, läßt sich nicht mehr korrigieren. Das gilt grundsätzlich. Zweitens: Ein Pferd muß immer wissen, wer der Herr ist. Wenn es seinen Willen durchsetzen will, ist es nicht zu gebrauchen und wird beim Abdecker enden. Und das ist es, was ich als wirklich grausam bezeichne."

So ließen wir also Flash bei den "Four Horsemen". Jeden Nachmittag fuhr ich mit dem Fahrrad hin, um zu sehen, ob er Fortschritte machte. Es dauerte nur wenige Tage, bis sich eine positive Entwicklung in seinem Verhalten erkennen ließ. Er war auf strenge Diät gesetzt worden und wurde von einem Mann gearbeitet, der nichts durchgehen ließ. Wenn Flash auf irgend jemanden losging, mit angelegten Ohren und gefletschten Zähnen, erhielt er einen Klaps auf die empfindliche Nase, der ihm den Mut zu weiteren Angriffen nahm. Er entwickelte sich in der Tat so gut, daß Vater sich entschloß, ihn für immer bei den "Four Horsemen" als Pensionspferd einzustellen.

Das war eine Lehre, die ich niemals vergaß. Jeder, der mit Pferden arbeitet, muß diesen Unterschied zwischen Grausamkeit und Erziehung zu Gehorsam lernen. Vor allem für Kinder ist ein solcher Unterschied schwer zu begreifen. Pferde respektieren Disziplin, aber Grausamkeit nehmen sie übel und werden angriffslustig. Erziehung zu Gehorsam bedeutet weniger Bestrafung, als ein Pferd unter Kontrolle zu halten. Außerdem muß man natürlich Pferde verstehen können. Wenn es seit Tagen in einer Box gehalten wurde, kann man nicht erwarten, daß es sich sofort satteln und reiten läßt, denn es wird dafür viel zu unruhig sein. Das ist nicht etwa eine Äußerung von Bösartigkeit. Wenn man es dafür bestrafen will, wenn es anfängt zu buckeln und auszuschlagen, nimmt es das sehr übel. Man sollte das Pferd vorher lieber auf die Koppel lassen, wo es sich austoben kann. Hinterher wird es dann wieder ganz umgänglich sein. Ich persönlich habe herausgefunden, daß die beste Form der Kontrolle, wenn sie überhaupt nötig wird, die Nasenbremse ist. Damit verletzt man ein Pferd nicht; es verletzt sich selbst, wenn es Widerstand leistet, und sieht das sehr bald ein.

Von da an verbrachte ich einen großen Teil meiner Zeit bei den "Four Horsemen". Für die Pferde wurde hervorragend gesorgt. Ich habe vor allem die riesigen Kocher in Erinnerung, in denen das Mischfutter warmgemacht wurde. Sie waren von zehn Uhr früh bis fünf Uhr nachmittags in Betrieb. Das Mischfutter bestand aus ungequetschtem Hafer, etwas Mais und Weizenkleie und wurde den Pferden warm gegeben. Meiner Ansicht nach stellt das die optimale Diät dar, wenn sie mit gutem Heu ergänzt wird. Heute würde kein Mensch mehr die Kosten und Mühen einer solchen Futterkocherei auf sich nehmen. Pferde bekommen gewöhnlich Pellets, die auch nicht annähernd so gut sind, denn man kann nie kontrollieren, was für ihre Herstellung verwendet wurde, und einige Firmen verarbeiten minderwertige Erzeugnisse. Sie bieten als fast einzigen Vorteil, daß sie den Staub auf ein Minimum reduzieren, der sich auf die Lungen der Pferde so schädlich auswirkt.

Ich wußte, daß sich meine Eltern keine Reitstunden für mich leisten konnten, und bat sie daher auch niemals darum. Statt dessen beobachtete ich stundenlang Mr. MacClay und die anderen Reitlehrer bei ihrem Unterricht. Ich wollte nicht lästig werden, stand aber immer am Rande des Reitplatzes, um genau die Unterweisungen und Korrekturen zu verfolgen. Dann verschwanden Flash und ich, und wir übten für uns allein.

Wie die meisten Jugendlichen hatte auch ich den Ehrgeiz, mit einem Pferd über Sprünge zu gehen. Was ich bei Mr. MacClay und seinen unerfahrenen Pferden gesehen hatte, machte ich nach; ich legte eine Reihe von Stangen parallel zueinander auf den Boden. Dann ließ ich Flash an der Longe über sie traben. Eine Longe ist ein Gurtband von etwa 10 Metern Länge, das am Halfter des Pferdes befestigt wird. Die Stangen lagen so weit auseinander, daß Flash sie leicht im Trabe überwinden konnte. Das gewöhnte ihn daran, Hindernisse zu springen und ein bestimmtes Tempo zu halten. Nach einigen Wochen legte ich die Stangen etwas höher. Danach - aber immer noch an der Longe - ließ ich ihn über kleine Sprünge gehen. Als ich ihn schließlich unter dem Sattel arbeitete, achtete ich sorgfältig darauf, daß er bis zum Hindernis immer ein gleichmäßiges Grundtempo beibehielt und es genau in der Mitte im rechten Winkel anging. Nach dem Absprung gab ich ihm den Kopf frei. Ein Pferd richtet seinen Blick auf entfernte Objekte, indem es den Kopf hebt, sind sie etwas näher, senkt es den Kopf. Wenn es daher auf ein Hindernis zugaloppiert, muß es in der Lage sein, seinen Kopf entsprechend frei zu bewegen. Wenn es sich dem Hindernis mit hoch erhobenen Kopf nähert, kann es nicht direkt nach unten blicken, weil die Nasen- und Maulpartie zu breit ist; es muß die Freiheit haben, selbst seine Kopfhaltung zu bestimmen.

Flash bekam Lust am Springen, oder, um genauer zu sein, er nahm anscheinend mir zuliebe jeden Sprung, den ich ihm vorsetzte. Meinen ersten großen Triumph erlebte ich, als ich Mr. MacClay fragte, wie hoch wohl seiner Meinung nach Flash springen könnte.

"Ein kleiner Kerl wie er würde wohl nicht über mehr als 1 m bis 1,10 m springen", versicherte er mir.

"Ich springe ihn schon über 1,20 m", erklärte ich stolz.

Mr. MacClay lächelte nur und schüttelte den Kopf. "Das ist unmöglich."

Ich sattelte Flash und schickte ihn über drei Hindernisse von 1,20 m, während Mr. MacClay mich beobachtete. Er holte sich eine Meßlatte und kontrollierte die Höhe selbst. "Ich kann es immer noch nicht fassen", sagte er, als er sich aufrichtete. Ich war so stolz auf Flash, daß ich ihn auch über höhere Hindernisse probierte, aber 1,20 m erwiesen sich doch als seine Grenze.

Wenn Mutter auch selbst nicht mehr in den Sattel stieg, so wußte sie doch eine ganze Menge von Pferden.

Ich folgte daher immer ihrem Rat oder, besser, ihren Anweisungen, denn Mutter vertrat den Standpunkt, daß Kinder tun sollten, was ihnen aufgetragen wurde. Inzwischen war es Winter geworden, trotzdem ging ich jeden Tag nach der Schule zu den "Four Horsemen". Meine Bücher ließ ich zuhause und zog mich nur um. Einmal regnete es heftig, und es war sehr warm. Bei der Veränderlichkeit des Wetters von Philadelphia fiel das Thermometer bald unter den Gefrierpunkt. Als ich nachmittags nach Hause kam, meinte Mutter: "Spring Flash heute nicht, es ist viel zu glatt."

Ich versprach es und verschwand zu den "Four Horsemen". Mit Flash ritt ich mehrmals außen um die Felder herum. Alles ging großartig, und Flash, der wahrscheinlich dachte, wir übten Springen wie gewöhnlich, nahm Kurs auf einen Wegesprung. Ich war so damit beschäftigt, ihn korrekt anreiten zu lassen, daß ich vergaß, was Mutter mir gesagt hatte. In dem Augenblick, als er anzog, hörte ich ganz deutlich Mutters Stimme: "Spring nicht!" Das war keine Einbildung! Ich hörte sie so deutlich, als hätte sie neben mir gestanden. Aber es war zu spät, um abzuwenden. Flash drückte ab, und im selben Moment fühlte ich, wie er mit einem seiner Hinterbeine abrutschte. Zum ersten Mal verfehlte er die obere Stange, stolperte, und wir beide stürzten schwer. Mein erster Gedanke galt natürlich Flash, und ich untersuchte ihn sorgfältig. Er hatte sich nichts getan, aber ich war aufs Gesicht gefallen. Als wir wieder im Stall waren, betrachtete ich mich im Spiegel; meine Nase war so groß wie eine Kartoffel.

Zu Hause arbeitete Mutter in der Küche und fragte mich, wie es gewesen sei. "Oh, herrlich!" antwortete ich fröhlich, als ich an ihr vorbeistürmte, sorgfältig darauf bedacht, mein Gesicht abzuwenden.

In meinem Zimmer packte ich kalte Kompressen auf meine Nase und tat alles Erdenkliche, um sie zum Abschwellen zu bringen. Aber nichts half. Als ich zum Abendbrot herunterkam, ließ es sich nicht mehr verheimlichen; die ganze Familie starrte mich an.

"Phyllis, bist du mit Flash gesprungen und gestürzt?" fragte Mutter streng.

"Ja, aber ich wollte eigentlich nicht. Wir sind rein zufällig in das Hindernis geraten."

In aller Ruhe, wie es so seine Art ist, fragte Vater: "Ist das wirklich wahr, Phyllis?"

"Ja, und im letzten Augenblick hörte ich Mutters Stimme, wie sie mir verbot, zu springen. Aber da war es schon zu spät."

Ich kann mich nicht daran erinnern, daß uns Vater jemals strafte. Das überließ er Mutter, wenn er ihr auch stets den Rücken stärkte. Mutter bestrafte uns immer, wenn wir nicht gehorchten, und ich wartete niedergeschlagen auf mein Schicksal.

Zu meiner Überraschung sagte Mutter nur: "Laß das nicht wieder vorkommen!" Und daran hielt ich mich.

In jenem Frühjahr kaufte uns Vater noch ein Pony namens Toots, dazu einen kleinen Wagen. Als das Wetter wärmer wurde, fuhren wir abends zum Picknick an den Wissahickon-Creek. Damals - 1937 - war der Verkehr noch gering, und auf viele unbefestigte Landstraßen verirrte sich kaum ein Auto. Wir packten dann einen Weidenkorb mit Essen, den Mutter für uns fertiggemacht hatte, hinten in den Wagen und fuhren los, einer von uns mit Flash unter dem Sattel. An einer schönen Stelle am Creek wurde haltgemacht, und wir tafelten festlich, wobei Toots und Flash natürlich ihren Anteil bekamen. Toots war ein liebenswerter kleiner Kerl, hervorragend vor dem Wagen, aber sonst ohne persönliche Ausstrahlung. Mit war Flash lieber, wenn ich auch gelegentlich meine Probleme mit ihm hatte.

An einem Tag, ich glaube es war 1939, galoppierte ich mit Flash einen Reitweg entlang und wollte für den Heimweg eine Abkürzung durch ein Gebiet benutzten, das mir noch unbekannt war. Schon damals begann die Stadt mit ihren Vororten weit über ihre ursprünglichen Grenzen hinauszuwachsen, und die Farmer verloren ihre Existenz. Ich kam an einer Farm mit einem verlassenen Stallgebäude vorbei, das mich sehr interessierte. Also parierte ich Flash durch und nahm das Gebäude in Augenschein. Schon seit einiger Zeit war mir klar, daß der Unterhalt von zwei Pferden bei den "Four Horsemen" für Vater zu kostspielig wurde, und da er sich einen neuen Wagen gekauft hatte, gab es auch keinen Platz mehr in unserer Garage, nicht einmal für Flash. Von hier waren es nur etwas mehr als vier Meilen von zuhause, und dieser Stall sah ideal aus.

Ich inspizierte ihn genauer. Er enthielt keine Boxen, aber die ließen sich leicht einbauen. Unter dem riesigen Dach konnten Heu, Stroh und sonstiges Futter gelagert werden. Es gab Wasseranschluß, aber leider keinen elektrischen Strom. Ringsherum lagen 16 Morgen Land, die sich als Übungsgelände hervorragend eigneten. Hier konnten wir nicht nur Flash und Toots unterbringen, sondern auch Pensionspferde einstellen und auf diese Weise noch etwas Geld verdienen.

Ganz begeistert von meiner großartigen Idee, ritt ich zurück zu den "Four Horsemen", stellte Flash in seine Box und fuhr mit dem Fahrrad nach Hause. Mutter war wie gewöhnlich voller Verständnis. Vater äußerte schon eher Bedenken und meinte, es würde alles von der Pacht abhängen. Am folgenden Sonnabend fuhr er mit uns allen hinüber, um das Gebäude zu besichtigen. Es mußte fast 200 Jahre alt sein. Die Besitzer waren Leute aus der Stadt und hatten es von einer Farmerfamilie übernommen, die weiter ins Hinterland gezogen war. Sie hatten für den Stall keine Verwendung und überließen ihn uns zu einem niedrigen Mietpreis.

Während der folgenden sechs Wochen entwickelte unsere Familie eine große

Geschäftigkeit. Wir richteten sieben Boxen ein, bauten eine Futterkiste, einen Zugang zum Speicher, strichen die Wände weiß und die Boxen rot an. Dann mähten wir das Feld, wofür ich einen Mann von den "Four Horsemen" engagierte, der eine Mähmaschine besaß. Das Gelände wurde von einem Holzzaun begrenzt, und in die Mitte kamen selbstgebaute Hindernisse. Ich kannte vier oder fünf Leute, die Pferde hatten, aber nicht den ziemlich hohen Pensionspreis bei den "Four Hoersemen" zahlen wollten. Daher hatten wir keine Schwierigkeiten, die leeren Boxen zu besetzen. Wir nahmen 30 Dollar pro Monat, einschließlich der Arbeit mit den Pferden. Möglicherweise sprang ein kleiner Gewinn heraus, aber im nachhinein glaube ich, kamen wir gerade so hin.

Da unsere Pensionspferde ständig wechselten, fing ich an, etwas über Pferdekrankheiten zu lernen. Einige hatten ein Hufgeschwür oder Überbeine, andere litten unter angelaufenen Sehnen oder einem Zwangshuf. Vor allem aber lernte ich, daß bei allen Pferden mindestens einmal im Jahr die Zähne geraspelt werden müssen. Denn da ein Pferd mit seitlicher Bewegung kaut, kann es sein Futter nicht voll verdauen, wenn sich an der Kaufläche Zahnspitzen und Haken bilden, die verhindern, daß das Futter zermahlen wird. Das saubere Abfeilen der Zähne verlangt sehr viel Geschicklichkeit, und seit einiger Zeit scheint diese Kunst verloren zu gehen. Die meisten Tierärzte wollen sich damit nicht mehr gern abgeben, da es sich um ausgesprochen manuelle Arbeit handelt, die für sie etwa mit der eines Hufschmiedes gleichzusetzen ist. Glücklicherweise gab es immer noch einige von der alten Schule, die die Technik beherrschten, und sie haben jetzt einer neuen Generation von "Pferde-Zahnärzten" ihre Methoden vermittelt.

Im Stall bemühte ich mich, alle Arbeiten selbst zu verrichten, teils weil ich sie lernen wollte, und zum anderen, um die Ausgaben möglichst niedrig zu halten. Eines Nachmittags war ich mit dem rechten Hinterbein einer kleinen Stute beschäftigt. Irgend ein Schmied, der sein Handwerk nicht verstand, hatte den Huf so beraspelt, daß der Strahl, die weiche Hornstelle in der Mitte der Sohle, keinerlei Berührung mehr mit dem Boden hatte, so daß die Stute praktisch auf der Zehe stand und sich unter dem Strahl- und Sohlenhorn eine Hufknorpelverknöcherung gebildet hatte. Ich entfernte den weißen, schmierigen Belag mit Clorox, das aber erst dann wirken konnte, wenn ein Teil der Trachten abgeraspelt war, damit die Stute gut auffußen konnte.

Die Muskeln meiner Arme waren wie aus Gummi, und ich arbeitete mit der Raspel ohne viel Erfolg, als ein alter Laster auf den Vorplatz fuhr. Ein unglaublich fetter Mann mit blauen Augen und schütterem, rotem Haar lag mit seinem Bauch auf dem Steuerrad. Neben ihm saß ein gefleckter Hund mit langem Schwanz, der mich mit fröhlichem Interesse betrachtete. Der fette Mann beobachtete mich kritisch, dann nahm er seine Pfeife aus dem Mund.

"Mein Name ist Willy Bradley, und ich habe bei den "Four Horsemen" gehört, daß Sie einen Schmied gebrauchen könnten."

Mr. MacClay gegenüber hatte ich so etwas mal erwähnt. Ich strich mir das Haar aus dem Gesicht und sah ihn an.

"Sind Sie ein guter Hufschmied?" fragte ich interessiert. Nachdem ich gesehen hatte, was ein schlechter zustande bringen konnte, war ich skeptisch.

"Nicht nur das, ich bin auch billig." Er wälzte sich aus dem Laster und hob mit liebevoller Sorgfalt den Hund herunter. Dann ging er zu meiner Überraschung auf mich zu, wobei er das Schwanzende des Hundes hochhielt, so daß seine Hinterbeine kaum den Boden erreichten. "Sam wird jetzt alt; letzten Mai war er siebzehn", erklärte er so nebenbei, "und sein Hinterteil will nicht mehr so recht." Er ließ den Schwanz los, der Hund fiel sofort hin und blieb liegen, beobachtete aber weiterhin alles in seiner Umgebung. "Ach, du lieber Gott! Seh sich einer diesen Strahl an! Und wer hat den Huf des armen Tieres so zugerichtet? Schäm dich was, und bitte den Heiligen Franz, den Schutzpatron der stummen Kreatur, er möge dir verzeihen."

Ich rief den Heiligen Franz und alle anderen Heiligen als Zeugen dafür an, daß ich an diesem faulen Strahl keine Schuld hatte. Augenscheinlich schenkte mir Willy Glauben, denn er griff sich die Feile und ging fachgerecht ans Werk. Ich hockte daneben und verfolgte fast neidisch die schnellen, gleichmäßigen Bewegungen, mit denen er die Stellung des Hufes korrigierte.

Willy war gut, selbst ich konnte das erkennen. Als er fertig war, packte er den Huf in Watte, die mit Clorox getränkt war. Dann drückte er sanft seine Finger gegen das Bein und stand bewegungslos, als ob er gespannt auf etwas lauschte. Ich wußte, Erwachsene hatten es nicht gern, wenn kleine Mädchen dazwischenplappern, solange sie beschäftigt waren. Aber ich mußte unbedingt fragen: "Was machen Sie denn da?"

"Ich fühle den Puls. Das ist etwas Großartiges, der Puls. Schnell oder langsam, kräftig oder schwach, gleichmäßig oder stockend. Wenn du ihn erst mal verstehst, weißt du sofort, wo etwas nicht in Ordnung ist. Jetzt sehen wir uns mal das andere Hinterbein an. Gott hat den Tieren alles zweifach gegeben: Zwei Hinterbeine, zwei Vorderbeine, zwei Ohren, zwei Augen und so weiter. So können wir das eine Bein mit dem anderen vergleichen."

Willy zeigte mir, wie man den Puls fühlt. Das hatte ich nie zuvor gesehen, und selbst heute kenne ich nur wenige erfahrene Tierärzte, die das verstehen. Willy besaß fast keinerlei Schulbildung, aber er hatte sein ganzes Leben mit Pferden verbracht und wußte eine Unmenge über sie. Von ihm lernte ich, wie man einen Huf nach seiner Struktur, seinem Feuchtigkeitsgehalt, seiner Festigkeit und Farbe untersucht und wonach man seine Form bestimmt. Ein Pferd kann aus vielen Gründen lahmen, und die Ursache kann in der Schulter, im Vorderfußwurzelgelenk oder im Fesselgelenk liegen. Heute habe ich mich unter anderem darauf spezialisiert, Pferdebeine zu operieren und verschiedene Hufstellungen zu korrigieren, über dieses Thema habe ich auch Untersuchungen veröffentlicht, die Anerkennung gefunden haben. Aber meine erste Lektion in Hufbehandlung erhielt ich beim alten Willy Bradley, dem ich eine Menge verdanke.

Von da an besuchte Willy unseren Stall regelmäßig. Ich fand bald heraus, daß er in seinem Lastwagen "wohnte". Er hatte darin nicht nur seine Schmiede, sondern auch ein Bett und so etwas wie eine Küche. Wie alle Schmiede verletzte er sich häufig selbst beim Umgang mit den glühenden Hufeisen oder beim Beschlagen der Pferde. Da ich mir darüber Sorgen machte, fragte ich ihn eines Tages, ob er sich auch regelmäßig gegen Tetanus impfen lasse.

"Was soll ich denn mit sowas?" wollte er wissen. "Keinen Pfennig würde ich dafür ausgeben. Hier ist alles, was ich brauche", und bei diesen Worten brachte er eine Halbliterflasche mit Jodlösung zum Vorschein und goß davon etwas über eine frische Schnittwunde. Mir lief es kalt über den Rücken, als ich ihn beobachtete. Es muß eine besonders starke Lösung gewesen sein, denn auf seiner Haut bildeten sich Blasen. Aber ich habe nie erlebt, daß er sich irgendwo infizierte.

Nachdem wir nun einen Schmied hatten, konnten wir von besonderem Glück sagen, daß wir auch einen wunderbaren Tierarzt fanden. Dr. Allam war ein hochgewachsener, sehr schlanker Mann Ende dreißig und stets untadelig gekleidet. Er brachte seinen Arztkittel immer mit, statt ihn überall anzuhaben, wie es die meisten Tierärzte tun, und gab sich mit dem Pony eines kleinen Mädchens ebensoviel Mühe wie mit Rennpferden, die eine halbe Million Dollar wert waren. Mutter hatte seinen Namen zufällig im Telefonbuch entdeckt, und wir waren überglücklich.

Mir schien es, als sei er eher amüsiert als beeindruckt von unseren Anstrengungen, einen Pensionsstall zu halten, aber er war ein so lieber Mensch, daß er uns in jeder Beziehung hilfreich zur Seite stand. Für mich war ein Tierarzt so etwas wie ein Gott, der vom Olymp auf die Erde herab gekommen ist. Ich folgte Dr. Allam daher mit großem Respekt und beobachtete ihn voller Ehrfurcht bei der Arbeit. Niemals wagte ich es, ihm eine Frage zu stellen. Mir fiel auf, daß er zu Beginn seiner Untersuchung fast immer ein Stethoskop benutzte, und ich hätte oft gern gewußt, was er denn da so Aufschlußreiches hörte. Eines Nachmittags kam er höchst erregt an: "Phyllis, ich habe überall nach meinem Stethoskop gesucht. Hast du ...?" Sprachlos starrte er ein kleines Mädchen mit feuerrotem Gesicht an, das ein Stethoskop gegen Flashs Brust drückte und intensiv lauschte. Daraufhin erklärte er mir, wie man es benutzte, und nahm das Instrument wieder an sich. In jenem Jahr schenkte er mir zu Weihnachten ein herrliches, neues Stethoskop.

Dr. Allam kannte Willy Bradley gut und hielt ihn für einen ausgezeichneten Schmied, der sehr begehrt war. Trotzdem sah ich Willy niemals Geld ausgeben, es sei denn für Lebensmittel für sich und seinen Hund Sam. Das erwähnte ich einmal gegenüber Dr. Allam. "Willys Frau ist geisteskrank", meinte er freundlich. "Vor vielen Jahren, als sie beide noch jung waren, starb ihr einziges Kind, worüber sie den Verstand verlor, und seitdem lebt sie in einer teuren, privaten Anstalt."

Ich dachte an Willys alten Laster, sein armseliges Bett und sein hartes, arbeitsreiches Leben. Noch nie zuvor war mir bewußt gewesen, wie unfair doch das Leben mit manchen Menschen umspringt.

Willy zeigte mir immer wieder neue Kniffe bei der Behandlung von Pferden, so daß ich in vieler Hinsicht schließlich auf ihn fast ebenso angewiesen war wie auf Dr. Allam. Einmal hatte ich Flash für einen Wettbewerb genannt, aber einen Tag davor wurde er durch einen Stein, der ihn verletzt hatte, lahm. Zufällig kam Willy Bradley am Nachmittag vorbei, und sehr niedergeschlagen zeigte ich ihm das kranke Bein von Flash. Er untersuchte es sorgfältig.

"Na, das ist nichts Schlimmes. Paß auf, ich zeige dir was, das nicht überall bekannt ist."

Er holte seine Flasche mit Jodlösung aus dem Wagen, tränkte damit einen Druckverband und befestigte ihn unter der Sohle, das heißt unter dem ganzen Huf des Ponys. Er reichte nach oben bis um den Kronenrand herum, wo das Fell anfängt. "Laß das vierzehn Stunden lang drauf", instruierte er mich. "Und wenn ich vierzehn sage, dann meine ich nicht zehn oder sechzehn Stunden. Zu wenig tut nicht gut, ist er zu lange drauf, gibt es Blasen. Also paß gut auf."

Am nächsten Tag schien Flash vollständig geheilt. Ich konnte es einfach nicht glauben und war mir ganz sicher, daß die Richter doch irgendwie erkennen müßten, daß er lahmte, und ihn disqualifizieren würden. Zu meiner größten Überraschung erschien Willy mit Sam, der wie gewöhnlich neben ihm saß. Zum ersten Mal hatte sich Willy richtig fein gemacht und sogar eine Brillantnadel in die sorgfältig gebundene Krawatte gesteckt - jedenfalls sah sie wie ein Brillant aus.

"Flash gewinnt eine goldene Schleife", versicherte mir Willy. "Und Sam und ich werden dabeisein."

Wir hatten aus einem von Vaters alten Lastern einen Pferdetransporter gemacht, und mit Vater am Steuer fuhren wir los. Es war nicht gerade eine große Veranstaltung. Nur das Viereck für die Wettbewerbe, ein paar Verkaufsbuden und ein Erfrischungszelt, wo Bier und Sandwiches angeboten wurden. Immer noch auf das Schlimmste gefaßt, betrat ich mit Flash das Viereck, während Vater und Willy hinter der Absperrung aufpaßten. Ich hatte Flash für drei Prüfungen genannt, ein Ponyspringen, eine Reiterprüfung und die "Reise nach Jerusalem". Vor lauter Nervosität verpatzte ich die ersten beiden. Ich ritt Flash im falschen Galopp, merkte den Fehler, korrigierte ihn und hatte ständig Angst, sein verletztes Bein könne sich wieder bemerkbar machen. In beiden Prüfungen reichte es nicht zur Plazierung. Dann war es Zeit für die "Reise nach Jerusalem". In dieser Prüfung werden bekanntlich auf der Mittellinie des Vierecks Stühle in einer Reihe aufgestellt - einer weniger als die Zahl der Bewerber -, und die Reiter traben oder galoppieren außen herum zu den Klängen der Musik. Plötzlich hört die Musik auf, und jeder versucht so schnell wie möglich mit seinem Pferd die Stühle zu erreichen, springt ab und setzt sich, bis auf den einen Unglücklichen, der keinen Sitzplatz mehr erwischt hatte. Er oder sie scheidet dann aus. Dann wird ein Stuhl weggenommen, die Musik beginnt von neuem und so weiter, bis nur noch ein Stuhl übrig ist.

"Die Reise nach Jerusalem" verlangte gute Zeiteinteilung, Schwung und vollkommene Beherrschung des Pferdes. Aber Flash und ich hatten so lange miteinander gearbeitet, daß die Aussichten für mich nicht schlecht standen. Immer wieder ging es rund, bis schließlich nur noch ein anderes Mädchen und ich übrig waren. Die Musik hörte auf, und beide galoppierten wir auf den letzten Stuhl zu. Ich kam zuerst an und warf mich mit dem ganzen Gewicht zurück in den Sattel, um Flash zum unmittelbaren Halt zu bringen. Gleichzeitig stieß ich die Steigbügel weg, um schnell abspringen zu können. Flash kam so plötzlich zum Stehen, daß es mich völlig unerwartet traf. Ich schoß über seinen Kopf hinweg, drehte einen Salto und landete auf dem Stuhl. Als der Richter mir den Siegesbecher überreichte, meinte er anerkennend. "Das war die großartigste Vorstellung reiterlichen Könnens, die ich jemals erlebt habe. Wie hast du das bloß gemacht?" In aller Bescheidenheit konnte ich nur antworten: "Wir mußten natürlich viel üben."

Willy war viele Jahre lang unser Schmied. Sehr viel später, nach dem Tode seiner Frau, stand ich in einem Pflegeheim an seinem Bett, und wir sprachen über Sam und Flash und die schönen Zeiten, die wir gemeinsam erlebt hatten. Es war das letzte Mal, daß ich ihn sah, aber ich werde niemals vergessen, wie gut er zu mir war und was er mir alles über Pferde aus seinen lebenslangen Erfahrungen beigebracht hat.

In jenem Winter verloren wir Flash. Er war sehr alt, und ich wußte schon seit geraumer Zeit, daß seine Kräfte immer mehr abnahmen. Ich hatte viele kranke Pferde gesehen, denn fast jedes, das in meinen Stall kam, hatte irgendein Leiden, aber ich hatte noch nie dem Tod gegenübergestanden.

Eines Abends, als ich zu seiner Box ging, hatte sich Flash gelegt. Ich rief Dr. Allam, und er kam wie immer sofort. "Er ist eben schon sehr alt, Phyllis", sagte er. "Aber er hatte ein gutes Leben und leidet nicht." Unser armer, lieber Flash starb eine Stunde später. Ein großer schlanker Mann kniete auf einer Seite neben ihm und ein kleines Mädchen mit Zöpfen auf der anderen. Beide weinten.

"Es gibt so vieles, das wir über Pferde noch nicht wissen", schluchzte ich. "Das ist nicht fair. Sie sollten genauso gut behandelt werden wie Menschen. Wenn ich groß bin, will ich Tierarzt werden und alles über sie wissen."

Eine ganze Weile wußte Dr. Allam nicht, was er mir dazu sagen sollte. Im Jahre 1939 gab es keinen einzigen weiblichen Tierarzt für Pferde, und mein Wunsch muß ihm geradezu lächerlich vorgekommen sein. Schließlich sagte er sanft: "Auf alle Fälle hast du dafür schon dein Stethoskop, mein liebes Kind."

Mit 15 Jahren Profi

Als ich fünfzehn war, hatte ich durch die Arbeit mit Flash und aus dem, was ich von den Männern bei den "Four Horsemen" lernte, genügend Kenntnisse über das Reiten erworben, um bei etwas anspruchsvolleren Prüfungen starten zu können. Ich besaß zwar selbst kein Pferd, aber es gab eine Reihe von Leuten, die sich keinen Berufsreiter für die Vorstellung ihrer Pferde leisten konnten und mich fragten. Wenn es sich um eine Prüfung mit Geldpreisen handelte, gab mir der Besitzer gewöhnlich einen Teil des Gewinns, sonst nur ein unbedeutendes Startgeld. Als ich meinen Kummer über Flash einigermaßen überwunden hatte, begann ich von einem neuen Pferd zu träumen. Allerdings war mir auch bewußt, daß ich von Vater nicht die Übernahme der Kosten erwarten konnte.

Meine Dienste waren anfangs nicht sehr begehrt, aber dann lachte mir plötzlich wieder das Glück. Seit mir Willy Bradley etwas über Pferdebeine beigebracht hatte, galt mein besonderes Interesse den Hufen und ihren Mißbildungen. Diese treten sehr viel häufiger auf, als man meint, und damals kannte man noch keine Korrekturmöglichkeiten. Manchmal beeinträchtigten sie das Gangwerk des Pferdes nicht, aber wenn es in irgendeiner Form um Materialprüfungen ging, führte jegliche Art von Mißbildungen des Hufes zu sofortigem Ausschluß. Es war herzzerreißend, dabeisein zu müssen, wenn wirklich schöne Tiere nur wegen dieses einen Fehlers eingeschläfert oder ausrangiert wurden.

In jenem Frühling bat mich Mr. William Faunce, eine Stute vorzustellen, die er gerade erworben hatte, ein Pferd, das noch nie im Viereck präsentiert worden war. Mr. Faunce war mehr Geschäftsmann als Pferdemensch, obwohl er zwei Jagdpferde hielt und gelegentlich hinter Hunden ritt. Mutter fuhr mich zu seinem Landsitz, der nicht sehr weitläufig, aber wunderbar gehalten war. Sein Stalljunge führte die Stute heraus. Als ich sie sah, kamen mir vor lauter Freude beinahe die Tränen. Sie war das schönste und eleganteste Geschöpf, das mir jemals begegnet war. Mr. Faunce war sehr stolz auf sie, vor allem, weil er sie so günstig bekommen hatte. In dem Augenblick, als ich anfing, sie zu untersuchen, wußte ich auch warum. Ihr linker Vorderhuf war deformiert, etwa wie ein Klumpfuß beim Menschen. Er störte ihren Bewegungsablauf nicht, verdarb das Gesamtbild aber völlig.

"Kann sie springen?" fragte ich.

"Das weiß ich nicht, aber warum?" antwortete er überrascht.

"Weil sie nur dann, wenn sie für Springen genannt wird, wo das Material keine Rolle spielt, mit Plazierungen rechnen kann", sagte ich und zeigte ihm den verbildeten Huf, den er noch gar nicht bemerkt hatte. Niemand sollte ein Pferd kaufen, ohne es vorher gründlich vom Tierarzt untersuchen zu lassen, doch es ist immer wieder überraschend, wie viele intelligente Leute diese Grundregel ignorieren. In Springprüfungen kommt es doch nur auf eines an: Die Hindernisse ohne Fehler zu überwinden. Die Qualität des Materials spielt keine Rolle.

Ich probierte die Stute unter dem Sattel. Sie hatte herrliche Bewegungen, und man wäre niemals darauf gekommen, daß sie unter einer Mißbildung litt, wenn man nicht genau hinsah. Immerhin, Richter haben die gräßliche Gewohnheit, genau zu beobachten. Ich versuchte sie auch über Hindernisse, aber hierbei störte das Bein den Rhythmus der Bewegung. Sie würde niemals ein Springpferd werden. Als Turnierpferd war sie ungeeignet, und ich mußte das Mr. Faunce leider sagen.

Er war bitter enttäuscht. "Ich möchte so gern, daß sie wenigstens eine Schleife gewinnt", meinte er niedergeschlagen.

Später ließ er mehrere Experten kommen, die alle darin übereinstimmten, daß die Stute zwar ein gutes Gebrauchspferd werden könne, aber nichts für Turniere sei.

Mr. Faunce tat mir nach alledem aufrichtig leid. Auf dem Gut der Stokes in Berwyn, nicht sehr weit von uns, war ein Turnier ausgeschrieben, das sich geradezu wie maßgeschneidert für die Stute geeignet hätte - nicht zu groß und auch nicht zu unbedeutend -, wenn nicht eben dieser Huf gewesen wäre. Die gesamte Stokes-Familie bestand aus Reitern, und sie verstanden von Pferden eine ganze Menge. Sie unterhielten keinen sehr umfangreichen Besitz, hatten aber einen herrlichen Turnierplatz, und alles, was sie anfaßten und unternahmen, war von bester Qualität.

Am Tag vor dem Turnier erlebten wir einen jener Wolkenbrüche, wie sie vermutlich nirgendwo sonst außer in der Umgebung von Philadelphia vorkommen. Tagsüber war es heiß und schwül gewesen, ohne den Hauch eines Windes. Die Blätter hingen wie tot von den Zweigen, und Schafe und Rinder dösten unter den Bäumen. Ihre Mäuler berührten fast den Boden, um den Fliegen aus dem Wege zu gehen. Gegen Abend erschienen im Westen schwere Gewitterwolken, mit scharfen Konturen gegen den blauen Himmel. Mit ihnen kam ein Wind auf, der von Minute zu Minute stärker wurde. Als sich der Sturm näherte, wurden die Wolken von goldenen, zackigen Blitzen zerrissen, denen fast unmittelbar der Kanonenschlag des Donners folgte. Die scheinbar toten Bäume waren zum Leben erwacht und schwankten wie vor Schmerzen, als der Wind an ihnen riß und ihre Blätter dagegen kämpften, von ihm davongetragen zu werden. Einige

Regentropfen peitschten gegen die Fenster unseres Hauses. Es blitzte ununterbrochen, und der Donner krachte, als käme er direkt durch das Dach. Der Regen verstärkte sich und fiel in dichten Strömen, so daß die Autos halten mußten, weil die Fahrer kaum die Haube erkennen konnten. Das dauerte fast eine halbe Stunde. Dann, als der Sturm vorüber war, zeigte sich die Sonne wieder, frisch gewaschen und glänzend, die Luft duftete nach Sauberkeit und kühler Frische, und die Vögel fingen wieder an zu singen. Der Abend nach einem Gewitter ist eine wunderbare Tageszeit. Barfuß rannte ich über unseren Rasen, auf dem sich jetzt viele Pfützen gebildet hatten, manche mehrere Zentimeter tief. Die Rinnsteine hatten sich in Wildbäche verwandelt, und unser Rasen war mit toten Zweigen übersät, die der heftige Sturm abgerissen hatte. Traurig mußte ich feststellen, daß einige herrliche, alte Bäume dem Sturm nicht mehr hatten standhalten können und nun am Boden lagen, die Wurzeln noch wie Finger in die Erde verkrampft. Wo es kein Gras gab, hatte sich alles in Schlamm verwandelt, so tief, daß ich bis über die Knöchel einsank.

Plötzlich kam mir eine Idee.

Ich rannte nach Hause und bat meine gute und immer zu allem bereite Mutter, mich zur Farm der Stokes zu fahren. Die Straßen waren zwar reißende Bäche, aber schließlich schafften wir es. Ich sprang aus dem Wagen und sah mir das Turniergelände an. Es war genau in dem Zustand, wie ich es gehofft hatte; ein einziger Sumpf. Nicht nur das, rings um das Viereck bestand das Gelände aus Wasserlachen und knietiefem, durchweichtem Gras.

Abends rief ich Mr. Faunce an: "Bitte nennen Sie doch Ihre Stute noch für das Stokes Turnier", bat ich ihn, "und zwar für die Materialprüfung." In dieser Prüfung gibt es keine Sprünge, die Pferde gehen nur Schritt, Trab und Galopp und werden danach beurteilt, wie sie vorgestellt werden. "Und lassen Sie, bitte, gleich die Eisen abnehmen, ich will sie unbeschlagen reiten."

Mr. Faunce stellte keine Fragen, das war das Nette an ihm. Er sagte nur: "Wird gemacht, Phyllis."

Mutter fuhr mich am nächsten Tag zum Turnier. Ich hatte mir besondere Mühe gegeben, adrett aufzutreten, weil ich wußte, daß darauf bei diesen Prüfungen großer Wert gelegt wurde. Meine Eltern hatten mich von Brown & Co. einkleiden lassen, d e m Schneider, wenn es sich um Reitkleidung handelte. Ich trug ein blau-gefüttertes schwarzes Reitjackett, weiße Reithosen und eine Melone. Meine Stiefel stammten von Pearl und kamen aus London; sehr teuer, aber sie hielten ewig. Ich hatte eine Krawatte mit einer Rubin-Nadel, denn Vater hatte erklärt, als er meine Ausrüstung kaufte: "Ich will das Beste für sie haben, so daß sie sich im Viereck nicht darum zu kümmern braucht, ob sie auch ordentlich aussieht, sondern sich ganz auf ihr Pferd konzentrieren kann."

Als wir ankamen, führte Mr. Faunces Pfleger die Stute gerade vom Transportwagen herunter. Ich wollte nicht, daß irgend jemand sie in Augenschein nahm. So ritt ich sie allein durch alles nasse Gras, das ich finden konnte, und davon gab es reichlich. Dann suchte ich mir Stellen mit dickem, klebrigem Modder, wo sie mit ihren unbeschlagenen Hufen tief einsank. Danach sah sie aus, als hätte sie Überschuhe. Der Matsch klebte so dick, daß man ihre Hufe gar nicht ausmachen konnte.

Zufrieden trabte ich hinüber zum Viereck. Dort erlebte ich aber gleich den ersten Schock. Plunket Stuarts Tochter, ein Mädchen, das nur wenige Jahre älter war als ich, ritt eine wirklich schöne Stute. Und sie konnte reiten, alle Stuarts konnten es. Mr. Stuart besaß eine besondere Schwäche für Fuchsjagden, und schon zu Beginn der dreißiger Jahre hatte er angefangen, in den Tälern von Buck und Doe Run - zwischen Coatesville und Unionville - Land aufzukaufen, um es frei und unbebaut für die Fuchsjagd zu halten. Er holte sich eine Meute englischer Foxhounds, die schneller sind als unsere amerikanischen, gründete die Cheshire Fuchsjagd, und dreimal in der Woche waren er und seine Familie auf der Jagd. Dieses Land grenzt heute an die King-Ranch aus Texas, auf der tausende von erstklassigen Rindern auf dem nährstoffreichen Grasland von Pennsylvanien gemästet werden, bevor sie geschlachtet werden. Aber es ist immer noch eine herrliche Gegend für Fuchsjagden, vielleicht die schönste im ganzen Osten.

Miss Stuart war eine bekannte Reiterin, und ich hatte sie oft in Prüfungen beobachtet. Sie war, wie ich glaube, der einzige Mensch in der Welt, den ich jemals beneidet habe. Ihre Stute war ohne Fehl und Tadel, und sie ritt sie erstklassig. Also da geht die goldene Schleife hin, dachte ich. Mit sowas kann ich nicht konkurrieren, aber ein zweiter oder dritter Platz wäre vielleicht noch möglich.

Als der Richter die Reiter ins Viereck rief, war ich das höflichste kleine Mädchen auf Gottes weiter Welt. Ich hielt mich zurück und ließ alle anderen vor mir einmarschieren. Sie sollten den Morast des Vierecks schön aufwühlen, bis er über den Fesselkopf reichte, bevor ich einritt. Die Stute benahm sich großartig, und wären nicht Miss Stuart und ihr zauberhaftes Pferd gewesen, hätten wir sicherlich gewonnen. Endlich hieß es "Aufmarschieren zur Siegerehrung".

Ich sah den Richter mit einem Säckchen in der Hand vortreten. Das war etwas ganz Neues. Wie erwartet, nahm er Kurs auf Miss Stuart. Na gut, vielleicht war für uns noch etwas drin. Dann aber, oh Wunder, ging er an ihr vorbei und übergab mir den Beutel. Er war voll Silber-Dollars!

Sofort ritt ich zu Mr. Faunce, der an der Absperrung lehnte, und reichte ihm das Säckchen. Im Stillen hoffte ich, er würde mit mir teilen, obwohl ein Pferdebesitzer seinem Reiter oft nur zehn Prozent überließ. Mr. Faunce aber wehrte ab. "Behalte alles!" sagte er und lächelte mich in seiner großen Freude herzlich an. Dieser kleine Beutel bedeutete eine Menge Heu und Hafer für meinen Stall im kommenden Winter!

38

Am gleichen Nachmittag verkaufte Mr. Faunce die Stute an einen Mann, der von ihrer Vorstellung sehr beeindruckt war. Anständig, wie er nun einmal war, informierte er den Käufer auch über ihren Bockhuf. Aber der Mann hatte kein Interesse daran, sie auf Turnieren zu zeigen, sondern wollte nur ein gutes Reitpferd mit weichen Bewegungen, und die hatte sie bestimmt. Später erzählte Mr. Faunce einigen Leuten, wie ich es angestellt hatte, für seine Stute trotz ihres Fehlers eine goldene Schleife zu bekommen - das wurde dann seine Lieblingsanekdote -, und ich erhielt daraufhin einige Angebote, Pferde vorzustellen, die in dieser oder jener Hinsicht nicht ganz korrekt waren. Einigen von ihnen konnte ich helfen, aber niemals wieder lachte mir das Glück so wie durch das wunderbare Gewitter.

Wegen dieses glücklichen Zufalls interessierte ich mich immer mehr für Mißbildungen des Hufes. Ich las alles, was ich zu diesem Thema auftreiben konnte, wenn auch vieles davon mein Verständnis überstieg. Ich bedrängte jeden Tierarzt, der bereit war, sich meine Fragen zu diesem Thema anzuhören. Und ich erhielt immer die gleiche Antwort, daß nämlich in den meisten Fällen keine Hoffnung auf eine Korrektur bestand. Trotzdem war ich überzeugt, es müsse eine Möglichkeit geben, obwohl ich nicht die geringste Vorstellung davon hatte, in welcher Richtung sie zu suchen wäre. Immer mehr beschäftigte ich mich mit Pferdekrankheiten und sah mir jedes Pferd genau an, das in unseren Stall kam. Ich fand verdickte Vorderfußwurzelgelenke, Spat, unkorrekt gestellte Sprunggelenke und Knochenwucherungen an Gelenken. Einige Tiere litten an chronischer Bronchitis. Dr. Allam zeigte mir bei allen, wie er sie behandelte, und es erfüllte mich mit einem Gefühl des Stolzes, dabeisein zu dürfen. Ich lernte von ihm auch, die ersten Anzeichen einer Mißbildung am Huf zu erkennen. Manchmal gelang es Willy Bradley und Dr. Allam gemeinsam, durch einen Spezialbeschlag oder Beraspeln des Hufes die Beschwerden zu lindern, auch wenn sie noch nicht geheilt werden konnten.

Vor lauter Eifer, den Pferden zu helfen, richtete ich leider manchmal mehr Schaden an, als Hilfe zu leisten. Eine Dame hatte eine schöne Stute als Pensionspferd gebracht, und ich sah, daß die Beine des armen Tieres voll von Zecken waren. Ich wußte, daß man Zecken mit Kerosin abtötete, und so badete ich ihre Beine in Kerosin. Das tötete zwar die Zecken, aber die Beine der Stute schwollen gewaltig an, und die Besitzerin war verständlicherweise wütend. Sie war aber auch anständig genug, mir zu sagen: "Ich zweifle nicht an deinen guten Absichten, Phyllis, aber doch etwas an deinen fachlichen Kenntnissen!" In aller Eile ließ ich Dr. Allam kommen, der die ärgerliche Dame beruhigte und ihr versicherte, es sei kein Dauerschaden entstanden. Er ließ mich die Beine der Stute mit Paraffinöl und Glyzerin abreiben, und in wenigen Tagen war sie wieder in Ordnung. Aber ich werde niemals den Schrecken vergessen, den mir diese Erfahrung einflößte.

Manchmal fiel es mir schwer zu entscheiden, ob ich meinem eigenen Urteil vertrauen oder den Anweisungen Erwachsener folgen sollte. Ich war in dem Glauben aufgewachsen, daß Erwachsene in allem recht hatten, aber einige der Leute, die ihre Pferde bei uns einstellten, waren zwar sehr überzeugt von sich, hatten aber in Wahrheit keine Ahnung von dem, was sie taten. Einige Tage nach dem Vorfall mit dem Kerosin kam ein Mann mit einem sehr nervösen Wallach zu uns, der offenbar mißhandelt worden war. Das Pferd war so schreckhaft, daß es mich erst nach einigen Tagen in seine Box ließ. Der Wallach wurde gerade wieder etwas umgänglicher, als sein Besitzer zurückkam und ihn für ein Turnier verladen wollte. Er bat mich, ihm zu helfen. Ich war einverstanden, wußte aber auch, daß das Verladen dieses Pferdes zu einem Problem werden würde.

Es wurde noch schlimmer, als ich vermutet hatte. Der Wallach stieg und weigerte sich, über die Rampe in das dunkle Innere des Wagens zu gehen. Wenn ich damals so viel gewußt hätte wie heute, hätte ich die Vordertür des Transporters geöffnet, so daß er vor sich Licht gehabt hätte, aber weder ich noch sein Besitzer dachten so vernünftig. Der stand oben im Wagen, hielt das Halfter fest und versuchte, das Pferd mit bloßer Kraft hereinzuziehen. Das war natürlich völlig sinnlos, denn das Pferd war stärker als er. Schließlich meinte er: "Stell dich hinter ihn, und bearbeite ihn mit einer Gerte."

Das gefiel mir überhaupt nicht. Ich hatte beobachtet, daß dieser Wallach gern seinen Schweif einklemmte, was meistens darauf hindeutet, daß es sich um einen Schläger handelt. Ich holte eine Gerte und stellte mich an eine Seite. Das Pferd sah mich an und wich nach der anderen Seite aus.

"Das hat keinen Sinn," schrie der Mann ärgerlich. "Stell Dich direkt hinter ihn."

Ich wollte mich gerade weigern, als ich daran dachte, wie töricht ich mit dem Kerosin gehandelt hatte. Ich stellte mich also hinter den Wallach und schlug mit der Gerte auf seine Kruppe. Im nächsten Augenblick lag ich halb ohnmächtig auf dem Boden, mit einer offenen Wunde im Gesicht und einem lockeren Zahn. Selbst der Besitzer war erschrocken. Das Pferd jedenfalls bekamen wir auf keinen Transporter.

Die Zeit des Heranwachsens ist schwer für einen Jugendlichen. Manchmal weiß man wirklich mehr als die Erwachsenen; manchmal traut man sich zuviel zu und macht sich lächerlich. Ich hatte das Glück, in meiner Umgebung einige wenige Erwachsene zu wissen, zu denen ich immer Vertrauen hatte: meine Eltern, Mr. MacClay, Dr. Allam und Willy Bradley. Was die übrigen betraf, so versuchte ich, Zeit zu gewinnen, wenn man mir etwas auftrug, von dem ich mit Sicherheit wußte, es war falsch. Ich wollte mir erst von meinen "Vertrauten" Rat holen.

Bald danach begann ich rein zufällig meine Karriere als "Berufsreiter".

Im Frühjahr 1941 hatte uns Vater alle nach New Jersey mitgenommen, zur Garden State-Rennbahn in der Nähe von Cherry Hill, nur wenige Meilen von Camden entfernt. Es war ein Tag der Amateure, nicht einer der üblichen Renntage. Als wir ankamen, wurde das "Puderquasten-Rennen" angekündigt, das heißt es durften nur junge Mädchen starten. Vater entfernte sich dann, kehrte aber nach ein paar Minuten wieder zurück. "Hättest du Spaß am Rennreiten?" fragte er.

Ich starrte ihn an. Mit Flash war ich zwar bei Turnieren mal um die Wette geritten, aber doch niemals auf einer Rennbahn. "Dafür habe ich doch gar kein Pferd", erinnerte ich ihn.

"Ich habe mit einem Ehepaar gesprochen, das dir ihres gebe würde. Es ist eine hübsche, kleine Stute, und ich möchte wetten, auch sehr schnell. Willst du sie dir nicht mal ansehen?"

Natürlich wollte ich, wenn Mutter auch sehr besorgt schien. Schon sammelten sich die Teilnehmer des Rennens am Start, unter ihnen einige Mädchen, die ich kannte. Das Ehepaar wartete etwas weiter weg mit der fertig gesattelten Stute. Aus der Art, wie sie sich verhielten und redeten, gewann ich den Eindruck, daß sie von Pferden nicht gerade viel verstanden. Es ist ja auch nichts Ungewöhnliches, daß es Leute gibt, die gern Pferdebesitzer wären und an Turnieren teilnehmen möchten, die aber für Pferde selbst keinerlei Interesse haben. Sie lieben eben die Rennbahnatmosphäre. Die Stute war eine Schönheit, eine kleine Braune, etwas über 1,55 m Stock. Sie schien fromm zu sein, und ich konnte es nicht abwarten aufzusitzen. Dem Ehepaar lag mehr daran klarzustellen, daß ihnen im Falle meines Sieges das ganze Geld zustehe. Vater versuchte noch, mit ihnen darüber zu verhandeln, aber mir war das gleichgültig. Ich wollte nur das Rennen mitreiten.

Es war ein Flachrennen über 1000 m und ohne Startmaschine. Wir stellten uns nur alle in einer Reihe auf und starteten aus dem Stand, als der Starter seine Flagge senkte. Die kleine Stute flog förmlich nach vorn. Nur ein paar Minuten lang übernahmen einige der anderen Mädchen auf größeren Pferden die Führung, und ich mußte meinen Kopf wegdrehen, um den Dreckklumpen auszuweichen, die mir ins Gesicht flogen. Dann aber kam kein anderes Pferd auf weniger als drei Längen heran. Nach dem Rennen stürzte das Ehepaar auf mich zu, und während Vater mir beim Absitzen half, drehte sich der Mann in seiner Aufregung um und küßte seine Frau. Sie starrte ihn einen Moment fassungslos an, meinte dann aber kühl: "Das ist das erste Mal seit Monaten, daß du mich geküßt hast!" Ich werde ihren überraschten Gesichtsausdruck nie vergessen.

Eines der Mädchen, das ich kannte, kam später zu mir und fragte: "Wo hast du bloß diese Stute her? Du brauchtest ja nur draufzusitzen und hast sie gar nicht geritten. Du warst nur ein Passagier." Das konnte ich nicht leugnen, sie war ein überaus schnelles Vollblut. Ich habe mich oft gefragt, wo die beiden sie herhatten und was sie bezahlen mußten.

Schließlich holte sich das Paar, wie vereinbart, das Sieggeld ab, und damit hatte es sich. Jeder hätte mit dieser Stute gewinnen können. Immerhin muß ich doch irgend etwas richtig gemacht haben, denn später sah ich zwei Herren auf mich zukommen. Sie waren mir unbekannt, bis Vater mir zuflüsterte: "Das sind Danny Shea und sein Assistent Fred Hammer."

Von Danny Shea hatte ich gehört. Er war einer der berühmtesten Trainer im Osten und betreute gewöhnlich 15 bis 20 Rennpferde, die er für ihre reichen Besitzer für die Rennbahn fit machte. Er nahm durchschnittlich zweitausend Dollar für die Arbeit eines Pferdes, die zwischen drei und sechs Monaten dauerte. Und das war bereits 1941, als die Kaufkraft des Geldes dreimal so hoch war wie heute!

Danny machte keinen so starken Eindruck auf mich wie Mr. MacClay. Er war ein kleiner Ire, stämmig, mit schnellen Bewegungen und einem frischen Gesicht. Ich schätzte ihn auf Mitte dreißig, bis ich das Grau in seinem Haar und das Netz feiner Runzeln in seinem Gesicht entdeckte.

Sein Assistent Fred Hammer war ein hochgewachsener, schlanker Mann mit einem großen, breitrandigen Sombrero, der eher wie ein Cowboy-Hut aussah, nur daß der Rand nach unten geschlagen war.

Danny kam zu uns herüber und stellte sich und Fred vor, wobei er sich zwar an meine Eltern wandte, aber mich unentwegt ansah. Er gratulierte mir zu dem Sieg und fragte dann: "Möchtest du vielleicht eine Stelle als Trainer haben? Ich hatte noch niemals so viele dickschädelige Kerle und ungeschickte Grobiane mit harten Fäusten als Lehrlinge wie die, mit denen ich zur Zeit gestraft bin. Die meisten von ihnen taugen nicht einmal für ein Maultier, geschweige denn für ein Vollblut. Maulwinkel sind wund, die Vorderfußwurzelgelenke kaputt, die Sehnen entzündet. Trotzdem muß ich an meine Reiter Spitzenlöhne zahlen, sieben Dollar pro Tag, und bekomme keine, die wirklich etwas von ihrem Beruf verstehen." Ich wußte natürlich, daß die Ausbildung eines Rennpferdes eine heikle Angelegenheit ist. Macht der Reiter auch nur einen Fehler, kann er das Tier so verletzen, daß es nie die Rennbahn zu sehen bekommt. Bei einem Pferd, das Zehntausende von Dollars wert ist, muß eine solche Arbeit wirklich ernst genommen werden.

Beschwörend blickte ich zu meinen Eltern. Mutter schien besorgt, Vater schwankte. Für mich selbst war es eine wunderbare Möglichkeit, Spitzenpferde zu reiten und vom Rennbahngeschäft etwas zu lernen.

Fred Hammer fragte in der gedehnten, weichen Sprache des Südens: "Wie alt bist Du denn, mein Fräulein?"

Ich schluckte: "Fünfzehn."

"Und wieviel wiegst Du?"

Ich zögerte einen Augenblick. Ich wog 120 Pfund, aber ich wußte auch, je leichter ein Lehrling war, umso besser. "115 Pfund", sagte ich mit dem ehrlichsten Gesicht der Welt.

Danny nickte ernst. "Du hast vielleicht noch keine Erfahrung, aber du kennst bereits deine erste Grundregel. Gib niemals dein richtiges Gewicht an. Und nun", wandte er sich an meine Eltern, "wollen Sie uns ausprobieren lassen, ob es ihre Tochter schaffen kann?"

"Wenn Phyllis es wirklich versuchen will," sagte Mutter, nicht gerade strahlend vor Glück.

"Wie willst du denn zwischen hier und zuhause hin- und herkommen?" fragte Vater.

Ich machte ein langes Gesicht. Daran hatte ich natürlich noch gar nicht gedacht.

"Ich werde sie fahren", sagte unsere goldige Mutter, die jederzeit bereit war zu helfen.

"Dann wollen wir mal gleich anfangen. Jim", rief Danny, "bring Teddy Bear hierher, und setz das Mädchen rauf."

Jim war einer der Lehrlinge, ein untersetzter Junge mit O-Beinen und riesigen Händen. Teddy Bear diente, wie sich zu meinem Entsetzen herausstellte, als Führpferd. Wenn ein Vollblüter sich zu leicht aufregt oder zu unruhig ist für ordnungsgemäße Arbeit, wird ein Führzügel in seinen Trensenring gehakt und ein Mann auf dem Führpferd nimmt ihn mit um die Bahn. Wie alle Führpferde schien Teddy Bear ein zuverlässiges, sanftes Tier zu sein, das von einem Baby geritten werden konnte. Meine reiterlichen Fähigkeiten ließen sich auf ihm mit Sicherheit nicht beweisen. Doch ich sagte nichts. Jim half mir beim Aufsitzen, und ich schwang mich zuversichtlich in den Sattel.

Ich hörte Jim kichern und die Männer tief Atem holen. Danny meinte verächtlich: "Wenn du ein Rennpferd so besteigst, wird es dir unterm Hintern weglaufen, wie von der Tarantel gestochen. In dem Moment, wo es dein Gewicht spürt, ist es auf und davon. Nein, mein liebes Kind, so geht es nicht. Wir brauchen jemand, der etwas mehr von Rennpferden versteht als du."

Fred Hammer, mit seinem weichen, südlichen Akzent, wollte vermitteln: "Überlaß sie mir mal eine Weile, Danny. Nun sitz ab und versuche es nochmal. Denk daran: zuerst ein Bein hoch, bleibe weit über dem Pferd und komm dann sanft herunter. Sieh zu, daß du zuerst nur mit den Knien Kontakt zum Pferd bekommst. Dann mach dich ganz leicht, bevor du die Bügel aufnimmst."

Ich versuchte es nochmals, obwohl es schwer war, sich an einen Rennsattel zu gewöhnen, der nicht größer schien als eine Briefmarke. Fred hatte viel Geduld mit mir. Ich glaube, weil er aus dem Süden kam, war er Frauen gegenüber besonders höflich. Nach mehreren Versuchen mußte selbst Danny zugeben, daß es wohl mit mir klappen könnte, "wenn ich nicht einen guten Jungen finde", fügte er hastig hinzu.

Der Frühling war fast vorbei, und ich brauchte wegen der Schule keine Sorgen zu haben. Wir fuhren jeden Morgen um 6 Uhr von zu Hause los, und ich betone: wirklich jeden Morgen, auch sonntags, ganz gleich, ob es regnete oder die Sonne schien, denn die Pferde mußten regelmäßig gearbeitet werden. Wenn wir nach einer Stunde in Garden State ankamen, wartete mein erstes Pferd, fertig gesattelt, schon auf mich. Ich hatte täglich 6 bis 8 Pferde auf der Bahn über eine Meile zu trainieren. Wenn ich nach dem Aufsitzen abritt, gab mir Danny seine Instruktionen. Zum Beispiel: "Wenn du das Loch in der Hecke erreichst, bummle die ersten 400 m, galoppiere dann bis zur 1 400 m - Marke. Dann verkürze auf ein 2-Minuten-Tempo bis zur 800 m - Marke. Von da an laß ihn gehen bis zum Drahtzaun. Er sollte 48 Sekunden brauchen."

Als ich zum ersten Mal diese Anweisungen erhielt, die übrigens bis zum i-Tüpfelchen beachtet werden mußten, weil sonst die Hölle los war, fragte ich mich, ob Danny nicht in die keltische Vergangenheit seiner Ahnen zurückgefallen sei. Immer war es dann Fred Hammer, der mich rettete. Der große Mann mit dem komischen Hut kam dann wie zufällig heran und erklärte nochmals mit sanfter Stimme: "Wenn Du den Eingang zur Rennbahn erreichst, trabe die ersten 400 m in aller Ruhe. Galoppiere ihn dann bis zur 1.400 m-Marke langsam und fest am Zügel. Dann gib ihm Luft für einen schnellen Galopp, laß ihn allmählich zulegen und bei der 800 m-Marke sehr schnell werden. Dies Tempo behalte aber bis zum Finish bei, damit er die Strecke in 48 Sekunden schafft." Nach einiger Zeit lernte ich den Unterschied zwischen einem schnellen, aber sorgfältig kontrollierten Galopp, und "arbeiten", das heißt mit vollem Speed gehen lassen. Mein Gefühl für unterschiedliches Tempo entwickelte sich im Laufe der Zeit fast so genau, als hätte ich die Zeit mit der Uhr gestoppt.

Es gab gute Gründe für diese bis ins einzelne gehenden Instruktionen. Wenn ein Pferd zu bald nach dem Betreten der Rennbahn galoppiert, kann es kein Stehvermögen erwerben. Wird es zuviel galoppiert, kann seine Atmung darunter leiden. Vor dem Aufwärmen ist ein Pferd unsicher auf den Beinen und kann stürzen. Außerdem ist jedes Pferd ein Individuum und verlangt eine individuelle Behandlung. Einige galoppierten gern, andere versuchten wegzustürmen und mußten mit purer Kraft gehalten werden. Wieder andere waren ausgesprochen faul und ließen sich nur mit stärksten Hilfen vorwärts reiten. Manche hatten die Rennbahn satt und waren sauer. Sie blieben stehen oder wurden langsamer, sobald sie die Rennbahn betraten. Man mußte ihren Kopf hochhalten und sie vorwärts zwingen. Wenn es ihnen gelang, den Kopf zwischen die Vorderbeine zu bekommen und zu buckeln, kamen harte Zeiten für den Reiter. Manche liefen gut, wenn sie allein waren, weigerten sich aber, an einem anderen Pferd vorbeizugehen. Ich hatte eines, das sich einfach hinlegte und sich weigerte, überhaupt eine Bewegung zu machen. Das war gefährlich, da die nachfolgenden Pferde uns überreiten konnten. Anfangs saß ich ab und versuchte, die Stute wieder auf die Beine zu bekommen. Später blieb ich im Sattel, benutzte meine Gerte und zwang sie so, aufzustehen und mein Gewicht mitzunehmen. Das hat sie kuriert.

Zu den schlimmsten Unarten gehört es, wenn ein Pferd einem die Zügel aus der Hand reißen will. Es nimmt dabei das Gebiß zwischen seine Zähne und wirft Kopf und Hals plötzlich mit aller Kraft nach vorne. Wenn man darauf nicht gefaßt ist, kann das tatsächlich einen Reiter aus dem Sattel werfen. Es gibt nur die Möglichkeit, die Hände so zu stellen, daß es sich immer dann, wenn es wieder zu einem Versuch ansetzt, im Maul wehtut. Aber unmittelbar danach muß man den Zügeln nachgeben, weil der Schmerz sonst Steigen oder Buckeln zur Folge hätte.

Einige Pferde scheuten und waren ängstlich. Meiner Ansicht nach darf ein Pferd niemals wegen Scheuens bestraft werden, es sei denn, es ist bösartig und will möglicherweise den Reiter absetzen. Man muß sich immer darüber im klaren sein, daß ein Pferd zur gleichen Zeit zwei Bilder sieht, weil es auf jeder Seite seines Kopfes ein Auge hat, sehr nützlich für alle Tiere, die in der Wildnis von Räubern gejagt werden. Ein Pferd kann aber auch beide Augen auf ein Ziel direkt vor ihm einstellen, und das soll es im allgemeinen in einem Rennen tun. Ein noch grünes Pferd, das zum ersten Mal im Rennen geht, sieht überall hin, nur nicht geradeaus. Wenn man es deswegen straft, wird es schreckhaft, hat Angst vor dem Geläuf und ist oft für immer verdorben. Wenn ein Pferd vor einem ungewöhnlichen Objekt scheut, muß man langsam mit ihm herangehen und das Neue untersuchen lassen. Außerdem sollte man immer daran denken, daß Pferde instinktiv allem Unbekannten gegenüber schnell reagieren. In der Freiheit müssen sie das tun, um zu überleben. Sie haben sehr viel schärfere Sinne als der Mensch, sie können besser hören und riechen als wir, so daß ein Pferd schon von Dingen beunruhigt wird, von denen sein Reiter keine Ahnung hat. Ich vermute auch, obwohl ich es nicht beweisen kann, daß ein Pferd bis zu einem gewissen Grade zu erkennen vermag, was in seinem Reiter oder Betreuer vorgeht. Selbstverständlich kann es eine Menge aus seinem Sitz entnehmen, aus der Art, wie er die Zügel hält, sowie aus dem Knieschluß. Aber darüber hinaus scheint es doch oft zu spüren, ob er Vertrauen hat, ob er nervös, konzentriert oder gereizt ist. Wenn der Reiter Angst hat, überträgt sich das aufs Pferd. Niemand kann mit absoluter Sicherheit vorhersagen, wie ein Pferd reagieren wird. Es gibt ein französisches Sprichwort: "Das einzig zuverlässige Pferd ist ein totes Pferd." Ich finde es nicht besonders geschmackvoll, aber ich weiß, was die Franzosen damit ausdrükken wollen.

Die Vollblüter waren große, kraftvolle Tiere, und mein Hauptproblem bestand darin, sie immer unter Kontrolle zu halten. In diesem Fall waren Jungen im allgemeinen wegen ihrer größeren Kraft im Vorteil. Das fühlte ich, und es machte mich unsicher. Fred Hammer beobachtete das und wählte eine merkwürdige Methode, um mich davon zu befreien.

Wir hatten eine junge Stute mit kurzem Hals, der die Jungen aus dem Wege gingen und die sie nicht reiten wollten. Sehr bald stellte sich auch heraus, warum. Unser Stall lag etwa 600 m von der Rennbahn entfernt. Auf dem Weg zum Eingangstor ließ die Stute gelegentlich völlig unerwartet den Kopf fallen, drehte sich auf den Hinterbeinen herum und raste zurück zum Stall. Wegen ihres kurzen Halses war es fast ein Ding der Unmöglichkeit, sie zu parieren, selbst wenn man diesen Trick kannte. Ich hatte diese Stute viele Male genau beobachtet, um herauszufinden, ob es nicht einen Weg gäbe, ihr diese Schaunummer abzugewöhnen. Aber die Jungen, die sie arbeiten sollten, waren schon die besten Reiter, viel stärker als ich, und doch schafften sie es nicht, das eigensinnige kleine Biest zu beherrschen.

Eines Morgens bestimmte Fred zu meiner Überraschung, ich sollte gerade diese Stute herausholen. Alle Jungen grinsten schadenfroh. Ich wußte genausogut wie Fred, daß ich mit dem Pferd nicht fertigwerden konnte. Deshalb schien es mir unbegreiflich, warum er mich in diese schwierige Situation bringen wollte. Da ich mich aber nicht weigern wollte, ließ ich die Stute satteln und führte sie heraus.

Fred selbst half mir beim Aufsitzen. Dabei sagte er: "Wickele die Zügel um deine Hände und bilde über ihrem Widerrist eine Brücke. Laß sie fest dort stehen, dann bekommt sie nicht genügend Freiheit zum Drehen. Denk daran: Laß die Hände unbedingt auf dem Hals, solange du im Sattel bist. Wenn du deinen Griff veränderst, wird sie das als ein Zeichen zum Angaloppieren verstehen."

Rennzügel bestehen aus schwerem, mit Gummi überzogenem Leder. Ich hielt mich an Freds Vorschriften. Etwa auf halbem Wege zur Rennbahn versuchte die Stute, sich mit mir zu drehen. Dafür mußte sie ihren Kopf freibekommen. Da meine Hände mit den Zügeln über ihrem Hals festgestellt waren, pullte sie gegen ihr Maul. Danny Shea wartete am Rennbahntor auf uns. Er sah mich etwas merkwürdig an, gab mir seine Anweisungen und entließ uns dann auf die Bahn. Ich ritt nach Order und brachte sie in der richtigen Zeit um den Kurs. Es gab nur ein Problem: Als ich zurückkam, dauerte es ein paar Minuten, bis ich die gekreuzten Zügel, die ich ganz fest im Griff hatte, wieder loslassen konnte. Fred hielt die Stute, bis meine Finger wieder locker wurden. Danach hatte ich, dank Fred, mehr Selbstvertrauen.

Ich hatte schon begonnen, davon zu träumen, später einmal Tierärztin zu werden. Natürlich würde das eine kostspielige und langwierige Angelegenheit werden. Neun Jahre würde es dauern, wie ich herausgefunden hatte, als ich mich an der Tierärztlichen Hochschule der Universität von Pennsylvanien nach den Zulassungsbedingungen erkundigte. Die Dame am Schalter meinte nur frostig: "Junges Fräulein, wir haben jährlich 40 Plätze zur Verfügung, aber im Durchschnitt 850 Bewerber. Selbst wenn Sie in Frage kämen, müßten Sie einen College-Abschluß haben, das dauert vier Jahre. Dann danach den Magister, macht zusammen fünf Jahre harter Arbeit, wenn Sie erfolgreich durchkommen. Also auf Wiedersehen." Ich schlich mich davon. So gut war ich als Studentin nun auch nicht, und ich wußte, meine Eltern hatten nicht genügend Geld, um mir fünf Jahre College zu finanzieren.

Immerhin, ich dachte darüber nach und entschloß mich, es wenigstens zu versuchen. In der Schule arbeitete ich von nun an fleißiger und sparte das Geld, das ich auf der Rennbahn verdiente. Mir wurde sehr bald klar, daß ich auf der Rennbahn keine wirklichen Zukunftschancen hatte, dazu müßte ich ein Trainer wie Danny werden. Ein professioneller Trainer wurde gut bezahlt, darüber hinaus hatte er stets die Möglichkeit, seine Kenntnisse über Pferde zu erweitern, während ein Reiter oder ein Lehrling nur strikt die Anweisungen zu befolgen hatte. Vor allem aber mußte ich ein durch und durch qualifizierter Reiter sein und alle Tricks kennen, bevor ich überhaupt die Hoffnung hegen konnte, mich mit Erfolg um eine Trainer-Lizenz zu bewerben. Ein Trainer erhält seine Lizenz vom jeweiligen Staat und hat zunächst zwei harte Prüfungen zu absolvieren, eine schriftliche und eine mündliche, die von den Beauftragten der Kommission für Vollblutrennen abgenommen werden. Diese Prüfer sind fast alle ehemalige Jockeys oder professionelle Reiter und kennen jeden Winkel des Pferdegeschäftes. Selbst Danny hatte Respekt vor ihnen.

Ich war nahe daran, mein Selbstvertrauen zu verlieren, weil ich nicht so stark war wie die Jungen, bis mir Fred Hammer den Trick mit den gekreuzten Zügeln beibrachte und ich wieder sicherer wurde. Das war zwar erfreulich, aber leider war ich bald zu überzeugt von meiner Fähigkeit, jedes Pferd reiten zu können. Damit kompensierte ich meine doch immer noch vorhandenen Komplexe als Mädchen in einer Welt der Männer.

Außer für Danny Shea ritt ich auf verschiedenen Bahnen auch für andere Trainer. Eine von ihnen befand sich im Monmouth-Park in New Jersey. Der Mann, für den ich dort ritt, Colonel John Rutledge, war Pferdebesitzer und Trainer zugleich. Er unterschied sich äußerlich sehr von Danny. Hochgewachsen, mit weißem Haar und großen blauen Augen, wirkte er huldvoll und charmant, vor allem Leuten gegenüber, auf die er Eindruck machen wollte. Als ehemaliger Oberst bei der Kavallerie der Vereinigten Staaten war er immer verärgert, wenn man das vergaß und ihn mit "Mr." statt mit "Colonel" anredete. Er war auch Tierarzt, obwohl er seine Approbation verloren hatte. Es gab etwas Geheimnisvolles um ihn. Vor einigen Jahren war er mit seiner Frau aus Missouri gekommen, und es hielten sich hartnäckig Gerüchte, er hätte in aller Eile abreisen müssen, aber niemand wußte warum. Er ließ sich regelmäßig von einem Händler im Mittelwesten Pferde liefern, und seine Frau, die eine hervorragende Reiterin war, stellte sie möglichen Käufern im Ring vor.

Eines seiner Pferde war ein großer, kräftiger Wallach von erstklassigem Material namens Long John, ein Brauner mit weißer Blesse und viermal weiß gestiefelt. Aus irgendeinem Grund interessierte er mich, und ich sah mir deshalb seine Papiere an. Er hatte noch nie ein Rennen im Geld beendet, obwohl er immer mit vorne, an vierter oder fünfter Stelle, lag. Ich wollte gern herausfinden, was los war, und fragte Colonel Rutledge, ob ich den Wallach ausprobieren dürfte. Er sagte nur: "Los!" So sattelte ich ihn und ritt ihn raus zur Bahn.

Ich dachte, ich könnte jedes Pferd mit einer Brücke reiten, aber Long John war etwas anderes. Wie gewöhnlich waren mehrere andere Reiter auf der Bahn, und wir schlossen uns ihnen an. Ich ließ Long John zunächst gemächlich traben, um ihn zu lösen. Dann überholte uns ein anderer Reiter in etwas schärferem Tempo.

Long John verwandelte sich in ein völlig anderes Tier, als er das Pferd an sich vorbeigaloppieren sah. Er galoppierte selbst sofort an und ging glatt durch. Mit den Zügeln über Kreuz versuchte ich, ihn unter Kontrolle zu bekommen. Es war nicht zu fassen, es war, als hätte er überhaupt kein Gebiß im Maul. Ob es ihm in solchen Augenblicken gelang, das Gebiß zwischen die Zähne zu bekommen, so daß es seine Lefzen nicht verletzten konnte, oder ob sein Maul aus Eisen war, habe ich nie herausgefunden. Ich sah nur, daß er nicht zu halten war.

Durch reinen Zufall befand ich mich am Außenrand der Bahn, weit weg von den inneren Rails. Nach den Bahnregeln werden Pferde immer entgegen dem Uhrzeigersinn geritten, so daß ein Pferd, das im Renntempo gearbeitet wird, immer dicht an der inneren Begrenzung läuft. Das nicht ganz so schnelle Pferd galoppiert daneben, die anderen langsameren dann entsprechend weiter außen. Die letzte Spur ist dem schlimmsten Pferd vorbehalten, einem, das nicht geradeaus gehen will oder sonst einen Fehler hat. Auf dieser Spur waren wir, aber Long John war vollständig außer Kontrolle geraten. Das mußte ich schließlich zugeben und rief den anderen zu, sie sollten uns aus dem Wege gehen. Als sie Long John erkannten, stoben sie in alle Himmelsrichtungen auseinander wie die Hühner. Wir donnerten weiter um die Bahn, wobei Long John jedes Gramm seiner gewaltigen Muskelkraft in seinen raumgreifenden Galoppsprung verwandelte. Niemals zuvor war ich so geritten, und ich hatte keine Ahnung, wie das enden würde; er könnte stürzen und sich ein Bein brechen, er könnte aber auch aus der Bahn ausscheren, und wo wir dann landen würden, konnte man nur ahnen. In solchen Augenblicken machen sich Reiter mehr Sorgen um ihr Pferd als um sich selbst, so ging es mir jedenfalls! So versuchte ich, wenigstens einen klaren Kopf zu behalten und zu überlegen, was zu tun sei. Mit dem klaren Kopf schaffte ich es zwar einigermaßen, nicht aber mit dem, was zu geschehen hatte.

Außerhalb der Begrenzung befanden sich zwei Reiter, die die Lehrlinge für den Fall unvorhergesehener Ereignisse im Training beobachteten. Einer von ihnen erkannte meine hoffnungslose Lage sofort. Er war ein Oldtimer, der sein ganzes Leben auf der Rennbahn verbracht hatte, zäh und hart wie seine Bügelriemen und fast ebenso dünn. Er gab seinem Pferd die Sporen, galoppierte quer über die Bahn bis direkt vor Long John und hob mich aus dem Sattel wie einen Rodeoreiter von einem buckelnden Pferd, wenn er seine Zeit geschafft hat. Mittlerweile hatten die Lehrjungen ihre Pferde durchpariert, und da er nun keinen Konkurrenten mehr hatte, wurde auch Long John allmählich langsamer. Als wir ihn erreichten, war er schaum- und schweißbedeckt und atmete schwer und keuchend mit offenem Maul. Ich ritt ihn im Schritt zurück zum Stall.

Unterwegs begegneten mir einige Lehrjungen. Einer rief mir zu: "Nimm's nicht tragisch, er ist mit uns allen durchgegangen." Ein anderer fügte hinzu: "Du kannst ihn ganz allein für dich haben, Phyllis, von uns will ihn keiner reiten."

Am Tor sah ich Colonel Rutledge stehen, der mich beobachtet hatte. "Warum haben Sie mir nicht gesagt, daß er ein Durchgänger ist?" fragte ich ihn. Der Colonel zuckte nur mit den Schultern und sagte: "In ihm steckt ein großartiges Pferd, aber wenn er Arbeit bekommt, um ihn für ein Rennen fit zu machen, geht er mit dem Reiter durch und gibt sich völlig aus. Wenn er nicht trainiert wird, gibt es keine Möglichkeit, ihn in Kondition zu bringen. Mir lag daran, zu sehen, ob du etwas mit ihm erreichen kannst."

"Vielen Dank", konnte ich nur herausbringen und ritt weiter zum Stall. Ich hatte einen guten Teil meiner Überheblichkeit verloren, mit jedem Pferd fertig werden zu können. Trotzdem glaubte ich, wenn ich Long John beherrschen konnte, würde das beweisen, daß ich etwas von Pferden verstand.

Darüber dachte ich einige Tage nach und nahm dann Long John mit einem Führpferd auf die Bahn, dem ich aus Sicherheitsgründen einen Cowboy-Sattel aufgelegt hatte. Drei Tage lang ritt ich ihn am Führzügel um die Bahn. Danach hatte er begriffen, daß er diesem Zügel an seinem Gebiß nicht entfliehen konnte, selbst wenn andere Pferde vorbeigaloppierten. Aber ganz gleich, wie oft ich ihn so arbeitete, er blieb immer ein Problem. Wenn er morgens durchging, konnte man ein Nachmittagsrennen abschreiben, weil er zu erschöpft war. Ich wußte nun wirklich nicht mehr, was ich sonst noch versuchen sollte. Dann kam der alte Bahnreiter, der mich an jenem ersten Tag gerettet hatte, zu mir herüber, als ich Long John mit dem Begleitpferd arbeitete.

"Ich will dir einen Tip geben," sagte er. "Diesen Jungs hier habe ich noch niemals was davon gesagt, weil sie sich ihren blöden Hals schon beim Versuch brechen würden. Dir kann das auch passieren, aber du bist leichter und besser im

Gleichgewicht als sie. Mach deine Bügel kürzer und zwar um so viel, daß deine Knie fast bis zum Kinn kommen. Wenn er versucht durchzugehen, steh gerade auf in den Bügeln und zieh die Zügel scharf nach oben. Das bringt das Gebiß gegen den Oberkiefer und die Oberlippe. Denke daran, daß du hoch über dem Sattel stehen und die Zügel direkt über seinem Kopf hochreißen mußt. Es ist zwar riskant, aber das bringt ihn zum Halten."

Als ich es zum ersten Mal versuchte, glaubte ich, ich würde mit Sicherheit herunterfallen. Ich hatte keinerlei Knieschluß und mußte mich ausbalancieren, so gut ich konnte, und das auf einem Pferd, das alles versuchte, unter mir wegzurennen. Ich hielt ihn so dicht wie möglich an den Rails, damit er nicht die ganze Bahn für seine Eskapaden zur Verfügung hatte. Dann fühlte ich, wie sein Kopf allmählich hochkam, und ich hatte gewonnen.

Einen Monat danach nannte der Colonel Long John für ein "allowance"-Rennen, wo es 10 000 Dollar zu gewinnen gab. Zur Erklärung muß ich hinzufügen, daß es zwei Arten von allgemein anerkannten Rennen gibt, ein "allowance"-Rennen und ein "claiming"-Rennen. In einem allowance-Rennen steht keines der Pferde zum Verkauf. In einem claiming-Rennen kann jedes Pferde zu einem festgesetzten Preis gekauft werden. Das heißt, wenn die Siegprämie 2 500 Dollar beträgt, hat jeder Trainer einen Anspruch darauf, jedes Pferd für 2 500 Dollar zu erwerben. Das ist eine merkwürdige Regelung, aber sie hat auch ihren Sinn. Angenommen, Sie besitzen ein Pferd, das Sie in einem Rennen laufen lassen wollen, das aber nicht gut genug ist für eines der großen Rennen mit hohen Geldpreisen, die damit so manches der besten Pferde für einen Start anlocken. Dann nennen Sie es für ein Rennen mit niedrigen Geldpreisen, weil Sie wissen, daß die besten Pferde bei einer so unbedeutenden Veranstaltung wegbleiben werden. Und hier liegt nun das Problem. Jemand mit einem schnellen Pferd kann sich dafür entscheiden, mit Leichtigkeit 2 500 Dollar nach Hause zu bringen, und sein Pferd unter einem anderen Namen nennen, damit es nicht identifiziert werden kann. Versucht er das in einem Claiming-Rennen, wird er zwar gewinnen, aber auch sein wertvolles Rennpferd für nur 2 500 Dollar loswerden. Dadurch bleibt das Rennen eine faire Angelegenheit. Nachdem er die Zeit von Long John gestoppt und gesehen hatte, was er leisten konnte, entschloß sich der Colonel, auf die claiming-Rennen mit ihren niedrigen Geldpreisen zu verzichten und es sofort mit dem großen Geld zu versuchen.

Dieser Entschluß brachte mir und meiner armen Mutter eine Menge zusätzlicher Arbeit ein. Schon vor dem Morgengrauen mußten wir zur Rennbahn, damit Long John trainiert werden konnte, bevor es hell wurde. Das war nötig, um den Zeitnehmern aus dem Wege zu gehen. An jeder Trainingsbahn gibt es Leute, die den ganzen Vormittag mit der Stoppuhr in der Hand dasitzen und die Pferde kontrollieren, damit sie ihre Zeit an die Buchmacher weitergeben können, die

die Wetten abschließen. Da Long John in der letzten Zeit kein Rennen gelaufen war, konnte der Colonel mit guten Chancen rechnen, wenn die Zeitnehmer nicht wußten, wie schnell er wirklich war.

Trotzdem waren immer zwei oder drei Männer mit ihren Uhren da, wenn ich die Bahn verließ, und meist fragte einer: "Was für ein Pferd ist das, Mädel?"

Ich rief ihnen dann zu: "Captain, von Admiral aus der That's Why."

Wir hatten wirklich ein Pferd namens Captain mit diesen Blutlinien, das Long John ziemlich ähnlich sah, vor allem bei schwachem Licht. Ich ritt dann zum Stall zurück, während die Zeitnehmer fleißig ihre Notizen machten.

Natürlich begleitete Mutter mich jeden Tag zur Rennbahn, ich hätte ohne sie auch gar nicht hinkommen können. Aber ihr holländisch-pennsylvanisches Gewissen wurde durch diese Täuschung belastet. "Phyllis, du sagst nicht die Wahrheit", warf sie mir eines Morgens vor, als wir heimfuhren.

Natürlich, das stimmte. Aber es beunruhigte mich nicht allzu sehr. Ich wußte, wieviel Arbeit Colonel Rutledge in Long John gesteckt hatte und wieviel Geld er ihn bis dahin gekostet hatte. Die Zeitnehmer hatten weder das eine noch das andere getan. Sie waren nur auf der Bahn, um einen Volltreffer zu landen. Meine Sympathien gehörten dem Colonel.

Nach einer Weile bekamen die Zeitnehmer mit, daß etwas Besonderes im Gange war. Vor Sonnenaufgang klebten sie am Geländer wie die Krähen an einem Getreidefeld. Wenn der Colonel das sah, flüsterte er mir vor dem Abritt zu: "Arbeite so mit ihm, daß es aussieht, als gäbe er sein letztes her, aber laß ihn nie ganz heraus."

Ich trainierte Long John immer mit drei oder vier anderen Pferden zusammen. Inzwischen kannten wir beide uns so gut, daß er wußte, ich konnte ihn, wenn nötig, voll durchparieren. So machte er auch keinen Versuch mehr, ohne Rücksicht auf Verluste an allem und jedem auf der Bahn vorbeizurennen. Ich blieb hinter einigen anderen Pferden und zog dann eine große Schau ab, indem ich so tat, als bearbeitete ich ihn mit der Peitsche und ihn laut zu mehr Tempo ermunterte, während ich nur darauf bedacht war, Long John nicht den Kopf freizugeben. Colonel Rutledge war immer dabei, mit der Uhr in der Hand, neben den Zeitnehmern. Wenn ich die Bahn verließ, rief er laut: "Großartig! Das letzte Mal waren es 52 Sekunden. Ich nenne ihn nächste Woche für ein 2 000-Dollar-claiming-Rennen."

Die Schule hatte wieder begonnen, und das beschränkte meine Zeit auf der Rennbahn. Ich schaffte es aber, Long John und die anderen Pferde zu trainieren und trotzdem meine Noten in der Schule zu halten. Niemand schien etwas gegen meine außerschulischen Aktivitäten zu haben, mit Ausnahme von Miss Kendall, meiner Hauswirtschaftslehrerin. Das war mein einziges schwaches Fach, ich haßte es. Bis zum heutigen Tage habe ich Schwierigkeiten mit dem Nähen oder

Kochen. Wenn sich nicht Mutter und Norma um mich kümmerten, würde ich nur von Kaffee und belegten Broten leben, obwohl ich mich vielleicht dazu aufraffen könnte, nähen zu lernen, weil ich mich gerne ordentlich und chic kleide. Die Frau, die mir Hauswirtschaft beizubringen versuchte, legte großes Gewicht auf Disziplin und hielt es auch für selbstverständlich, daß jedes Mädchen unbedingt heiraten und eine hingebungsvolle Ehefrau und Mutter werden wollte.

Mir war klar, wenn ich jemals hoffen konnte, Tierärztin zu werden, mußte ich vor der Tierärztlichen Hochschule das College absolvieren, und dafür brauchte ich wiederum gute Abschlußnoten auf der Schule. Ich war deshalb zu dieser Dame so nett wie nur möglich, obwohl es Zeiten gab, in denen ich sie lieber angefaucht hätte, sie solle mich in Ruhe lassen. Meiner Überzeugung nach glaubte sie, ich sei in Hauswirtschaft nur aus Bosheit so ungeschickt. Das war aber nicht der Fall. Es war mehr, als wolle man jemandem, der kein musikalisches Gefühl besitzt, Klavierspielen beibringen.

Eines Nachmittags, als ich gerade wegwollte, um Long John zu arbeiten, hielt mich Miss Kendall auf. Noch bevor sie etwas sagte, wußte ich, daß mir Unangenehmes bevorstand.

”Deine Arbeit in Hauswirtschaft ist in höchstem Maße unbefriedigend”, sagte sie zu mir. Sie war eine dünne Person, mit einer Stimme, die sich wie quietschende Kreide anhörte. ”Ich habe beschlossen, dich an jedem Nachmittag nacharbeiten zu lassen, bis du wenigstens einige der wichtigsten häuslichen Fähigkeiten beherrschst.”

Ich erklärte ihr, daß man mich auf der Rennbahn erwarte und daß viele gute Freunde und eine Menge investiertes Geld davon abhingen, daß ich Long John für das Rennen fit bekäme. Sie rümpfte die Nase. ”Ich kann überhaupt nicht verstehen, was dich an Rennbahnen interessiert. Da hast du doch überhaupt keine Aussicht, einen passenden Mann zu finden. Wie du bei deiner Einstellung einen Haushalt führen und für eine Familie sorgen willst, geht über meinen Horizont.”

Es war schon reichlich spät für die Rennbahn, und ich konnte Mutter draußen im Wagen auf mich warten sehen. Da verlor ich die Beherrschung. ”Ich werde dann jemand einstellen für die Hausarbeit!” entgegnete ich ihr barsch.

Meine Lehrerin sah mich an, und ihre Kinnbacken klappten hörbar aufeinander.

”Das ist eine höchst unverschämte Antwort, junges Fräulein. Wir werden beide zum Schulleiter gehen.”

So weit hatte ich es also gebracht. Eine Verlängerung des Schulbesuchs oder selbst eine schlechte Note konnte ich mir einfach nicht leisten, es war schon schwer genug, ohne so etwas ins College zu kommen. Ich vergaß meinen Stolz und war durchaus bereit, um Entschuldigung zu bitten. Aber nur ein Blick auf dieses schmale, harte Gesicht genügte, und ich wußte, es würde keinen Sinn haben. Ich folgte ihr sehr beklommen zum Amtszimmer des Schulleiters.

Vor der Tür stand eine Bank, wo Schüler darauf warteten, hereingerufen zu werden. Außer bei allgemeinen Schulversammlungen sahen wir den Direktor nur selten. Für uns war er eine Kombination aus Großinquisitor, Präsident der Vereinigten Staaten und Oberstem Scharfrichter. Gewöhnlich saßen zwei oder drei Opfer auf der Bank, aber diesmal hatten wir Glück und konnten sofort eintreten. Der Schulleiter war ein dicklicher, nicht sehr großer Mann, mit kleinen, von Fett umrahmten Augen. Er hörte sich an, was meine Lehrerin zu berichten hatte, und schüttelte seinen Kopf.

"Rings um die Rennbahn herumtreiben mit Pflegern, Stalleuten und Spielern? Kein Leben für ein junges Mädchen! Sie hatten recht, Miss Kendall, wenn Sie mich darauf aufmerksam machten. Das ist unanständig und schadet dem Ruf der Schule. Monmouth Rennbahn, sagten Sie? Ich weiß einiges von dieser Bahn, ein Treffpunkt der schlimmsten Typen unter den Wettbetrügern. Und dieses Mädchen steht mit ihnen auf Du und Du, nimmt ihre schlechten Gewohnheiten an und lernt ihre verwerflichen Geheimnisse! Lassen Sie sie bei mir."

Miss Kendall zog sich nach einem triumphierenden Blick auf mich zurück. Sobald sie verschwunden war, rückte der Direktor seinen Stuhl näher zu mir.

"Auf wen würdest du denn beim fünften Rennen in Monmouth am nächsten Sonnabend setzten?" fragte er gespannt.

"Setzen Sie auf Long John," riet ich ihm.

Long John siegte mit zwei Längen. Mit Miss Kendall hatte ich keinen Ärger mehr, aber ich kann immer noch kein anständiges Spiegelei zustandebringen.

Ein Mädchen und ein Pferd

In einigen Monaten war ich alt genug, den Führerschein zu machen, aber bis dahin blieb ich noch von jemand abhängig, der mich zur Rennbahn bringen mußte. Der größte Teil des Trainings erfolgte am frühen Morgen, bevor es heiß wurde, und das bedeutete Abfahrt von zuhause um fünf Uhr früh, um rechtzeitig an der Bahn zu sein. Glücklicherweise besaß Norma schon die Fahrerlaubnis, so daß unsere arme Mutter nicht allein die Last zu tragen hatte. Wir standen um halb fünf auf, frühstückten, und Norma fuhr mich, während ich auf dem Rücksitz noch schlafen konnte. Das war für sie nicht gerade ein besonderes Vergnügen, aber sie ließ mich nie im Stich. Von halb sieben bis halb elf trainierte ich die Pferde, für jedes bekam ich zwei Dollar. Jeden Cent sparte ich für das College, damit die Familie nicht die vollen Ausgaben zu tragen hatte, aber selbst mit dem, was ich an Geldpreisen auf Turnieren verdiente, war mein Bankkonto nicht gerade sehr eindrucksvoll.

Dann hatte ich eine Glückssträhne, so schien es damals wenigstens. Ich konnte allerdings nicht ahnen, daß sie mich beinahe das Leben gekostet hätte. Etwa 15 Meilen von der Garden State Rennbahn, wo ich die meisten Pferde arbeitete, lebte ein pensionierter Zahnarzt, dessen ganzer Ehrgeiz darin bestand, in den Besitz eines Rennpferdes zu kommen. Er hatte wahllos und an verschiedenen Stellen acht ungerittene Junghengste gekauft in der Hoffnung, daß wenigstens einer von ihnen Qualitäten eines Rennpferdes zeigen würde. Die Hengste waren wirklich roh; niemals geritten oder am Halfter geführt. Er bot mir 2 Dollar die Stunde, um sie anzureiten und für die Rennbahn fit zu machen.

Das war eine großartige Chance, etwas mehr Geld für die Ausbildung am College zurückzulegen. Ich könnte morgens nach Garden State gehen und nachmittags zum Stall des Zahnarztes. Alles zusammengenommen, ritt ich täglich etwa 20 Pferde. Natürlich war der Umgang mit den rohen Hengsten sehr viel schwieriger als mit den Garden-State-Pferden. Während der Zahnarzt und sein Pfleger den Hengst am Kopf hielten, legte ich den Sattel auf. Anfangs war das das einzige, was ich mit ihnen machen konnte, bis die Tiere sich an den Sattel auf ihrem Rücken gewöhnt hatten. Dann lehnte ich mich über den Sattel, bis sie das zusätzliche Gewicht akzeptiert hatten. Dann - aber noch in der Box - saß ich auf, klopfte ihren Hals und sprach mit ihnen. Wenn sie mich kannten, ließ ich sie von den

Männern die lange Stallgasse entlangführen, bis ich schließlich die nervösen Pferde in die Koppel nehmen konnte. Für all das waren etwa drei Wochen nötig. Dann trainierte ich die Hengste, um ihnen so etwas wie eine reiterliche Grundlage zu geben und sie in Kondition zu bringen, damit sie in Rennen starten konnten.

Der Zahnarzt hatte eine private Trainingsbahn, eine halbe Meile lang. Das Geläuf bestand aus Sand mit einigen Nadelbäumen in der Mitte, so daß man die gegenüberliegende Seite nicht sehen konnte. Die Bahn hatte eine äußere Begrenzung, aber keine an der Innenseite. Immerhin, es war eine faire Bahn, wenn es nicht regnete. Bei schweren Wolkenbrüchen stand sie unter Wasser.

Von den Pflegern bekam ich nicht viel zu sehen, aber es gab einen Stallmann, der mich interessierte. Er war ein Schwarzer und ein Riese von mehr als zwei Metern Größe. Sein Gesicht war mager, und er sprach niemals ein Wort. Entweder war er stumm, oder er konnte kein Englisch verstehen. Er trug immer einen langen Regenmantel, der bis zu seinen Knöcheln reichte. Den anderen Stalleuten und Pflegern ging er aus dem Wege. Sie betrachteten ihn als Sonderling und machten sich lustig über ihn, wenn auch nur aus respektvoller Entfernung, denn er hatte unglaubliche Kräfte. Ich habe gesehen, wie er sich Zwei-Zentner-Säcke mit Futter griff und mit ihnen umging, als seien es Kopfkissen. Obwohl er sicher ein Einzelgänger war, schien es zwischen ihm und mir doch eine stillschweigende Verständigung zu geben, vielleicht, weil ich selbst auch so etwas wie ein Außenseiter war, ein Mädchen in einer Männerwelt.

Eines Tages regnete es in Strömen, ein regelrechter Wolkenbruch. Die Garden State Rennbahn war kaum davon betroffen, aber als Norma und ich am Stall des Zahnarztes ankamen, sah ich, daß sich sein Eigenbau als eine Katastrophe präsentierte. Ein Teil war weggespült worden, und an mehreren Stellen hatten sich häßliche Löcher gebildet. Das größte Problem aber bestand darin, daß man diese Löcher nicht genau erkennen konnte, weil es überall Wasserstellen gab. Der Zahnarzt und einer der Pfleger waren wie immer bereit und hatten mir schon einen Hengst gesattelt. Als ich hinüberging, um das Geläuf zu inspizieren, sah ich meinen schwarzen Freund wie üblich bei harter Arbeit. Niemals war ich einem Menschen begegnet, der derart schwere Arbeit leisten konnte. Ich winkte ihm zu, aber er beachtete mich nicht, obwohl ich immer das Gefühl hatte, als sei er dankbar für meine Bemühungen um seine Freundschaft. Nach der Untersuchung des Bodens kehrte ich zum Stall zurück und erklärte dem Zahnarzt: "Heute reite ich nicht, das Geläuf ist viel zu schlecht."

Er war ein kleiner Mann mit Stahlbrille und kahlem Kopf. Die Pferde hatten sich gut entwickelt, und bei einigen, die wirklich das Zeug zum Rennpferd zu haben schienen, hatte er auch die Zeiten gestoppt. So nahm er jede Unterbrechung ihres Trainings übel. "Wie du willst, aber denke daran: ohne Arbeit kein Geld", war alles, was er sagte.

Ich konnte es mir nicht leisten, auf das Geld zu verzichten, und erklärte mich zögernd bereit, doch anzufangen. Die ersten beiden Pferde machten mir keine Schwierigkeiten, aber ich bemerkte eine Stelle auf der gegenüberliegenden Seite der Bahn, die von den Ställen aus durch eine Gruppe von Kiefern verborgen war, wo sich durch Absacken des Bodens bei der Ausspülung durch das schwere Gewitter ein besonders tiefes Loch gebildet hatte. Für ein Pferd bedeutete dieses Loch eine tödliche Falle, daher vermied ich sorgfältig, in die Nähe zu reiten.

Mein dritter Hengst war ein Brauner, der schnellste des ganzen Lots, aber nervös und schwer zu beherrschen. Ich trabte ihn zuerst und dann, als er gut zu gehen schien und sich beruhigte, ließ ich ihn angaloppieren. Er war in voller Pace, als wir kurz vor dem Loch waren. Plötzlich flog ein Fasanenhahn aus dem Kieferngehölz und stieg rauschend neben uns in die Lüfte.

Der Braune wurde vollkommen überrascht von dem in die Höhe schießenden Fasan, und selbst ich erschreckte mich fürchterlich. Um das Pech vollzumachen, scheute er ausgerechnet, als wir das Erdloch passierten, und trat hinein. Ich versuchte, seinen Kopf hochzuhalten, aber er stürzte. Normalerweise bekomme ich meine Beine aus den Bügeln und kann abspringen, wenn ein Pferd mit mir stürzt, aber diesmal kam ich auch zu Fall. Ich war einen Augenblick unter ihm festgeklemmt, dann kam er wieder hoch und lief wild vor Angst davon. Mit einem Fuß war ich im Bügel hängengeblieben und wurde nun auf dem Rücken davongeschleift.

Eine solche Situation fürchtet jeder Reiter am allermeisten. Mir waren einige Fälle bekannt, in denen Unfälle dieser Art tödlich geendet hatten. Moderne Sättel haben ein Schloß, das sich in einem solchen Augenblick öffnet und den Steigbügelriemen freigibt. Unglücklicherweise war mein Sattel alt und billig und besaß keinen solchen Retter in der Not. Ich konnte sehen, wie die eisenbeschlagenen Hufe des Hengstes in Richtung auf meinen Kopf schleuderten, und jedesmal konnte ich ihnen nur knapp entgehen. Ich betete, der Bügelriemen möge reißen, aber er hielt. Lieber Gott, ich habe schon fast genug Geld verdient für mein erstes College-Jahr, ich hatte hart für dieses Ziel gearbeitet, und jetzt sollte ich sterben? Das konnte doch nicht sein. Aber ich wußte, es war wahr. Meine Kräfte ließen schnell nach, und bei den nächsten zwei oder drei Galoppsprüngen würde mir der Braune den Schädel einschlagen.

Plötzlich drehte ich mich herum und fühlte, wie mein Fuß freikam. Ich blieb am Boden liegen, während der Hengst davongaloppierte. Ich war nicht bei vollem Bewußtsein und wollte mich nicht bewegen. Mein einziger Wunsch war, auf diesem warmen, festen und sicheren Sandboden liegen zu bleiben. Es war ein Zustand völligen Zusammenbruchs, hilflos und ohne jedes Empfinden.

Von der Stelle aus, wo ich lag, konnte ich die Rennbahn hinuntersehen. Ich sah den großen schwarzen Mann langsam auf mich zukommen, er schien so hoch wie ein Baum zu sein. Er hielt bei mir, starrte mich an, und dann - oh, welche Überraschung! - lächelte er. Es war ein gütiges Lächeln, als ob er mir sagen wollte, daß jetzt alles wieder gut würde. Es war das einzige Mal, daß ich überhaupt einen Ausdruck in seinem Gesicht erlebte. Dann nahm er mich hoch, mit einer solchen Leichtigkeit, als sei ich ein junger Hund, und brachte mich zum Stall zurück.

Viele Menschen standen um den Hengst herum, die ihn eingehend auf mögliche Verletzungen untersuchten. Einer der Männer blickte zu uns herüber und fragte: "Alles in Ordnung?" "Ja, mir ist nichts passiert", antwortete ich schwach. Mein schwarzer Freund war der einzige Mensch, der sich die Mühe gemacht hatte, mich zu suchen, und der wirklich besorgt war. Er trug mich zum Wagen, in dem Norma auf mich wartete.

"Um Gottes Willen, Phyllis, was ist geschehen? Bist du verletzt?" rief sie und sprang aus dem Wagen. Ich war in einem derartigen Schockzustand, daß ich ihr nicht antworten konnte. Der Stallmann legte mich in den Wagen und verließ uns dann. Erst nach einiger Zeit konnte ich Norma erklären, was sich ereignet hatte, und daß ich mit dem Schrecken davongekommen war.

Als ich das nächste Mal zum Stall kam, dankte ich meinem schwarzen Retter. Ich weiß nicht, ob er mich verstanden hat, sein Gesicht zeigte wieder die ausdruckslose Maske, und er drehte sich ohne ein Zeichen der Reaktion weg. Ich sprach mit einigen der Stalleute über ihn, und sie alle versicherten, man habe ihn nie sprechen hören, er habe noch niemals zu erkennen gegeben, daß er etwas verstanden hatte. Sie nahmen es als gegeben hin, daß er taub und stumm sei. Die Wahrheit habe ich nie herausgefunden.

Im folgenden Jahr konnte ich den Führerschein machen und einen kleinen gebrauchten Austin kaufen, so daß ich selbst zu den Rennen fahren und Mutter und Norma entlasten konnte. Ich machte mich nun daran, die Trainerlizenz zu erwerben, was einige Jahre dauerte. Ich las alles, was ich über Pferde in die Hand bekommen konnte, und redete mit jedem, der bereit war, meine Fragen zu beantworten. Als ich das Gefühl hatte, gut vorbereitet zu sein, mußte ich drei Trainer finden, um sie zu bitten, mir ein Empfehlungsschreiben auszustellen. Danny Shea, Colonel Rutledge sowie ein anderer Trainer, für die ich geritten hatte, unterzeichneten das Formblatt. Dann mußte ich an einem bestimmten Tag im Büro der Kommission für Vollblutrennen in Pimlico, Maryland, persönlich erscheinen. Ich war das einzige Mädchen, alle anderen Bewerber waren Männer. Zuerst kam eine schriftliche Prüfung, dann eine mündliche. Der Kommissionsbeauftragte und Prüfer war ein verständig aussehender kleiner Herr, dessen Gesicht von einem Gewirr feiner Linien durchzogen war, augenscheinlich die Hinterlassenschaft eines Lebens zu Pferde auf der Rennbahn. Er stellte mir eine Reihe von Fragen, von denen einige die Krankheiten von Pferden betrafen. Auf diesem Gebiet war ich mehr zuhause als er, wie ich glaube. Dann fragte er: "Nehmen wir einmal an, Sie hätten den Auftrag, ein Pferd in 30 Tagen für die Rennbahn fit zu machen. Wie würden Sie das anfangen?"

Einen Augenblick sah ich ihn fassungslos an. "Ich würde gar nichts tun. Es ist unmöglich, ein Pferd in so kurzer Zeit in die erforderliche Kondition zu bringen. Sie müssen allmählich aufgebaut werden, und das dauert mindestens drei Monate."

Der Mann machte eine ungeduldige Bewegung. "Gut, aber nun ist der Besitzer in Zeitnot, und er bietet Ihnen eine hohe Provision. Wie würden Sie sich dann Ihr Training einteilen?"

"Ich würde den Auftrag nicht annehmen. So etwas macht ein Pferd nur kaputt und letzten Endes wertlos."

"Ist das alles, was Sie dazu zu sagen haben?"

"Ja, das ist alles."

"O.K., die Prüfung ist beendet. Der nächste Bewerber, bitte!" Einer der anderen Kandidaten kam herein, und ich verließ den Raum mit dem Gefühl, versagt zu haben. Was hätte ich denn bloß sagen sollen? Kein Trainer hätte eine solche Aufgabe übernommen, zumindest keiner von den gewissenhaften.

Ich war also offenbar durchgefallen und wollte gerade die Tür schließen, als mein Prüfer, der Kommissionsbeauftragte, mich zurückrief und mir ein Papier aushändigte. "Sie haben bestanden", sagte er.

Ich stand da und konnte nur herausbringen: "Ich weiß immer noch nicht, wie Sie ein Pferd in 30 Tagen für die Rennbahn fertigmachen wollen."

"Es geht nicht. Ich wollte bloß sehen, was Sie antworten würden und ob Sie bei der Stange bleiben, wenn ich Sie in die Enge treibe."

So wurde ich einer der drei weiblichen Trainer für Rennpferde in den USA, mit neunzehn vermutlich auch der jüngste.

Natürlich war es nicht gerade leicht, Besitzer zu finden, die bereit waren, ihre wertvollen Rennpferde einem grünen jungen Mädchen anzuvertrauen. Deshalb freute ich mich, als ein Besitzer, der Erbe eines Millionenbetriebes der Tabakbranche mit sehr bekanntem Namen, mich bat, zwei Pferde für ihn fertig zu machen. Da sich dieser Mann die besten Trainer des Turfs leisten konnte, fühlte ich mich sehr geschmeichelt. "Ich werde Ihnen zehn Dollar pro Tag für das Training der Pferde zahlen und Ihnen zehn Prozent der Gewinnsumme geben", erklärte er mir. Zur damaligen Zeit waren das sehr großzügige Bedingungen, und ich nahm den Auftrag gern an. Dieser Mann schien sehr freundlich und so korrekt, daß er sogar einen schriftlichen Vertrag aufsetzte, den wir beide unterzeichneten, damit meine Interessen gewahrt waren.

Beide Pferde waren sogenannte "brush jumpers", das heißt sie wurden in Hürdenrennen geritten. Eine besonders gute Bahn für diese Steeplechaser gab es in Laurel, Maryland. Mit Zustimmung des Besitzers bestellte ich im dortigen Stall zwei Boxen. Sie kosteten nichts, abgesehen natürlich von Heu und Stroh, aber wenn die Gesellschaft, die die Rennanlage betrieb, etwas gegen einen Besitzer oder seine Pferde einzuwenden hatte, konnte sie die Abgabe von Boxen ablehnen. Zum Glück gab es keine Schwierigkeiten, und ich fuhr die beiden Steepler nach Laurel, wo ich sie einstellte.

Laurel ist ein zauberhaftes kleines Dorf, das fast ausschließlich vom Rennbetrieb lebt. Allmählich bekam ich die Pferde in Kondition, so daß ich sie nennen konnte. Ihre ersten Rennen beendeten sie als Sieger, und der Besitzer gab mir peinlich genau abgezählte zehn Prozent. Dann begannen wir mit größeren Renne, wo die Konkurrenz stärker war.

Außer der Hürdenbahn gab es in Laurel noch eine hervorragende Innenbahn, wo ich gewöhnlich beide Pferde arbeitete. Diese Bahn benutzten auch noch einige andere Leute, aber da sie alle erfahrene Reiter waren, machte mir das nichts aus. Einer der beiden Steepler war ein besonders kraftvolles Tier mit hartem Maul und sehr schwer zu halten, aber da er ein gutartiger Kerl war, kamen wir gut miteinander aus.

Eines Morgens arbeitete ich dieses Pferd, als sich nur noch ein einziger anderer Reiter auf der Bahn befand. Ich hatte die 1 200 m-Marke erreicht und ließ mein Pferd dicht an den Rails leicht dahingaloppieren. Das Pferd und sein Reiter, die vor mir waren, hielten sich in der Mitte der Bahn, so daß ich mich nicht um sie zu kümmern brauchte. Aber ausgerechnet in dem Augenblick, als ich mich auf einer Höhe mit ihnen befand, verlor der Reiter die Gewalt über sein Pferd, das Tier stellte sich quer und drückte rückwärts in Richtung auf die Innenrails.

Ich wußte, wenn zwei Pferde bei dieser Geschwindigkeit zusammenprallten, könnte es eines von ihnen oder einen der Reiter das Leben kosten. Ich schrie laut, so daß das Pferd vor mir zögerte und so dicht an mir vorbeifegte, daß sein Schweif meinen Stiefel peitschte! Mein Pferd war von dem Vorfall ebenso aus der Fassung gebracht worden wie ich.

Bei unserem nächsten Rennen war dieses Tier immer noch nervös und ging den anderen Pferden aus dem Wege, offensichtlich, weil es einen ähnlichen Zusammenstoß erwartete, wie er beinahe auf der Bahn passiert wäre. Das führte dazu, daß wir nur als dritter einliefen. Dafür gab es immer noch gutes Geld, und ich wollte beim Besitzer die mir zustehenden zehn Prozent abholen. Aber er sagte nur: "Lesen Sie Ihren Vertrag, er bestimmt zehn Prozent des Gewinns für Sie. Geld bekommen Sie also nur, wenn das Pferd siegt." Das prüfte ich nach und mußte zugeben, daß er dem Buchstaben nach im Recht war. Ich hätte mir zehn Prozent der Geldpreise ausbedingen sollen. Hier war nun ein märchenhaft reicher Mann, der auch noch stolz darauf war, ein Mädchen von neunzehn Jahren aufs Kreuz gelegt zu haben. Ich weiß nicht, ob der Vertrag mit dieser Auslegung vor Gericht standgehalten hätte. Ich ritt die Pferde weiter für ihn, bekam aber meine Provision nur, wenn wir siegten. Schließlich zog er weg, und es tat mir nicht leid um ihn.

Ich blieb auch weiterhin in Laurel. Da ich inzwischen einen gewissen Ruf als Trainer erworben hatte, engagierten mich mehrere andere Besitzer für die Ausbildung ihrer Pferde. Ich ritt sie immer selbst und stellte niemals Lehrlinge ein, weil ich nur so die Tiere kennenlernen konnte. Jedes Pferd ist ein Individuum, manche lassen sich z.B. besser in den Morgenstunden arbeiten als am Nachmittag. So verlangt jedes ein anderes Programm. Aber im allgemeinen achtete ich darauf, daß ein Pferd in den ersten zwei Monaten jeden Tag zwei Meilen getrabt und dann eine Meile galoppiert wurde. Erst im dritten Monat ließ ich es über kurze Strecken mit mehr Tempo gehen. Wenn ich ein Pferd arbeitete, um zu testen, was in ihm steckte, ließ ich es meist zusammen mit einem erfahrenen, schnellen anderen gehen und beobachtete, wie es sich dabei verhielt. Die Zusammenstellung des Futters war von großer Bedeutung. Ich fütterte nur den besten kanadischen Alberta-Hafer und eine Mischung aus Timothy- und Kleeheu. Die meisten Trainer verwenden allerlei Zusatzfutter in der Annahme, das könne dem Pferd mehr Energie und Durchhaltevermögen einbringen. Ich habe solche Mittel, die meistens Spurenelemente enthalten, gelegentlich auch gegeben. Das ist zwar legal, aber nur in ganz seltenen Fällen wirksam. Meist passieren sie nur das Stoffwechselsystem ohne irgendwelche Folgen.

Seit Flash hatte ich kein eigenes Pferd besessen. Da entdeckte ich in Colonel Rutledges Stall einen großen braunen Wallach, etwa 1,70 m Stock, häßlich und alles andere als elegant, aber ein Bild gewaltiger Kraft. Der Colonel hatte Beziehungen zu Pferdehändlern in allen Teilen des Landes östlich des Mississippi. Obwohl ich das Gefühl nicht los wurde, daß einige dieser Händler nicht gerade den besten Ruf in diesem Geschäft genossen, lieferten sie ihm doch eine unglaubliche Vielfalt von Pferden jeder Größe, jeden Temperaments, unterschiedlicher Qualitäten und jeden Materials.

Der Braune ging lahm und konnte links hinten überhaupt nicht auftreten. Das Unterstützungsband schien total abgerissen zu sein. Wenn es auch schlimm aussah, so wußte ich doch aus Fachbüchern, daß sich die meisten Pferde von einer solchen Verletzung wieder erholen, vorausgesetzt, man läßt ihnen genügend Zeit. Aus irgendeinem Grund mochte ich den Braunen. Seine Größe, sein Verhalten, seine intelligenten Augen sprachen zu seinen Gunsten. Ich fragte den Colonel, wieviel er für das Tier haben wollte, da ich wußte, daß jedes seiner Pferde verkäuflich war. Colonel Rutledge lächelte wohlwollend: "Sie haben wirklich das Auge eines Pferdemenschen, meine Liebe. Möglicherweise ein sehr wertvolles Tier. Aber Ihnen würde ich den Braunen für fünfhundert lassen."

"Ich besitze nur dreihundert", gestand ich. Er bedauerte mich, weil ich mir einen solchen Glückskauf durch die Lappen gehen ließ. Ein paar Tage später beobachtete er, wie ich mir den Wallach von neuem betrachtete, und fragte plötzlich: "Möchten Sie den Braunen immer noch haben?"

Törichterweise stellte ich die Frage: "Zum gleichen Preis?"

Ich war zu hastig. Erst später erfuhr ich, daß er mir das Pferd für dreihundert Dollar hatte geben wollen, änderte aber seinen Entschluß, als er sah, wieviel mir an diesem Pferd lag. Er gehörte wirklich zu meinen Freunden und wollte mir etwas Gutes tun. Aber in erster Linie handelte er mit Pferden. Ohne seinen Ausdruck zu ändern, antwortete er: "Selbstverständlich."

Ich war damit einverstanden, 300 Dollar in bar zu zahlen und 200 Dollar in Raten. Am folgenden Tage transportierte ich den Wallach, der Paper Cutter hieß, zu einer Box in Laurel.

Dr. Allam hatte seine Praxis aufgegeben und eine Lehrtätigkeit an der tierärztlichen Fakultät der Universität von Pennsylvanien übernommen. Er erklärte sich aber bereit, Paper Cutter zu untersuchen. "Meiner Ansicht nach war er früher einmal ein wertvolles Tier, aber er ist so schlecht behandelt worden, daß du wohl kaum etwas mit ihm anfangen kannst. Warum siehst du nicht erst mal nach, ob irgendwelche Abstammungspapiere von ihm existieren? Schick sie zum Jockey Club, und sie werden dir Informationen über seine Laufbahn geben können."

Zu meiner Überraschung gab es solche Papiere von Paper Cutter. Schon nach wenigen Tagen erhielt ich eine Antwort. Meine Neuerwerbung besaß einen großen Namen in der Geschichte der Jagdrennen. Er hatte in Belmont Park gewonnen; ebenso ein Hindernisrennen in Delaware Park; dann war irgend etwas schief gegangen. Er wechselte von einer Hand in die andere, bis er schließlich im Stall des Colonels landete.

Bei guter Pflege und viel Ruhe heilte Paper Cutters Bein aus. Endlich kam der große Tag, an dem ich es wagte, ihn auf die Bahn zu nehmen. Je besser sein Bein heilte, desto schneller lief Paper Cutter, wie ich es nie zuvor bei einem Pferd erlebt hatte, aber nur für eine bestimmte Strecke, dann gab er auf. Nichts, aber auch gar nichts konnte ihn dazu bringen, weiterzumachen. Ich war fest überzeugt, daß er keinerlei Schmerzen hatte. Er war einfach "sauer" und hatte die ganze Rennerei satt.

Es gab nur die Erklärung, daß Paper Cutter während der Rennen mißhandelt worden war und sich jetzt weigerte, noch einmal anzufangen, selbst mit ganz normaler Arbeit auf der Trainingsbahn. Da er sich nicht wie andere Pferde reiten ließ, gingen Norma und ich jeden Morgen und Abend Schritt mit ihm, Runde um Runde um die Ställe. Die Lehrjungen fanden, zwei Mädchen, die ein ausrangiertes altes Pferd spazierenführten, seien das Komischste, was sie je gesehen hätten. Es dauerte sehr lange, aber endlich begann Paper Cutter zu reagieren. Er bewegte sich leichtfüßiger und schien sich auf seine Spaziergänge zu freuen. Aber wir schafften es nicht, ihn bis zur Rennbahn zu bringen, und selbst bei Ritten durchs Gelände ging er wie ein Automat. Ich versuchte jeden mir bekannten Trick, aber ohne Ergebnis. Es war ziemlich entmutigend.

Nach dem Weggang von Dr. Allam hatte ich einen neuen Tierarzt, Dr. Bartholomew. Er war ein schlanker, weißhaariger, älterer Herr mit lebenslanger Erfahrung in der Behandlung von Pferden. Er untersuchte Paper Cutter, konnte aber auch nichts Ungewöhnliches finden. Schließlich meinte er: "Lassen Sie sich von ihm selbst erzählen, was ihn plagt."

Diesen Scherz fand ich nicht gerade sehr amüsant. Die 300 Dollar für Paper Cutter hatten in mein Sparkonto ein großes Loch gerissen, und ich zahlte immer noch an den restlichen 200 Dollar, daher war ich nicht in Stimmung für komische Einfälle. Außerdem war es nicht die Art von Mr. Bartholomew, mich zu hänseln oder sich auf meine Kosten zu amüsieren, dafür war er viel zu zart besaitet. So versuchte ich wirklich ernsthaft herauszufinden, wie er das meinte.

Schließlich hatte der Doktor Erbarmen mit mir. "Stellen Sie sich in seine Boxentür, und beobachten Sie ihn. Durch seine Haltung, seinen Ausdruck, durch die Art, wie er sich bewegt und frißt, wird er Ihnen sagen, was los ist. Das dauert vielleicht eine ganze Weile, aber schließlich werden Sie die Antwort finden."

Jetzt erst erinnerte ich mich, daß ich oft gesehen hatte, wie Dr. Bartholomew augenscheinlich ohne eine bestimmte Absicht ihn beobachtet hatte, manchmal eine ganze Stunde oder länger. Es wäre mir niemals eingefallen, dahinter einen besonderen Grund zu sehen. Ich dachte, er vertrödelt nur die Zeit.

Ich fing also an, Paper Cutter in seiner Box und auf der Weide zu beobachten. Mir fiel dabei vor allem auf, daß er keinerlei Interesse für irgend etwas aufzubringen schien. Er fraß, ohne sein Futter zu genießen; er nahm weder von anderen Pferden noch von Menschen Notiz. Die meisten Pferde wiehern, wenn sie aus ihrer Box gelassen werden, äußern ihr Wohlbehagen, indem sie den Kopf hochnehmen und sofort kurz über die Koppel galoppieren, aus Freude an der Freiheit der Bewegung. Paper Cutter machte nichts dergleichen. Wo er war oder was mit ihm geschah, hätte ihm kaum gleichgültiger sein können.

Die Antwort konnte ich nur ahnen. Paper Cutter war nur als eine Maschine betrachtet worden, die Rennen zu gewinnen hatte. Als ihm das nicht mehr gelang, war er ausrangiert worden und hatte sich in sich selbst zurückgezogen. Er besaß nur ein einziges wirkliches Gefühl: er haßte die Rennbahn. Er war zu hart angefaßt worden, mußte zu oft die Sporen und die Peitsche über sich ergehen lassen und hatte schließlich aufgegeben. Jetzt wollte er nur in Ruhe gelassen werden. Anders gesagt, er scherte sich den Teufel um irgend etwas.

Ich mußte etwas unternehmen, um Paper Cutter wachzumachen und ihm wieder Interesse am Leben und an seiner Umgebung zu entlocken. Ich hatte viel von Hormonspritzen gehört, die in der tierärztlichen Praxis gerade mit Erfolg angewendet wurden. Als ich Dr. Bartholomew fragte, ob sie Paper Cutter wohl helfen könnten, brach er in schallendes Gelächter aus. "Meine liebe Phyllis, Paper Cutter ist ein Wallach. Hormone wirken nicht bei einem Wallach."

Bitter enttäuscht kehrte ich nach Laurel zurück, aber da ich alles andere probiert hatte, glaubte ich immer noch, Hormone könnten vielleicht helfen. Da Dr. Bartholomew weit weg in Philadelphia war und den Gedanken sowieso für unsinnig hielt, beschloß ich, mir Hormone zu besorgen und auf eigene Faust zu experimentieren. Unglücklicherweise ist es nur einem approbierten Tierarzt gestattet, Hormone käuflich zu erwerben. Aber es gab für derartige Dinge rings um die Rennbahnen einen schwarzen Markt. Für Leute, die mit Aufputschmitteln hausieren gingen, hatte ich nie etwas übrig gehabt. Aber jetzt mußte ich meine letzte Chance nutzen. Statt anderthalb Dollar hatte ich für die notwendige Dosis 20 Dollar zu zahlen.

Zu meiner freudigen Überraschung zeigte sie Wirkung. Innerhalb der nächsten Tage wurden Paper Cutters Augen größer und glänzender, sein Fell bekam einen deutlichen Schimmer, und sein Appetit wurde besser. Nur auf die Rennbahn wollte er immer noch nicht. Die Rennen hatten zu viele schmerzliche Erinnerungen hinterlassen. So drängte ich ihn auch nicht. Ich ließ ihn sein eigenes Tempo bestimmen und ihn schnell werden, wenn er es wollte. Als sein Vertrauen zurückkehrte, entspannte er sich mehr und mehr. Allmählich duldete er auch andere Pferde, wenn man ihn nicht zwang, sich mit ihnen zu messen. In dieser Beziehung war er genau das Gegenteil von Long John, der immer vorn sein wollte. Dann nannte ich ihn für einige kleinere Rennen. Paper Cutter machte seine Sache gut, solange er nicht erkannte, daß er sich in einem Rennen befand. Wenn er glaubte, er sei nur auf einem schönen Nachmittags-Galopp zusammen mit anderen Pferden, ging alles gut mit ihm.

Auf der Flachen war Paper Cutter nicht besonders schnell. Das erwartete ich eigentlich auch nicht von ihm. Sein Rekord zeigte, daß ihm Hürdenrennen besonders lagen. Daher bedeutete es jetzt eine Überraschung, aber auch eine Enttäuschung für mich, daß er sich weigerte, überhaupt zu springen, und das aus unerfindlichen Gründen. Ich probierte ihn in verschiedenen Springparcours, wo er durchweg verweigerte. Dann erinnerte ich mich daran, daß er seinen Ruf ja über Hürden gewonnen hatte, und beschloß, auch das mit ihm zu versuchen.

Ein Geländeritt über Buschwerk und Hecken ist eigentlich schon eine Art Steeplechase, und fairerweise muß gesagt werden, die gefährlichste Art zu reiten. Die Sprünge sind mindestens 1,20 m hoch, oft sogar so hoch, daß man nicht über sie hinwegsehen kann, und einige auch sehr tief. Zwischen 18 und 21 dieser Hindernisse können über einen Kurs von zwei Meilen verteilt sein. Manchmal befinden sie sich absichtlich auch noch an den unmöglichsten Stellen; oben auf Hügeln mit steilem Anstieg, am Ufer eines Flusses oder nach einer scharfen Kurve. Ein solches Hürdenrennen steht gewöhnlich jeden Tag in den größeren Zentren auf dem Programm, denn sie ziehen Scharen von Zuschauern an, weil sie so aufregend sind. Pferde werden dabei häufig verletzt oder beenden den Kurs mit unheilbarer Lahmheit. Auch für die Reiter ist es gefährlich. Was Stürze und die Befriedigung der Sensationslust betrifft, kommt es den Wagenrennen im alten Rom am nächsten.

Wenn auch Paper Cutter keine festen Hindernisse mochte, so hatte er doch nicht das geringste gegen Hürden. Er besaß einen überragenden, weiten Galoppsprung, so daß er sich über den meisten Hürden nur zu strecken brauchte, und wenn er das nicht schaffte, pflügte er sich geradezu hindurch, dank eines offenbar eisernen Bauchs. Ich testete ihn insgeheim über verschiedene Strecken, und er absolvierte alle in großartigem Stil. Schließlich sollte er für ein richtiges Rennen genannt werden.

Dabei ging ich sehr raffiniert vor. Ich wagte es noch nicht, ihn in einem der großen, gut bekannten Rennen gegen erstklassige Springpferde antreten zu lassen, wie z.B. die in Delaware Park, die von hochbezahlten, erfahrenen Berufsreitern geritten wurden. Dafür war ich zu schlau. Aber es gab ein unbedeutendes, kleines Rennen in Spring City, Pennsylvania, das ich ein- oder zweimal kennengelernt hatte. Es war eine Angelegenheit für Amateure und fand auf einer Rinderweide statt, mit selbstgebauten Hindernissen. Aber es gab 700 Dollar zu gewinnen. Die konnte ich angesichts meiner bevorstehenden College-Ausbildung gut gebrauchen. Niemand, der gute Springpferde besaß, würde sich für dieses Rennen interessieren, selbst wenn sie von Spring City gehört hatten. So nannte ich also Paper Cutter mit mir als Reiter für das Rennen über Hürden.

Ob nun selbst gemacht oder nicht, ich wußte, die Hindernisse würden schwer und knifflig sein, und ich brauchte die beste Ausrüstung für mich und Paper Cutter. Ich kaufte den besten Übergurt, den ich finden konnte, einen Elastikgurt, der unter dem Pferdebauch und über den Sattel läuft und eine Vorsichtsmaßnahme aus Sicherheitsgründen darstellt, falls der Sattelgurt reißt. Der kann möglicherweise nicht die Dehnung bei dem ständigen Springen aushalten. Der Gurt war so teuer, daß ich nach dem Kauf schlichtweg blank war. Nun brauchte ich aber noch leichte Stiefel. Die Galoppierstiefel, die ich bei der Arbeit benutzte, hatten hohe Absätze und waren viel zu schwer. Schließlich entschied ich mich für meine Jagdstiefel. Sie waren zwar schwerer, als mir lieb war, aber ich konnte mir keine anderen leisten. Am Morgen des großen Tages verlud ich Paper Cutter in meinem umgebauten Transporter, und wir fuhren nach Spring City.

Als ich aus dem Wagen stieg und mich umschaute, hatte ich das entsetzliche Gefühl, direkt in einem bösen Traum hineinmarschiert zu sein. Alle Spitzenpferde aus den Delaware Ställen waren da, im Sattel nur professionelle Jockeys.

Sie hatten alle die gleichen Überlegungen angestellt wie ich; es würde leicht sein, 700 Dollar mitzunehmen. Kein Besitzer hatte den anderen etwas gesagt, jeder hatte insgeheim seine Pfleger und Jockeys angewiesen, seinen besten Jumper nach Spring City zu schicken und ihn für das Rennen zu melden. Als sie ankamen und dort alle ihre Bekannten trafen, muß ihnen reichlich flau im Magen geworden sein, aber bestimmt nicht so flau wie mir. Unter diesen Umständen gab es für Paper Cutter keine Aussicht auf einen Sieg, aber zum Umkehren war es zu spät.

Paper Cutter besaß einige kleine Eigenarten, die ihn zu einem unberechenbaren Tier machten. Manchmal gab er ohne ersichtlichen Grund plötzlich auf. Ich wagte es einfach nicht, ihn schnell starten zu lassen. Denn wenn er sich einmal an der Spitze der übrigen Pferde fand, konnte er unvermittelt und abrupt stoppen, um auf die anderen zu warten. Ich glaube, er wollte nur nicht wieder das Gefühl haben, sich in einem Rennen zu befinden. Außerdem gehören Pferde zu den Herdentieren, und in der Natur bleiben sie normalerweise in einer Gruppe zusammen, folgen dem Leittier - gewöhnlich dem stärksten Hengst -, ohne den Versuch zu machen, an ihm vorbeizugehen. Manche überwinden diesen Instinkt niemals. Daher hielt ich Paper Cutter am Start zurück, und wir blieben in der ersten Runde hinter den anderen Pferden. Der Kurs war schlimm, wirklich schlimm, weit härter, als ich vermutet hatte, und die meisten Pferde schafften es nicht bis zum Ziel. Mit seinem phantastischen Galoppsprung und seiner Fähigkeit, sich über mächtigen Hindernissen noch mehr zu strecken, hatte sich Paper Cutter jetzt nach vorn gearbeitet, aber wenn wir es noch bis ins Geld schaffen wollten, mußte er sich anstrengen. Ich beugte mich tief auf seinen Hals: "Los, mein Junge!" flüsterte ich ihm zu.

Es gab eine Möglichkeit herauszufinden, was Paper Cutter vorhatte. Wenn seine Augen groß wurden, war er bereit zu laufen. Gerade jetzt öffneten sie sich wie die Blende einer Kamera. Ich gab ihm den Kopf frei.

Er lag so weit zurück, daß ich nicht glaubte, er könnte jemals zu den führenden Pferden aufschließen. Einige von ihnen stürzten an den schweren, heimtückischen Hindernissen, die Paper Cutter buchstäblich im Fluge nahm. Er war ein unglaublicher Hürdenspringer, vielleicht der großartigste, den es jemals gegeben hat, obwohl er so weit heruntergekommen war, daß er sich von einem Schulmädchen reiten ließ. Am letzten Hindernis waren wir auf gleicher Höhe mit dem führenden Pferd. Das war ein berühmtes Springpferd, das ich noch niemals hatte verlieren sehen, obwohl es kleiner war als Paper Cutter und relativ kürzere Beine hatte. Sein Reiter war ein Profi, der es verstand, das letzte aus ihm herauszuholen. Sie waren so weit vorn, daß es sie augenscheinlich überraschte, als wir plötzlich wie aus dem Nichts neben ihnen auftauchten, gerade, als sie den letzten Sprung erreichten.

Dieses Hindernis was das schlimmste der gesamten Strecke, hoch und sehr tief. Mit seinen weiten Galoppsprüngen und der Eigenart, einfach durch das Buschwerk zu brechen, sprang Paper Cutter vor dem Hindernis immer sehr früh ab, um sich genügend heben zu können. Als das andere Pferd ihn sah, sprang es ebenfalls. Da es aber kleiner war als Paper Cutter, schaffte er es nicht und landete nach zwei Dritteln mitten in der Hecke, während Paper Cutter ohne Fehler blieb und als erster durchs Ziel ging.

Einer der Jockeys, die immer hämisch zugesehen hatten, wenn Norma und ich mit Paper Cutter Runde um Runde um die Ställe marschiert waren, sagte später ärgerlich zu einem Freund: "Sicher, das Mädel hat gewonnen. Aber mit so einem Pferd hätte jeder gewinnen können." Er hatte recht. Paper Cutter war ein wunderbares Pferd, der Mann hatte nur vergessen, daß es schon als wertlos ausrangiert worden war. Er hatte auch die lange Zeit und die Anstrengungen vergessen, die Norma und ich investiert hatten, um ihn wieder in Form zu bringen. Später gewann ich mit ihm auch die Laurel- und Pimlico-Distanzrennen über Hürden, zwei der größten Rennen im Osten.

Meine Eltern machten sich Sorgen, weil ich soviel Zeit auf den Rennbahnen verbrachte. Garden State, Pimlico, Laurel, Monmouth, Delaware State, ich kannte alle diese Bahnen. Die Welt der Pferderennen ist eine Welt für sich, mit eigener Fachsprache, eigenen Verhaltensweisen und Menschen. Einige der Leute waren ungehobelt, man befand sich aber eigentlich nur außerhalb des Rennbahngeländes in wirklicher Gefahr, nicht auf der Bahn selbst. Alle Rennbahnen wurden von Pinkerton-Detektiven überwacht, und jeder, der mit der Rennbahn zu tun hatte, mußte einen Ausweis bei sich tragen und seine Fingerabdrücke hinterlassen. War das Eingangstor erst einmal hinter mir geschlossen, fühlte ich mich vollkommen sicher.

In einer Welt, in der in wenigen Minuten riesige Summen gewonnen und verloren wurden, mußten naturgemäß bis zu einem gewissen Grade auch Gaunereien vorkommen. Selbst die Claiming Races, die in dieser Hinsicht als narrensicher galten, waren nicht frei davon. So hat z.B. ein wenig erfahrener Besitzer ein junges, noch rohes Pferd gekauft. Er bittet einen Lehrjungen, einmal auszuprobieren, was in dem Pferd steckt. Gelegentlich kommt es dann vor, daß der Junge die großartige Veranlagung des Tieres erkennt, es aber nicht voll ausreitet. Dann erklärt er dem Besitzer mit Bedauern: "Ich kann leider nicht viel Gutes über ihn sagen. Sehen Sie zu, daß Sie ihn für 2 500 Dollar loswerden." Das heißt, er sollte ihn zuerst in einem Claiming Race nennen, wo die Gewinnsumme nur 2 500 Dollar beträgt. Oft hat der Besitzer dann diesen Rat befolgt. Inzwischen aber nahm der Reiter mit einem ihm bekannten Trainer Verbindung auf und veranlaßte ihn, seinen Kaufanspruch für dieses Pferd anzumelden. Auf diese Weise kann der Trainer ein Tier billig erwerben, das möglicherweise einen Wert von

10 000 Dollar gehabt hätte. Selbstverständlich erhält der Reiter für seine Vermittlung eine anständige Provision.

Um diese Zeit waren wir in ein altes Bauernhaus aus der Kolonialzeit gezogen. Es lag in Berwyn, am Rande von Philadelphia, und hatte einen kleinen Stall. Damals, zu Beginn der fünfziger Jahre, war das noch eine ländliche Gegend. Obwohl wir keine Katholiken waren, hatten sich meine Eltern entschlossen, mich im Immaculata College anzumelden. Immaculata ist erstklassig und trotzdem nicht so teuer wie die meisten Colleges, so daß ich mich ausgesprochen glücklich schätzte, hier aufgenommen zu werden. Mutter fühlte sich erleichtert, daß ich an einer religiösen Hochschule begann, weil sie immer noch Angst hatte, ich könnte auf den Rennbahnen in Versuchung geführt werden. Wir wußten beide, daß ich das Geld dringend brauchte, aber sie hätte es lieber gesehen, wenn ich es auf den eleganten Turnieren der Main Line gewonnen hätte. Das einzige Problem dabei war nur, daß die Geldpreise auch nicht annähernd so elegant waren wie die Leute.

Einigen Mitgliedern der Haute Volée war ich auf den Turnieren begegnet. Einer von ihnen war Henry Bartau. Henry gehörte einer der ältesten aristokratischen Familien von Philadelphia an und besaß eine Leidenschaft für Tiere aller Art, selbst für Hühner und Enten. Als Gentleman fühlte er sich über jede Arbeit erhaben und war daher ein Herrenreiter. Es brachte nicht viel ein, aber Henry fand immer jemand, der ihn in einer Sattelkammer leben ließ, wenn er dafür die Ställe im Auge behielt. Er stellte sich unter Gurten und Lederzeug ein Bett auf und hatte gewöhnlich zwei oder drei Hühner bei sich, die mit ihm zusammen schliefen. Trotzdem war er immer wie aus dem Ei gepellt. Henry wurde überall eingeladen, und lehnte niemals ab, vor allem dann nicht, wenn er für das Essen nichts zu bezahlen brauchte. Er war überaus gutherzig und kümmerte sich um meinen Stall in Berwyn, wenn ich in Laurel war. Bot ich ihm dafür Geld an, fühlte er sich tief verletzt. Er war glücklich, mir einen Gefallen zu tun, und außerdem arbeitete ein Gentleman in seiner Position nicht für Geld.

Eines der größten und elegantesten Rennen der Main Line war das Brandywine Point-to-Point. Ich wußte, daß Henry dort als "outrider" tätig war, als eine Art Rettungsreiter für den Fall von schweren Stürzen, aber ich hatte kein spezielles Interesse an diesem Rennen, da es nicht nach Paper Cutters Geschmack war und mich auch niemand eingeladen hatte, für ihn zu reiten. Am Abend vor dem Rennen rief mich jedoch eine Dame an, die ich kannte, und bat mich, das Pferd ihres Mannes zu reiten. Da sie selbst eine ausgezeichnete Reiterin war, überraschte mich ihr Anliegen, und ich fragte sie, warum sie nicht selbst ritte. Sie zögerte etwas, bevor sie antwortete: "Ich fühle mich nicht wohl."

Es tat mir leid, daß sie das Rennen versäumen mußte, und erklärte mich gern bereit, für sie zu reiten. Ich wußte, Mutter würde sich freuen, daß ich von den schlechten Einflüssen der Rennbahn wegkam und mit netteren Leuten zusammen war.

Norma fuhr mit mir zum Jagdklub. Bei unserer Ankunft führte gerade ein Mann das Pferd, das ich reiten sollten, von der Rampe eines Transporters. Es war ein mächtiger Schimmel-Wallach, der mir sofort gefiel, obwohl er sich irgendwie merkwürdig benahm. Aber Pferde sind oft so vor einem Rennen. Ich ließ mich wiegen und brauchte viel Blei, um mit meinem kleinen Rennsattel das geforderte Gewicht zu erreichen. Als ich den Wallach gerade sattelte, kam Henry herübergeritten und sah sich mein Pferd genau an.

"Phyllis, ich würde dieses Tier nicht reiten", sagte er in aller Ruhe.

Ich sah ihn verwirrt an. "Warum nicht?"

"Er kommt mir nicht ganz geheuer vor. Bitte reite nicht."

"Ich kann jetzt keinen Rückzieher machen. Es ist zu spät für den Besitzer, sich um einen anderen Reiter zu bemühen."

In diesem Augenblick kam der Besitzer selbst herüber. Offensichtlich hatte er beobachtet, wie Henry mit mir sprach. Henry wendete sein Pferd und ritt davon, wobei er noch bemerkte: "Denke daran, was ich sage. Reite ihn nicht!"

Der Besitzer war sehr zuvorkommend und half mir höchstpersönlich in den Sattel. Ja, er schien nur ungern jemanden in die Nähe des Pferdes zu lassen. Als wir abritten, sagte er mir noch: "Halten Sie seinen Kopf hoch, unbedingt, und lassen Sie die Zügel fest anstehen. Halten Sie sich hinter den anderen Pferden und lassen Sie sie die Führung übernehmen."

An diesen Anweisungen war nichts Ungewöhnliches. Das Pferd ging gut und leichtfüßig. Als wir zur Startlinie kamen, sah ich, wie der Besitzer mit einem Buchmacher sprach. Ein dickes Bündel Banknoten wechselte den Besitzer. Ohne Zweifel setzte er bis zum Limit auf sein Pferd; er mußte großes Vertrauen zu mir haben. Doch plötzlich fühlte ich, daß irgend etwas nicht in Ordnung war. Eigentlich wollte ich Henrys Rat befolgen und sofort absteigen, aber da der Besitzer so freundlich gewesen war, konnte ich ihn nicht im Stich lassen. Ich begann zu begreifen, warum seine Frau sich nicht wohlgefühlt hatte.

Die Flagge senkte sich, und weg waren wir. Mein Schimmel nahm sofort die Spitze; es war unmöglich, ihn hinter den anderen Pferden zu halten, er schoß davon wie eine Rakete. Ich hatte niemals ein Pferd erlebt, das in solcher unsinnigen Raserei davonstürmte wie dieses, es war geradezu beängstigend. Wir kamen zur ersten Hürde. Als er zum Sprung ansetzte, mußte ich die Zügel etwas nachlassen, um ihm den Kopf freizugeben. Er nahm das Hindernis mit mehr als 30 cm Luft und segelte förmlich hinüber. Sofort nach der Landung versuchte ich, ihn wieder unter Kontrolle zu bekommen.

Was ich auch immer tat, es erzielte keinerlei Wirkung auf dieses Untier. Er hatte das Gebiß zwischen den Zähnen und ging einfach durch. Ich wandte jeden

Trick an, den ich kannte, aber es war, als wollte ich eine Lokomotive mit der Hand anhalten. Es war unheimlich. Er benahm sich überhaupt nicht wie ein Pferd, sondern wie eine in Gang gesetzte Maschine. Für den nächsten Sprung mußten wir eine Wendung von 90 Grad machen, was sonst in einem Point-to-Point Rennen ganz ungewöhnlich ist. Ich zog so hart am Zügel, wie ich konnte, um ihn herumzukriegen, der Schimmel raste weiter geradeaus. Nach einigen Sekunden war er völlig vom Kurs abgekommen und galoppierte auf einer unbefestigten Landstraße in Richtung auf West-Chester. Ich riegelte in seinem Maul wie mit einer Säge und gab die härtesten Paraden, zog mit meinem ganzen Körpergewicht, ohne daß ich auch nur die geringste Wirkung erzielte. Monatelang hatte ich nun schon Rennpferde trainiert, und eine ganze Menge von ihnen waren groß, stur, hart und eigenwillig wie etwa Long John. Dieses hier war völlig anders, das Tier schien verrückt zu sein.

Vor mir tauchte eine Schnellstraße auf mit Autos, die auf den vier Fahrstreifen Stoßstange an Stoßstange vorbeirasten. Mein Schimmel hielt genau darauf zu. Wie durch ein Wunder erschien plötzlich zu meiner Linken ein offenes Feld ohne Zaun oder Hecke als Abgrenzung zur Straße. Ich ließ den rechten Zügel los und ergriff mit beiden Händen den linken, zog mit allem, was ich an Kraft noch aufbringen konnte, und mit meinem ganzen Gewicht. Dabei fühlte ich endlich, wie der Kopf des Pferdes leicht nachgab. Ich war auch schon völlig verzweifelt, denn die Schnellstraße kam näher und näher. Dieses wahnsinnige Tier würde nicht nur sich selbst und mich zu Tode jagen, es würde auch einen schweren Verkehrsunfall verursachen. Ich zog und riß weiter am Zügel, und zu meiner unaussprechlichen Erleichterung gab der Kopf mehr und mehr nach. Der Schimmel verließ die Landstraße und stürmte über das Feld.

Auch jetzt dachte er nicht daran, aufzugeben. Ich konnte wenigstens den Druck auf das Gebiß aufrechterhalten, so daß er sich im Kreise herumdrehte. Er hatte Schaum vor dem Maul, große Speichelflocken, dick wie der Schaum einer Spülmaschine. Der löste sich immer wieder und flog mir ins Gesicht, bis ich nichts mehr sehen konnte. Jetzt war mir klar, was das alles bedeutete; das Pferd stand unter Drogeneinfluß. Das erklärte sein anormales Verhalten, es war wirklich verrückt.

Der Speichel kam eimerweise aus seinem Maul, und ich wurde so eingedeckt mit dem Zeug, daß ich nicht mehr erkennen konnte, wo es langging. Ich muß die Zügel wohl etwas gelockert haben, denn der Wallach streckte sich und raste in vollem Galopp in einen Baum. Der Aufprall warf mich aus dem Sattel, und ich landete auf meinen Beinen, die Zügel immer noch fest in der Hand. Endlich stand er still, den Kopf zwischen den Vorderbeinen, und irgendwie schaffte ich es, ihn herumzudrehen, und führte ihn zurück zum Jagdklub.

Es war ein Weg von zwei Meilen, aber lange, bevor wir dort ankamen, traf ich

Henry Bartau, der nach mir sehen wollte, oder nach dem, was von mir übriggeblieben war. Es war ihm in seiner Sorge hoch anzurechnen, daß seine erste Frage lautete: "Sind Sie unverletzt?" statt: "Ist das Pferd in Ordnung?" Meistens fragen die Leute zuerst nach dem Pferd.

Ich sagte: "Ja, bei mir ist alles in Ordnung", was eine schreckliche Lüge war.

"Wie haben Sie ihn halten können?"

"Das ging leicht, ich ließ ihn in einen Baum rennen. Ich glaube, er hat eine Gehirnerschütterung. Am besten übergeben Sie ihn schnellstens einem Tierarzt."

"Und Sie gehen am besten ebenfalls sofort zu einem Arzt."

Henry nahm mir das Pferd ab, das jetzt taumelte und völlig gebändigt war, während ich allein zum Klub ging. Ich zitterte am ganzen Körper und fühlte mich mehr als weich in den Knien. Norma wartete am Wagen auf mich. Sie sah mich nur kurz an und fragte voller Sorge: "Was ist geschehen?"

Ich berichtete ihr nur kurz, als ich in den Wagen fiel. "Glaubst du, daß ich mich beim Besitzer entschuldigen muß, weil ich das Rennen nicht beendet habe?" fragte ich matt.

Norma war wütend: "Du bist wohl nicht gescheit! Du solltest ihn eher ins Gefängnis bringen lassen. Aber mach dir darüber jetzt keine Sorgen. Ich bringe dich erst mal nach Hause." Ohne etwas zu essen und ohne noch ein Wort mit der Familie zu wechseln, ging ich sofort ins Bett.

Ich bin überzeugt, das gedopte Tier hätte mit Leichtigkeit gewonnen, wenn da nicht die unerwartete 90-Grad-Wende gewesen wäre. Anders als bei Rennbahnen mit Totalisatorbetrieb, wo bei den Pferden sorgfältige Dopingkontrollen durchgeführt werden, standen diese gesellschaftlichen Ereignisse nicht unter Überwachung. Es wurde für selbstverständlich gehalten, daß sich elegante Damen und Herren nicht zu solchen Methoden herablassen würden. Immerhin taten es doch so viele, daß heute alle Pferde untersucht werden, wenn es um große Gewinnsummen geht.

Als Mutter an jenem Abend nach Hause kam und mit Norma gesprochen hatte, stürzte sie sofort zu mir nach oben. Ich sagte nur schwach: "Von jetzt an bin ich wohl doch sicherer bei all den rauhen Typen auf den Rennbahnen." Mutter gab darauf keine Antwort, sie erkundigte sich nur, wie es mir ging. Seitdem habe ich nie mehr einen Ritt angenommen, bevor ich das Pferd nicht ausprobiert hatte und sicher war, daß es nicht unter Drogen stand.

Meisterschaft von Pennsylvanien

Die Zulassung zur Tierärztlichen Hochschule - falls ich sie jemals erreichen sollte - hing davon ab, daß ich das College mit entsprechenden Punkten in Biologie abschloß und Kenntnisse in wenigstens einer Fremdsprache nachwies; dies natürlich zusätzlich zu den sonstigen Anforderungen, die erfüllt sein mußten. Ich war froh, am Immaculata College anfangen zu können, weil es einen besonders guten Ruf besaß, vor allem aber, weil ich zuhause wohnen und so die beträchtlichen Unterhaltskosten sparen konnte.

Leider gab es bei Immaculata keinen Kurs in Vergleichender Anatomie, den ich für die Zulassung zum Studium der Veterinärmedizin brauchte. Mein Retter war eine der Nonnen, die Physik und Chemie unterrichtete. Sie wußte zwar kaum mehr von Vergleichender Anatomie als ich, aber sie besorgte sich ein Lehrbuch zu dem Thema und studierte es eingehend. Ich war ihre einzige Schülerin in diesem Kurs, und ich glaube, sie war mir jedesmal nur um die eine Lektion voraus, auf die sie sich am Abend vorher vorbereitete. Ich mußte die toten Körper von Katzen sezieren, die vorher Spritzen bekommen hatten, damit sich die Adern in der Farbe von den Muskeln unterschieden. Diese gütige Frau besorgte die Tiere und, wie ich später erfuhr, kaufte sie sie für ihr eigenes Geld, da es für derartige Lehrmittel keinen Posten im Etat des College gab. Was die Fremdsprachen betraf, entschied ich mich für Deutsch, wäre aber vermutlich durchgefallen, wäre da nicht ein holländisches Mädchen gewesen, das ebenfalls das College besuchte. Sie sprach fließend Deutsch und übte viele Stunden mit mir. Sie war immer fröhlich und guter Dinge, bis sie eines Tages zusammenbrach und mir erzählte, wie die Deutschen nach dem Einmarsch in Holland in ihr Dorf gekommen waren und alle Männer und die meisten Frauen abtransportiert hatten. Sie selbst und einige andere hatten fliehen können. Von den Verschleppten wurde nie wieder etwas gehört. Sie weinte, als sie mir die Geschichte erzählte, und zum ersten Mal wurde mir bewußt, wie leicht ich es bisher im Leben hatte. Dieses Mädchen und die gutherzige Nonne standen mir während der ganzen Zeit am Immaculata College hilfreich zur Seite.

Trotz meiner Sorgen und der entmutigenden Auskunft der Dame im Zulassungsbüro der Tierärztlichen Hochschule zweifelte ich niemals daran, eines Tages doch als Tierärztin arbeiten zu können. Im Immaculata gab es einen Turm, in den ich mich immer zurückzog, wenn ich allein sein wollte. Dort konnte ich in der Fensterecke sitzen und über das große Tal hinausschauen, jenen riesigen, fruchtbaren Graben, der von Lancaster bis zu den Vororten von Philadelphia verlief. Die Indianer nannten es das "dunkle Tal", weil es so dicht von Bäumen und Buschwerk überzogen war; heute besteht es vorwiegend aus Farmland. Vom Turm aus konnte ich die Straße von Swedesford erkennen, die früher als Minquas Trail von dem dort lebenden Indianerstamm geschaffen worden war, sowie die Straße von Conestoga, wo die berühmten Planwagen hergestellt wurden, die die Pioniere in den Westen brachten. Jenseits des Tales verlief Bacton Hill, ein langer Bergkamm mit dem ältesten Wahrzeichen dieses Gebietes, dem Little Rough Top, wo der Sandstein durch die Kalksteindecke bricht. Es erscheint schon auf der frühesten Übersichtskarte von 1681. Fast direkt am Fuße des Turms liegt das Warren Inn, wo die Engländer das Paoli-Massaker planten, und wenige Meilen weiter westlich das alte General Wayne Inn. Dort kann man noch heute an der Rückseite der Tür die Kratzer erkennen, die die Gespannführer mit ihren Peitschen hinterließen, wenn sie mit einem Schlag Nägel herausbrechen wollten. An der Ecke, wo die Bacton Hill Straße mit der Swedesford Straße zusammentrifft, war immer noch eine Schmiede in Betrieb, ohne Unterbrechung seit den Zeiten der Revolution. Da konnte ich nun sitzen und von einer Zeit träumen, wo ich approbierte Tierärztin sein und mit dem Wagen von Farm zu Farm fahren würde, von einem Stall zum anderen, von Turnier zu Turnier.

Ich hatte den Verdacht, meine Eltern glaubten, daß mein Interesse an Pferden vorübergehen oder ich mich wenigstens mit der Tätigkeit als Reiter oder Trainer begnügen würde. Aber ich wollte unbedingt etwas wirklich Wichtiges mit Pferden zu tun haben. Ich hatte die Beobachtung gemacht, daß junge Maidenstuten oft unfruchtbar sind, und keiner wußte, warum. Außerdem hatte ich eine Reihe von älteren Zuchtstuten kennengelernt, die zu unersetzlichen Blutlinien gehörten, aber plötzlich nicht mehr aufnahmen. Die Tierärzte erklärten ihren Kunden gewöhnlich nur: "Zu alt. Lassen Sie sie einschläfern, und kaufen Sie eine junge Stute." Ich war der festen Überzeugung, daß die meisten von ihnen noch einige Fohlen hätten bringen können, wenn wir nur mehr darüber wüßten, wie die Fortpflanzung bei Pferden funktioniert. Wir standen gerade am Anfang unserer Erkenntnisse über Hormone, es war ein völlig neues Feld der wissenschaftlichen Forschung.

Als ich meiner Familie zum ersten Mal mitteilte, daß ich Tierärztin werden wollte, war Mutter diejenige, die sich als erste für diesen Gedanken begeisterte. Ich hätte auch ankündigen können, ich hätte die Absicht, zum Mond zu fliegen, und sie hätte im Garten hinter dem Haus sofort mit dem Bau der Startrampe begonnen. Vater schüttelte nur den Kopf; ihm kamen sicherlich Zweifel, doch dann war er wieder wie immer der Praktiker in der Familie: "Wir wollen mal erst sehen, wieweit das überhaupt möglich ist."

Natürlich war mir klar, daß es hart werden würde, aber ich hatte noch keine Vorstellung davon, wie hart. In den frühen fünfziger Jahren bestand ein weitgehendes Vorurteil gegenüber Frauen, die Berufe wählten, die nach damaliger Ansicht eine Domäne der Männer waren. Mir wurde diese Auffassung besonders bewußt, nachdem ich die Magisterprüfung im Immaculata geschafft hatte. Ich suchte den Dekan der Tierärztlichen Fakultät der Universität von Pennsylvanien auf, um mein Gesuch um Zulassung einzureichen. Dekan war Dr. Kelser, ein Mann in den Sechzigern mit einem großen, frischen Gesicht, aber kurz angebunden in seiner Art. Er war ein ehemaliger Heeres-Veterinär, der sehr viel von Disziplin hielt, aber geringschätzig über Frauen dachte. Er sah mich nicht gerade freundlich an und brüllte los: "Was würde denn ein Mädchen von 100 Pfund wie Sie machen, wenn Sie es mit einem Bullen von 10 Zentnern zu tun hätten?" Ich erwiderte: "Genau das, was ein Mann von 200 Pfund wie Sie tun würde, ich würde ihm ein Beruhigungsmittel geben." Einen Augenblick dachte ich, Dekan Kelser würde aufspringen, mich beim Genick und im Kreuz packen und mich hinauswerfen. Statt dessen starrte er mich einige Sekunden lang an und sagte dann: "Ihr Gesuch ist genehmigt." Später entdeckte ich, daß Dekan Kelser zwar grob sein mochte, aber er respektierte jeden, der es mit ihm aufnahm.

Trotzdem gab ich einige Wochen später beinahe alle Hoffnung auf, jemals Tierärztin zu werden. Dr. Bartholomew hatte mich einmal als dickköpfig bezeichnet, und viele Leute stimmten darin mit ihm überein. Aber je mehr ich über die Tierärztliche Hochschule nachdachte, umso ungünstiger sahen die Chancen aus. Selbst Menschen, die mich kannten und mir wohlgesinnt waren - wie Dr. Bartholomew und Dr. Allam - schienen der Ansicht, daß es keine Frau schaffen könnte, als Tierarzt für Pferde zugelassen zu werden, aber gerade das war mein Ziel. Hunde und Katzen, ja, aber Pferde waren viel zu groß und an Kraft viel zu überlegen, als daß eine Frau mit ihnen umgehen könnte.

Ich war eine fleißige Studentin, wenn auch keine überragende, und um mich zu qualifizieren, mußte ich mich mit einigen der besten Studenten in den östlichen Vereinigten Staaten messen. Am schlimmsten aber war, was Dr. Bartholomew gesagt hatte. Er hatte mich gewarnt: "Phyllis, Sie begeistern sich für Tiere, vor allem für Pferde. Aber als Tierarzt müssen Sie aufhören, Tiere nur zu lieben, und auch als Wissenschaftler und Forscher tätig sein. Sie verbringen jetzt viel zu viel Zeit mit Pferden."

"Wenn ich eine Praxis für die Behandlung von Pferden haben will, wie kann ich dann überhaupt zuviel Zeit mit ihnen verbringen?" protestierte ich.

"Pferdeliebhaber sind keine Wissenschaftler; das liegt ihnen nicht. Wissenschaftler denken und leben in einer anderen Welt. Sie wollen doch ein Wissenschaftler werden und müssen deshalb bei einem Pferd die Vorstellung haben, es sei eine Maschine, die eine Panne hat und repariert werden muß."

Pferde als Maschinen? Diese Vorstellung schien mir unmöglich, und ich wollte es auch gar nicht erst versuchen. Meine Liebe gehörte dem Reiten, es war mein Leben.

Zu diesem kritischen Zeitpunkt kam eine reiche Dame, die einen herrlichen Stall besaß, mit einem Vorschlag zu mir. Sie hatte mich auf Turnieren reiten sehen, und ich hatte auch einige ihrer Pferde mit gutem Erfolg vorgestellt. Sie wollte mich als einzigen Ausbilder einstellen, und ich sollte auch nur ihre Pferde arbeiten. Als Gehalt schlug sie mir 500 Dollar pro Woche vor. Bei Berücksichtigung der heutigen Kaufkraft konnte man das mit drei multiplizieren. Sie bot mir auch einen festen Vertrag für die nächsten fünf Jahre. Damals war ich einundzwanzig!

Bei all meinen Zweifeln und Befürchtungen in bezug auf das Studium der Tiermedizin war dieses Angebot unwiderstehlich. Ich sagte meinen Eltern, daß ich mich entschlossen hätte, diesen Job anzunehmen.

Es schien mir unbegreiflich, daß mich beide drängten, das nicht zu tun. Ich hatte selbstverständlich angenommen, sie würden entzückt sein, wenn ich diesen hochbezahlten Auftrag annähme. "Ganz gleich, wieviel du dafür bekommst, du wärst nur abhängig von dieser Frau und hättest keine Zukunft", erklärte Mutter mit Nachdruck. Und Vater fügte noch hinzu: "Du wolltest immer Tierärztin werden. Da kannst du es wirklich zu etwas bringen und vielleicht noch einen echten Beitrag zum medizinischen Wissen leisten!" Damit überzeugten sie mich.

Ich dankte der Dame und teilte ihr mit, daß ich ihr großzügiges Angebot nicht annehmen könnte. Einige Wochen später und auf eine Weise, die mir ein Rätsel blieb, machte sie bankrott, verlor ihren Stall und verschwand von der Bildfläche. Ich habe nie erfahren, was aus ihr geworden ist.

Wenn Dekan Kelser meine Bewerbung auch angenommen hatte, so erfolgte die endgültige Genehmigung doch erst durch ein Komitee. Von einigen befreundeten Tierärzten, die Verbindung zur Fakultät hatten, erfuhr ich, daß sich nur ein Mitglied des Komitees für meine Zulassung ausgesprochen hatte; Kelser selbst. Gelegentlich traf ich den Dekan und gewann den Eindruck, daß er immer mehr an Zuversicht verlor. Schließlich erklärte er mir: "Wenn Sie bis April nichts hören, wird Ihre Bewerbung abgelehnt sein."

Ich arbeitete weiter wie gewöhnlich, stürzte aber jeden Morgen ans Tor, um den Postboten abzufangen. Es wurde April und bald Mai. Immer noch keine Antwort.

Eines Morgens lief das Radio, als ich gerade die Boxen ausmistete, und ich hörte, wie das Programm für eine Sondersendung unterbrochen wurde. "Zu meinem Bedauern muß ich Ihnen mitteilen", sagte der Sprecher, "daß Dekan Kelser von der Tierärztlichen Fakultät der Universität von Pannsylvanien heute früh an einem Herzanfall gestorben ist."

Es war einer der schlimmsten Schocks meines Lebens. Der Verlust von Dekan Kelser ging mir außerordentlich nahe. Trotz seiner schroffen Umgangsformen war er mir wohlgesinnt gewesen und hatte mir zu helfen versucht - fast immer gegen eine starke Opposition. Es war auch ein niederschmetternder Schlag für alle meine Hoffnungen. Ohne seine Unterstützung hatte ich überhaupt keine Aussichten, zum Studium zugelassen zu werden. Fünf Jahre und Tausende von Dollars waren dahin.

Die Arbeit an den Boxen beendete ich rein mechanisch, und die Macht der Gewohnheit trieb mich dann noch einmal zum Briefkasten. Es war nur ein Brief gekommen vom College. Noch unter der Wirkung der traurigen Nachricht über das Radio nahm ich ihn heraus und öffnete ihn. Es war meine Bewerbung, vom Komittee gebilligt und von Dekan Kelser unterzeichnet. Es muß eine seiner letzten Amtshandlungen gewesen sein.

Von nun an schien alles glatt zu laufen. Der Sommer ging zu Ende. Es war an einem Freitag, und die Tierärztliche Fakultät begann mit den Vorlesungen am Montag. Unter den Pensionspferden hatten wir eine Stute, ein schönes Rennpferd, das einige Tage zuvor gebrannt worden war. Das hört sich grausam an, und diese Behandlung kommt jetzt auch aus der Mode, obwohl sie nach einer althergebrachten Methode erfolgt. Mit einem heißen Eisen wird Narbengewebe gebildet und der Fesselkopf gefestigt. Ich bin immer noch der Meinung, daß diese Behandlung unter bestimmten Bedingungen die einzig mögliche ist. Die Stute zerrte ständig am Verband ihres kranken Fußes. Daher war ihr eine Art Kragen, der aus mehreren Holzstäben bestand, um den Hals gelegt worden, damit sie das Bein nicht erreichen konnte. Als ich bemerkte, daß der Kragen verrutscht war, betrat ich die Box, um ihn wieder zu befestigen.

Da warf die Stute plötzlich ihren Kopf hoch, und der Kragen traf mich voll ins Gesicht. Ich wurde gegen die Boxenwand geschleudert und verlor das Bewußtsein. Als ich wieder zu mir kam, lag ich auf einem Haufen blutigen Strohs, konnte kaum etwas sehen und war viel zu schwach, um aufzustehen. Auf Händen und Knien kroch ich aus der Box und lag noch halb ohnmächtig auf der Stallgasse, bis mich Vater endlich fand. Er brachte mich sofort zu einem Arzt, der meinen Kopf zusammenflickte, ber mir war immer noch schwindelig, und ich hatte Mühe, klar und deutlich zu sehen.

Am folgenden Montag konnte ich mich zwar bei der Fakultät zur Aufnahme des Studiums melden, aber kaum Gedrucktes lesen, und schon gar nicht durch ein Mikroskop sehen. Und ausgerechnet unsere erste Seminarstunde war eine Einführung in die Arbeit mit dem Mikroskop! Meine Kopfschmerzen wurden immer schlimmer, was mich aber am meisten erschreckte, war, daß meine Sehfähigkeit immer mehr nachließ. Schließlich gab es keine andere Wahl; ich mußte den neuen Dekan aufsuchen und ihn um ein Jahr Urlaub zur ärztlichen Behandlung bitten. "Es tut mir leid", teilte er mir mit, "aber wenn Sie jetzt ausscheiden, können Sie nicht wieder aufgenommen werden." Also blieb ich.

Im Januar konnte ich nicht länger durchhalten. Ich geriet in Rückstand mit meinen Leistungen und konnte nicht gut genug sehen, um überhaupt ein Buch zu lesen. Ich mußte aufgeben. Als mich mein Arzt untersuchte, erklärte er mir: "Machen Sie sich wegen des Studiums keine Sorgen. Es wird sehr, sehr lange dauern, bis Sie völlig wiederhergestellt sind."

Einige Tage später hörte ich eine Unterhaltung meiner Eltern. Der Doktor hatte mit ihnen gesprochen und angedeutet, es bestände die Gefahr, daß ich völlig erblinden könnte.

Die folgenden Wochen waren die schlimmsten meines Lebens. Zum ersten Mal gab ich jede Hoffnung auf. Meine Familie war zutiefst betroffen und wagte es nicht, mit mir über die Blindheit zu sprechen. Ich durfte meine Augen überhaupt nicht benutzen, nicht einmal, um ein Buch zu überfliegen oder einen Blick in die Zeitung zu werfen. In einem einzigen unglückseligen Augenblick der Unvorsichtigkeit hatte ich mein Leben zerstört und Zeit und Geld verschwendet, die meine Eltern für mich geopfert hatten. Schule, College und alle meine Anstrengungen um eine Zulassung zum Studium der Tiermedizin waren vergeblich gewesen.

Für mich war die Gefahr der Erblindung das Schlimmste von allem, was mir geschehen konnte. Nach so vielen großartigen Träumen und ehrgeizigen Zielvorstellungen würde ich vielleicht eine Last für meine Familie werden, unfähig, andere als nur die einfachsten Arbeiten zu verrichten. Wenn ich nur etwas vorsichtiger gewesen wäre, als ich den unhandlichen Halskragen zurechtrückte! Es war ausschließlich mein eigener Fehler; nur mir selbst konnte ich die Schuld geben. Dr. Bartholomew, Colonel Rutledge, Henry Bartau, sogar Danny Shea und Fred Hammer hatten mich wiederholt ermahnt, bei der Arbeit mit nervösen, überempfindlichen Tieren vorsichtiger zu sein, aber es war mir immer gelungen, selbst das aggressivste Pferd zu beruhigen, und ich war daher allzu selbstsicher geworden. Falls ich jemals mein Augenlicht zurückerhalten sollte, gelobte ich mir, würde ich niemals wieder ein solches Risiko eingehen.

Langsam kehrte meine Sehfähigkeit zurück. Drei Monate nach meinem Unfall konnte ich große Druckbuchstaben lesen. Dann schaffte ich es auch mit einer Zeitung. Ich wagte mich aber noch nicht an ein Mikroskop. Immerhin ging es mir sehr viel besser.

Fast ein ganzes Jahr dauerte es, bevor ich wieder normal sehen und genug Geld für meine Ausbildung und persönliche Dinge zurücklegen konnte. Schon immer war es mir ein Greuel, jemand um einen Gefallen zu bitten, und ich war deshalb in meinem Bedürfnis nach Unabhängigkeit vielleicht etwas zu weit gegangen. Aber diesmal handelte ich aus purer Verzweiflung. Ich schrieb den bescheidensten Brief meines Lebens an den Denkan der Tierärztlichen Fakultät. Von meinen Lehrern wußte ich, daß ich ihrer Ansicht nach zuviel Zeit auf der Rennbahn verbrachte und lieber mit Pferden als mit Lehrbüchern arbeitete. In meinem Brief versicherte ich, daß ich bis zum Abschluß meines Studiums nie mehr auch nur in die Nähe eines Pferdes gehen würde, wenn ich nur wieder zur Fakultät zurückkommen dürfte. Ich würde das Reiten aufgeben und keine Turniere mehr besuchen. Als Antwort erhielt ich einen Brief, der mir die Wiederaufnahme zusicherte und mir auch ein Zimmer im Studentenwohnheim zuwies. Der Dekan fügte noch eine Bemerkung hinzu: "Ich glaube, es wird gut sein, wenn Sie auf dem Campus wohnen, damit Sie nicht in Versuchung geraten, heimlich zu den Ställen zu entwischen und nochmals gefährlichen Pferden zu begegnen." Ich nahm seine Bedingung dankbar an.

Im Wohnheim teilte ich das Zimmer mit einem Mädchen meines Alters namens Elaine Hopkins, die auch Tierärztin werden wollte. Ihr Ziel war aber eine Kleintierpraxis. Wir hatten es auf dem Wege zu einem Zeitalter der Spezialisierung schon so weit gebracht, daß ein Tierarzt, der Hunde behandelt, häufig keine Katzen übernehmen will, und umgekehrt. Das ist nicht so unsinnig, wie es klingt, denn Katzen reagieren sehr stark auf bestimmte Medikamente, die sich unbedenklich bei Hunden und anderen Tieren anwenden lassen. Es ist z.B. schwierig, eine Katze zu betäuben. Sie sterben leicht, und sowohl Morphium als auch gelegentlich Äther wirken bei ihnen sehr stark. Ich selbst würde niemals eine Katze behandeln, der Spielraum ist zu gering.

Elaine und ich wurden dicke Freunde und sind es geblieben, obwohl wir uns äußerlich und in unserer geistigen Veranlagung überhaupt nicht ähneln. Sie war hochbegabt, mit einem glänzenden IQ, ein Mädchen von molliger Statur. Wenn sie nervös wurde, wie z.B. vor Prüfungen, neigte sie dazu, unglaublich viel zu essen. Ich war dagegen nur eine durchschnittliche Studentin, schlank, und wenn ich nervös bin, überhaupt nicht imstande zu essen. Ich muß mich selbst zu einer Tasse Kaffee zwingen. Elaine war ein Spaßvogel und konnte fast überall irgend etwas Komisches entdecken, während ich mehr zum Ernst neigte. Meine Liebe gehörte den größten aller Haustiere, den Pferden, während die robuste Elaine die kleinsten liebte; Hunde und kleine Vögel in Käfigen. Sie hatte wunderbar geschickte Hände und besaß eine Sammlung von fast mikroskopisch kleinen Operationsinstrumenten für Kanarienvögel und Finken, die sie mit verblüffender Geschicklichkeit behandelte.

Sie war es, die mir meinen ersten Patienten brachte. Wir waren beide knapp bei Kasse, wie übrigens die meisten Studenten auch, als Elaine eines Tages mit der guten Nachricht in unser Zimmer stürzte, daß sie eine Operation für uns verabredet hätte, die 15 Dollar einbrachte. Ich war begeistert, erinnerte sie aber daran, daß wir noch keine zugelassenen Tierärzte seien.

"Ach was, die Operation ist ganz einfach. Jemand hat ein zahmes Stinktier, bei dem die Duftdrüse entfernt werden soll", sagte Elaine, als sei es die einfachste Sache der Welt. "Mein Vater hat mir mal gezeigt, wie das gemacht wird. Der Trick besteht darin, den Skunk am Schwanz hochzuheben, dann kann er einen nicht spritzen. Man muß nur schnell sein, das ist alles. Ich dachte, du könntest diesen Teil der Arbeit übernehmen."

"Du bist vielleicht ein Schatz", war alles, was ich herausbrachte. Immerhin, fünfzehn Dollar waren soviel wie sieben Stunden Reiten mit gerade angerittenen Pferden, und so schlimm war doch der "Duft" eines Stinktiers auch nicht - dachte ich. Doch ich wurde eines besseren belehrt!

Der Besitzer des Stinktieres wohnte einige Blocks von der Hochschule entfernt, so fuhren wir mit Elaines Wagen und allem, was wir an Ausrüstung und Instrumenten brauchten, hin. Der Besitzer entpuppte sich als ein fetter Mann mit blitzenden Brillengläsern, der sich offenbar als Betriebsnudel einen gewissen Ruf erworben hatte. "Stinker sorgt immer für Aufregung, wenn er in ein Zimmer kommt", versicherte er uns und ging voraus in Richtung auf die Küche. "Er braucht nur mit den Vorderfüßen aufzustampfen und seinen Schwanz zu heben, und die Leute verschwinden direkt durchs Fenster!"

Stinker hatte etwa die Größe einer ausgewachsenen Katze, mit dichtem, glänzendem, tiefschwarzen Fell. Zwei weiße Streifen liefen parallel über seinen Rücken, und sein herrlicher Schwanz machte fast ein Drittel seiner gesamten Länge aus. Wenn auch etwas zu niedrig gebaut, um anmutig zu wirken, marschierte er doch in eindrucksvoller, wichtigtuerischer Manier auf uns zu, augenscheinlich absolut sicher, daß ihm jeder aus dem Wege gehen würde.

"Ich lasse Sie beide jetzt mit Stinker für die Operation allein", sagte der Mann. "Gehen Sie sanft mit ihm um." Damit verließ er uns.

"Alles, was du tun mußt, ist, schneller zu sein als Stinker", meinte Elaine in aller Harmlosigkeit. "Ein schneller Griff, und du hast ihn."

Ich näherte mich Stinker sehr vorsichtig. Bevor wir dieses Unternehmen begannen, hatte ich etwas über Skunks gelesen. Der Moschus eines Stinktieres ist nicht bloß eine übelriechende Substanz, sondern eine stark wirkende Säure, die unter der Bezeichnung Mercaptan geführt wird und zu dauernder Blindheit führen kann. Bekannt wurde der Fall eines Mannes, der auf kurze Entfernung eine volle Ladung Moschus ins Gesicht bekam und an den Folgen gestorben ist. Selbst wenn der Moschus auf die bloße Haut gerät, kann er schmerzhafte Verbrennungen verursachen. Ein Stinktier ist deshalb so deutlich schwarz-weiß markiert, damit andere Tiere es sofort erkennen, um ihm aus dem Wege gehen zu können. Es würde sonst seinen kostbaren Moschus laufend verschwenden, denn Skunks bewegen sich nur langsam und sind völlig furchtlos.

Ich wußte aus meinen Nachforschungen, daß der Moschus aus zwei Drüsengängen entladen wird, die der Skunk aus dem Afterbereich herausstülpt, um zu vermeiden, daß er selbst davon getroffen wird. Solange ich also Stinker direkt vor mir hatte, so war meine Überlegung, mußte ich sicher sein. Ich machte einen weiteren Schritt auf ihn zu - hoch ging der Schwanz! Da der das Feld nun freigab, war Stinker offenbar bereit, aus der Hüfte zu schießen, denn er stand immer noch direkt vor mir. Ich beugte mich nach unten und streckte den Arm aus. Die weiße Schwanzspitze fegte zur Seite, da faßte ich zu.

Stinker wirkte ungeschickt, aber mit überraschender Geschwindigkeit drehte er sich zu einem "U" und feuerte genau in dem Augenblick, als ich ihn beim Schwanz hatte. Zum Glück traf er nicht mein Gesicht, sondern meinen weißen Arbeits-Overall etwas oberhalb des Gürtels. Moschus wird beschrieben als eine Kombination von Ammoniak, Knoblauch, Schwefel, Gas aus den Abwässerkanälen und Vitriol, alles in x-facher Verstärkung. Aber es gibt keine Worte, um den Gestank auch nur annähernd zu beschreiben. Elaine und ich rangen nach Atem, unsere Augen brannten und tränten, und mir drehte sich der Magen um.

"Leg ihn auf den Tisch", brachte Elaine mit rauher Stimme heraus, denn Moschus legt sich auch auf die Stimmbänder. Ich faßte Stinker am Genick, da er versuchte, mich zu beißen, und hob ihn auf den Tisch. Ein Skunk kann mehrmals feuern, bevor der Moschus verbraucht ist, und Stinker tat es. Ich habe keine Ahnung, wie es sein Besitzer jemals fertigbrachte, die Küche von diesem Gestank zu befreien, aber das war nun wirklich sein Problem.

Bei einem jungen Skunk ist die Entfernung der Drüsen eine relativ einfache Angelegenheit, aber Stinker war erwachsen. Es bedarf schon einer gewissen Fertigkeit, Drüsen- und Muskelgewebe auseinanderzuhalten. Wenn der Analring verletzt wird, heilt er nicht, doch Elaine arbeitete schnell und sauber.

Wir bekamen unsere 15 Dollar, und als wir uns verabschiedeten, fragte Elaine den Mann mit ihrer neuen, rauhen Stimme: "Wie reinigen Sie Kleider, die von einem Stinktier bespritzt wurden?" "Es gibt nur eine sichere Möglichkeit", antwortete er ihr. "Tränken Sie sie in Tomatensaft, waschen Sie sie mit medizinischer Seife und vergraben Sie sie anschließend. Und lassen Sie sie da für immer, Ha-ha-ha!"

Wir kamen zu dem Ergebnis, daß er recht hatte. Die Entfernung von Stinkers Drüsen kostete uns je einen Arbeitsanzug, weil Stinker auch Elaine noch getroffen hatte, als er ausgestreckt auf dem Tisch lag. Was wir auch versuchten, unsere Anzüge stanken weiter. Das war das erste, aber auch einzige Mal, daß ich einen Skunk "desodorierte". Ich blieb lieber den Pferden treu.

Während meiner letzten beiden Sommer an der Tierärztlichen Fakultät war ich Jungassistentin bei einem anerkannten Tierarzt. Mein lieber, alter Dr. Bartholomew lebte schon lange im Ruhestand, so daß ich mich nach einem anderen

Tierarzt umsehen mußte, der bereit war, mich zu nehmen, und den ich auch schätzte. Ich entschied mich schließlich für einen Rennbahnarzt namens Dr. Charles. Er war ein ausgezeichneter Tierarzt, der eine Menge über Pferde wußte und Vertrauen ausstrahlte. Das war nur einer der Gründe, weshalb ich gern unter seiner Leitung arbeiten wollte. Ich war schüchtern und kam mit anderen Menschen nicht immer gut zurecht. Zu einem erfolgreichen Tierarzt gehört jedoch erfahrungsgemäß mehr, als nur sein Handwerk zu verstehen. Man muß sich Freunde schaffen können und die Leute dazu bringen, daß sie Vertrauen haben. Auf beiden Gebieten war Dr. Charles geradezu ein Experte. Er war ein kleiner Mann, nur knapp 1,70 m groß und stets makellos gekleidet in einem dunkelgrauen Anzug, mit Schuhen, die auf Hochglanz poliert waren, und einem sorgfältig getrimmten kleinen Schnurrbart. Ganz selten nur trug er den Overall, der bei den meisten Veterinären praktisch wie eine Uniform aussah. Er war ein guter Gesprächspartner, immer freundlich und guter Dinge. Einen großen Teil seiner Zeit verbrachte er in Bars auf den verschiedenen Rennplätzen, trank zwar nicht viel, hatte aber immer etwas zu erzählen und lud die Pferdebesitzer zu einem Drink ein. Er war außerordentlich erfolgreich, und ich hatte das Gefühl, ich könnte von Dr. Charles sehr viel lernen.

Um ihn selbst zu fragen, ob er mich betreuen würde, war ich viel zu schüchtern, so besorgte das Vater für mich. Mir war zum damaligen Zeitpunkt nicht klar, daß Dr. Charles abgelehnt hätte, wenn er es gewagt hätte. Ich glaube nicht, daß er mich nicht mochte; er wollte nur nicht in irgendeiner Form belastet werden. Aber Vater hatte ihm sehr oft einen Gefallen getan, und da er ihn auch weiterhin brauchte, erklärte er sich bereit, mich zu nehmen. Ich war begeistert.

Mit Dr. Charles erlebte ich zum ersten Mal einen Tierarzt, der in erster Linie Geschäftsmann und erst dann Doktor war. Meiner Ansicht nach hatte er überhaupt kein echtes medizinisches Interesse für Pferde. Seine Arbeit auf den Rennbahnen war nur begrenzt, dafür aber sehr einträglich. Es handelte sich immer um die gleichen Krankheiten oder Verletzungen, so wiederholten sich die Aufgaben des Tierarztes ständig: Lahmheitsprobleme, Untersuchungen der Atemwege, Blutproben, Vitaminspritze - immer das gleiche. Mittags waren wir meist schon fertig und verbrachten den Rest des Tages mit den Pferdebesitzern und Trainern, einem sehr wesentlichen Teil seiner Praxis. Ich fand das schrecklich langweilig, da ich ja vor allem daran interessiert war, meine Erfahrungen auf anderen medizinischen Gebieten zu erweitern, die allerdings nicht so viel einbrachten wie die Routinebehandlung wertvoller Rennpferde. Für Dr. Charles existierten sie einfach nicht.

Ich erinnere mich an einen Vorfall, der mich tief verletzte. Eines meiner Pensionspferde hatte einen leichten Nasenausfluß, und ich fragte Dr. Charles, ob er sich das Tier nicht ansehen wollte. Er saß mit seinem Assistenten im Wagen, einem Mann, der keine medizinischen Kenntnisse irgendwelcher Art besaß. Er wandte sich an seinen Helfer mit den Worten: "Geben Sie dem Pferd von dem Mädel eine Penicillinspritze. Das ist wahrscheinlich alles, was es braucht." Er machte sich noch nicht einmal die Mühe, aus dem Wagen zu steigen und sich das Pferd anzusehen. Als der Assistent zurückkam, sagte er zu mir: "Das macht 25 Dollar. Ich arbeite nämlich nicht umsonst, müssen Sie wissen." Ich marschierte sofort ins Haus und holte ihm das Geld, das er ohne Kommentar einsteckte. Natürlich bat ich ihn nicht noch einmal, mir zu helfen.

Ich war an die Tiermedizin mit einer idealistischen Einstellung herangegangen. Dr. Charles vermittelte mir eine wertvolle Erfahrung, da mir die Arbeit mit ihm zeigte, wie ein nüchterner, sehr geschickter Mann in seinem Beruf vorging. Ich glaubte immer, er hätte kein Interesse an mir, wüßte nichts von meiner Einstellung, die ihm im übrigen auch gleichgültig sei. Aber als wir uns trennen mußten, gab er mir einen ausgezeichneten Rat, der bewies, daß er mich doch besser kannte, als ich geahnt hatte. "Phyllis, ich würde an Ihrer Stelle von den Rennbahnen wegbleiben. Sie kommen aus einer guten Familie, haben eine ordentliche Ausbildung erhalten und besitzen gute Freunde. Nutzen Sie das alles. Ich habe nie ein Zuhause gehabt oder eine Familie, ich war immer auf mich allein angewiesen. Das Dasein eines Rennbahnarztes, der aus dem Koffer lebt, in Restaurants essen muß und sein Leben in Bars verbringt, ist viel zu hart."

Ich folgte seinem Rat. Eine Rennbahnpraxis ist in der Tat ein viel zu begrenztes Feld. Außerdem wird man Zeuge von allzuviel menschlichem Kummer. So kann ein Mann mit ein oder zwei Pferden auf die Bahn kommen, für die er seine ganzen Ersparnisse geopfert hat, und in einer Woche oder in einem Monat hat er alles verloren, sogar die Pferde. Rennen sind für mich zu unpersönlich. Ich habe nur dann Freude am Zuschauen, wenn ich eines der Pferde persönlich kenne und sehen möchte, wie es abschneidet.

Es ist seltsam, wie oft ein scheinbar zufälliges Geschehen den ganzen Ablauf eines Lebens verändern kann. Mir selbst ist das mehrere Male so ergangen. Vielleicht erlebt das jeder einmal, ich weiß es nicht. Jener Sommer wurde jedenfalls einer der wichtigsten meines Lebens.

Ein Mann, der in meinem Stall ein Pensionspferd hatte, bat mich, mit ihm nach Dover, Delaware, zu fahren, um eine Stute zu besichtigen und sie zu beurteilen. Es war später Nachmittag, und ich war so müde, daß ich mich kaum auf den Beinen halten konnte. Die lange Fahrt nach Dover und wieder zurück war das letzte, was ich mir in diesem Augenblick wünschte. Doch ich wollte nicht unhöflich sein und sagte zu.

Die Ställe machten keinen besonders guten Eindruck und ebenso wenig die Stute. Sie war ein kleines braunes Tier von knapp 1,60 m Stock und sehr schwierig zu beurteilen. Mit Sicherheit war sie zu klein für ein gutes Springpferd, aber gerade so etwas suchte mein Freund. Andererseits war sie vom Gebäude her nicht gut genug, um in einer Material- oder Eignungsprüfung vorgestellt zu werden. Solange ein Springpferd alles springt, was ihm vorgesetzt wird, kann es aussehen wie ein Kamel, und es ist ohne jede Bedeutung. In einer Jagdpferdeprüfung aber wird ein Hunter nach seinem Gesamteindruck, vor allem des Materials und der Art seiner Vorstellung, beurteilt.

"Was hältst du von ihr?" fragte mein Freund.

Eigentlich nicht viel, aber da wir nun schon einen so weiten Weg gemacht hatten, bat ich den Händler, er solle sie doch unter einem Reiter über ein paar Sprünge gehen lassen, obwohl es schon fast dunkel war. Einer der Stalljungen saß auf. Dann forderte er einen anderen auf: "Tim, halte ihr einen Stock hin."

Tim griff sich einen Holzstab und hielt ihn horizontal etwa 1,20 m über dem Boden. Der andere ritt mit der Stute an und nahm den Sprung mit Leichtigkeit.

Niemals in meinem Leben hatte ich gesehen, daß ein Pferd bereit war, über einen Stock zu springen, den ein Mann so einfach vor sich in den Händen hielt. Und die kleine Stute hatte es gemacht, als ob es gar nichts wäre, ohne vorher sorgfältig zu taxieren oder gar sich anzustrengen. Wenn sie sprang, schien sie zu fliegen. Als sie vom Boden abdrückte, segelte sie geradezu durch die Luft und landete so sanft, daß es aussah, als schwebe sie herab. Und das in tiefer Abenddämmerung, wo die meisten Pferde Mühe gehabt hätten, überhaupt ein normales Hindernis zu erkennen, geschweige denn einen Stock, der von einem Jungen gehalten wurde.

Mit leiser Stimme riet ich meinem Freund: "Kauf sie!"

"Ach, ich weiß nicht recht", erwiderte er und zog an seiner Lippe. "Ich glaube nicht, daß sie das richtige für mich ist."

Beinahe wäre ich handgreiflich geworden. "Kauf sie!" zischte ich durch die Zähne.

Er sah mich erstaunt an: "Wieso? Du weißt ja noch nicht einmal, wieviel sie kosten soll!"

Als ich mich wieder in der Gewalt hatte, rief ich dem Händler zu: "Wieviel wollen Sie für die Stute haben?"

"Ich muß 1 500 Dollar haben, um meine Ausgaben wiederzubekommen", erläuterte er.

Mein Freund schüttelte den Kopf: "Das muß ich mir noch überlegen."

Auf der Rückfahrt nach Berwyn redete er unentwegt über alles mögliche, sprach aber kaum von der Stute. Das machte mich fast verrückt. Ich hatte niemals auch nur davon geträumt, daß ein Pferd in einer solchen Manier springen könnte. Diese Stute wollte ich unbedingt für mich haben. Natürlich wußte ich, daß sie weit mehr wert war als 1 500 Dollar, selbst wenn damals 1 500 Dollar genausogut 15 000 Dollar hätten sein können, was meine Kasse betraf. Ich wußte nicht, was ich tun sollte. Es wäre sicherlich nicht anständig gewesen, die Stute zu kaufen, wenn mein Freund sich wirklich für sie interessiert hätte. Wenn das aber nicht der Fall war, dann wollte ich sie unbedingt haben, bevor irgend jemand anderes dazwischen kam.

Das einzige, was ich in den folgenden Tagen tun konnte, war, meinen Freund nicht weiter zu drängen, er solle sich doch endlich entschließen, was den Kauf der Stute betraf. Ich selbst zwang mich zu geduldigem Warten. Schließlich verzichtete er auf den Kauf. Genau zehn Sekunden später hatte ich den Händler am Telefon. Nein, sie war noch nicht verkauft. Mir wurde beinahe schlecht vor Erleichterung.

Danach kam ich mir wochenlang vor, als hätte ich nicht alle Sinne beisammen. Da es Sommer war, hatte ich keine Vorlesungen und war von dem Versprechen an den Dekan entbunden, nicht zu reiten. Auf jeden Fall hatte ich alles vergessen, was die Tierärztliche Hochschule betraf, meine berufliche Ausbildung und alles andere. Mir war bewußt, daß ich meine Eltern und Norma in Angst und Schrecken versetzte. Auf der Bahn von Bel Air begann ich mit dem Training von Pferden und ritt jedes Tier, das sie mir gaben, darunter einige, die sogar die professionellen Reiter nicht anfassen wollten, große, wilde Untiere, die fast nicht zu beherrschen waren. Das ging drei Wochen lang so, und jeden Abend rief ich den Händler an, um mich zu vergewissern, daß er "meine" kleine Stute noch nicht verkauft hatte, in Gedanken gehörte sie mir schon. Trotzdem würde es noch viele Wochen dauern, bis ich das Geld für den Kaufpreis zusammen hatte.

Norma oder Mutter fuhren mich zur Rennbahn und wieder zurück, während ich erschöpft auf dem Rücksitz lag und dahindämmerte. Dann erschien eines nachmittags Vater auf der Rennbahn. Ich war gerade abgestiegen und bereit für einen anderen Vollblüter, obwohl meine Beine vor Müdigkeit zitterten. Vater sagte nur sanft: "Du brauchst das jetzt nicht mehr, Phyllis. Hier ist ein Scheck über 1 500 Dollar, so daß du die Stute kaufen kannst."

Ich fiel ihm weinend vor Glück um den Hals, während er mir beruhigend die Schulter klopfte. Ich wußte, er konnte sich diese Ausgabe eigentlich nicht leisten, und sagte ihm das auch. "Sicher, leicht wird es mir nicht", stimmte er mir zu, "aber Mutter und ich hatten Angst, daß du dich hier völlig kaputtmachst. Immer noch weinend rannte ich zum Telefon und rief den Händler an. Wir machten den Kauf telefonisch fest, und sobald ich nach Berwyn fahren und einen Transporter auftreiben konnte, war ich auf dem Wege nach Dover.

Die kleine Stute hieß Cassadol. Unser gemeinsames Training - und unsere Liebesgeschichte - begann sofort. Wie ich schon sagte, liegen die Augen eines Pferdes so, daß es einen Gegenstand direkt vor ihm nicht wahrnehmen kann. Im Augenblick des Springens setzt das Pferd sozusagen "blind" ab, da es die oberste Stange nicht erkennen kann. Um mich zu vergewissern, daß Cassadol sich nicht zu sehr an einen bestimmten Parcours gewöhnt, fuhr ich mit ihr zu anderen Ställen, wo immer ein Parcours aufgebaut war, um zu sehen, wie sie sich benahm. Ich reiste auch von Turnier zu Turnier, sah mir genau die verschiedenen Arten von Hindernissen an und unterhielt mich mit den Parcoursmannschaften, die am Aufbau beteiligt waren und die Sprünge wieder reparierten, wenn ein Pferd sie beschädigt hatte. Es gibt viele verschiedenartige Hindernisse, In-Out, Rick, Schafstall, Mauer, Buschoxer, Wassergraben, Gatter und viele, viele andere. Ich sah mir ganz genau an, wie sie aufgebaut und am besten zu nehmen waren. Am schwierigsten erwies sich für Cassadol der tiefgebaute Oxer. Dieses Hindernis besteht aus zwei Teilen, parallel zueinander, aber je nach Schwierigkeitsgrad mit unterschiedlichem Abstand. Es muß in einem Sprung genommen werden. Da Cassadol so klein war, konnte sie beim Anreiten die oberste Stange des hinteren Teils nicht erkennen. Aus Erfahrung lernte sie aber bald, diesen Oxer sicher zu springen, auch wenn sie die zweite Stange nicht sehen konnte.

Dann mußte sie natürlich auch lernen, nach einer Wendung ein Hindernis auf einer bestimmten Hand anzugehen. Wenn sie im Linksgalopp war, mußte ich sie ausbalancieren, um sie in der Wendung im Gleichgewicht zu halten. Ging es rechts herum, mußte ich sie umspringen lassen. Falls sie aus irgendeinem Grunde im falschen Galopp war, mußte ich sie aufnehmen und mein Gewicht verlagern, um sie in den Handgalopp wechseln zu lassen.

Nach meiner Erfahrung bietet das letzte Hindernis eines Parcours die größte Gefahr. Bei starker Konkurrenz vergißt man allzu leicht den korrekten Verlauf der Springbahn. Die Hindernisse sind so aufgebaut, daß es nicht nur immer außen herumgeht, sie stehen auch im Mittelraum oder müssen aus unangenehmen Winkeln gesprungen werden, damit die Fähigkeit des Pferdes zu scharfen Wendungen und notfalls auch zum Springen aus ungünstigem Winkel getestet wird. Der Reiter hat einem streng vorgeschriebenen Kurs zu folgen, und wenn er nur einen einzigen Sprung ausläßt, wird er sofort disqualifiziert. Ich gehe den Parcours zuerst immer zu Fuß ab und baue mir dabei einige Eselsbrücken, die mir helfen, den korrekten Ablauf in Erinnerung zu behalten. Die Zeiteinteilung, das Tempo sind von grundlegender Bedeutung. Es gewinnt der Reiter, der den Kurs in der kürzesten Zeit und mit der geringsten Fehlerzahl absolviert, aber man kann es nicht immer wagen, zu sehr aufs Tempo zu drücken. Wenn man z.B. einen In-Out Sprung anreitet, der keinen Galoppsprung zwischen beiden Teilen erlaubt, darf man das Pferd beim Einsprung nicht zu schnell machen, weil es dann so viel Schwung bekommt, daß es nach der Landung seine Beine nicht mehr früh genug für den Aussprung untersetzen kann. Und wenn man einen Hoch-Weit-Sprung vor sich hat, bei dem weniger die Höhe als die Sprunglänge von Bedeutung ist, muß das Pferd fast Höchstgeschwindigkeit erreichen, um den Reiter fehlerlos hinüberzutragen.

84

Am schlimmsten springt es sich bei Regen. Der Boden ist glitschig, und in den Wendungen kann man auch mit dem sichersten Pferd zu Boden gehen. Ich habe so schweren Regen erlebt, daß ich nicht die Vorderstange des ersten Hindernisses sehen konnte. In solchen Fällen vertraute ich lieber Cassadols Instinkt als meinem.

Es gibt eine Reihe von Möglichkeiten, den Springstil eines Pferdes zu beeinflussen, vor allem bei sogenannten "touch-and-out-Springen", in denen ein Pferd disqualifiziert wird, wenn es beim Sprung eine Stange auch nur berührt, selbst wenn sie nicht fällt. Spezialisten unter den Pferden für diese Springen stellen fast eine Klasse für sich dar, da die meisten Springpferde, vor allem Jagdpferde, gewöhnlich mit Absicht eine Stange mit den Füßen berühren, um festzustellen, wo sie ist, und so an Sicherheit gewinnen. Das gilt gewöhnlich auch nicht als Fehler, sondern als natürliche Veranlagung. Es gibt viele gängige Methoden, um die Pferde dazu zu zwingen, ihre Beine so anzuziehen, daß sie fehlerlos springen; sie können gebarrt werden, das heißt mit einem Schlag gegen den Fesselkopf während des Sprunges. Oder es wird ein Streifen Catgut 2 bis 3 cm über die Stange gespannt. Das Pferd kann den transparenten Faden nicht erkennen, und wenn es die Beine nicht anzieht, bleibt es hängen und stürzt unter Umständen schwer. Manche Trainer legen den Pferden um die Vorderbeine Gamaschen, die innen mit Nägeln versehen sind, so daß die Spikes stechen, wenn das Pferd die Stange trifft. Wieder andere verwenden Streifen von alten Teppichen, die mit kurzen Nägeln versehen sind und an der obersten Stange befestigt werden.

Alle diese Methoden sind nicht nur grausam und illegal, sie schaden auch dem Pferd, denn sie machen ihm Angst vor den Hindernissen. Es weiß niemals, was ihm über dem Sprung passieren kann, es lernt sehr bald, daß es schmerzhaft sein wird. Im Endeffekt verweigert es immer häufiger, springt unnötig hoch, was ermüdet und zu ungeschickter Landung führt, oder es wird so undurchlässig, daß es sich nicht mehr beherrschen läßt. Um solche Fehler wieder abzustellen, benutzen manche Reiter "geladene" Sporen, das heißt Sporen mit elektrischen Batterien, die dem Pferd einen starken Schock versetzen, wenn es sich weigert, weiterzugaloppieren. Ich habe gesehen, wie Pferde, die auf solche Weise gequält werden, buchstäblich versuchten, an einer Hauswand hochzugehen. Elektrisch geladene Sporen sind selbst im Training illegal, obwohl ich sie tatsächlich auch auf Turnieren im Gebrauch sah! Warum die Richter sie einfach nicht zur Kenntnis nehmen wollten, entzieht sich meiner Vorstellung. Daß irgendeiner dieser Tricks bei meiner kleinen Cassadol angewendet wurde, kam natürlich niemals in Frage. Es lohnt sich nicht, ein Pferd zu halten, das vor dem Start erst einen Elektroschock benötigt, und die Mißhandlung muß sich früher oder später auf die Leistung auswirken. Leider gibt es aber einige professionelle Reiter, die billige Pferde kaufen, die aus Dummheit oder durch schlechte Behandlung verdorben wurden oder von Anfang an nicht viel taugten. Sie versuchen mit Hilfe von Drogen und mechanischen Tricks, sie auf einigen Turnieren gewinnen zu lassen, damit sie anschließend zu Phantasiepreisen verkauft werden können. Es ist ein entsetzliches Gefühl, mit einem solchen Mann und einem halbverrückten Pferd in der Arena zu sein, weil man nie weiß, was sie anstellen werden.

Ich begann mit Cassadol auf kleineren Turnieren, wo es um 25 Dollar oder 50 Dollar ging, denn Geld war damals noch sehr wichtig für mich. Anfangs hatte ich das Gefühl, sie wäre tatsächlich viel zu klein, um es mit den renommierten Springpferden aufnehmen zu können. Aber solange die Konkurrenz nicht erdrückend war, konnte sie schon mehr als sich nur behaupten. Dann beschloß ich, es einmal darauf ankommen zu lassen, und nannte Cassadol für das berühmte Offene Springen des Devon Turniers, eine der großen Veranstaltungen im Osten. Ich sah mir alle anderen Pferde an und fand, daß es keines gab, dem Cassadol nicht gewachsen gewesen wäre.

Das Offene Springen war die erste Prüfung des Abends, ein Springen nach Fehlern und Zeit. Einige Pferde machten ihre Sache sehr gut, leisteten sich aber mindestens einen Fehler, und da ich sie alle gestoppt hatte, wußte ich, daß Cassadol schneller war. Ich klopfte ihr den Hals und erzählte ihr, daß wir gewinnen würden. Sie wieherte, drehte sich herum und berührte mich mit ihrer weichen Nase, wie sie es immer tat, wenn sie zufrieden war.

Plötzlich erschien ein riesiger Palomino am Einritt, im Sattel einer der berühmtesten professionellen Reiter Amerikas. Das Tier bewegte sich mit einer Kraft und Anmut, wie ich sie nie zuvor bei einem Springpferd gesehen hatte, und es war klar, daß sein Reiter genau wußte, wie er das letzte aus ihm herausholen konnte. Er war sehr viel größer als Cassadol, viel kraftvoller und ohne Zweifel auch schneller.

”Was ist das für ein Pferd?” fragte ich einen Pfleger, der in der Nähe stand.

”Haben Sie noch nichts von ihm gehört? Ich dachte, den kennt jeder. Das ist Injun Joe, eines der größten Pferde aller Zeiten. Die Olympiamannschaft hat ihn ausgesucht, und er geht in einigen Wochen nach Übersee. Er hat fast jedes Pferd im Lande in offenen Springen geschlagen und ist ein Medaillenanwärter für die Olympischen Spiele. Ich habe 100 Dollar auf ihn gesetzt und wünschte, es wären 100 000 .”

Injun Joe war wirklich ein großartiges Pferd, das durchaus seinen Weg machen und die Olympischen Spiele gewinnen konnte. Er wurde in Nautical umbenannt, und Walt Disney machte über ihn einen berühmten Film mit dem Titel ”Nautical, das Pferd mit dem wehenden Schweif”. Ich konnte kaum glauben, mit welcher Leichtigkeit der mächtige Palomino über den Parcours fegte. Kein Fehler für ihn, ein ganz sauberer Ritt. Als er das Ziel passiert hatte, tönte es denn auch aus dem Lautsprecher: ”Null Fehler in 39 Sekunden.”

86

Ja, das mußte erst einmal unterboten werden! Cassadol und ich waren die nächsten Starter. Ich kannte die Bahn gut und konnte meine kleine Stute jeden Vorteil nutzen lassen. Sie nahm die Hindernisse wie ein Vogel, zügig und ohne einen einzigen falschen Galoppsprung. Ich schnitt alle Ecken, wo es möglich war, so daß sie, die nicht den langen Galoppsprung des großen Palomino besaß, diesen Mangel mit dem kürzeren Weg wieder wettmachen konnte. Nach dem Ritt stieg ich atemlos aus dem Sattel, klopfte ihr den Hals und wartete auf das Ergebnis. Das kam sehr schnell: "Ohne Fehler." Pause. "39 Sekunden."

Die gleiche Zeit, es würde also ein Stechen geben. Cassadol schien etwas müde, während der mächtige Injun Joe noch voll Kraft war. Es sah nach einer sehr knappen Entscheidung aus. Ich hoffte, Injun Joe würde vor uns dran sein, damit die Stute sich noch etwas erholen konnte. Aber es sollte nicht sein, wir mußten zuerst an den Start.

Ohne Zweifel war Cassadol nicht mehr ganz frisch. Ich kontrollierte nochmals Gebiß, Eisen und Sattelgurt, dann waren wir auch schon über die Startlinie. Ich redete leise mit ihr, und sie gab das letzte, was in ihr steckte. Es wurde wieder eine fehlerlose Runde. Ich saß ab, klopfte dankbar ihren Hals und führte sie im Schritt, weil sie sehr warm geworden war. Ich sagte ihr, das Ergebnis sei mir gleichgültig, sie hätte ihre Sache großartig gemacht, und es wäre nicht unser Fehler, wenn wir von einem größeren Pferd geschlagen würden. Der Lautsprecher meldete sich: "Ohne Fehler. Zeit: 38 Sekunden." Wir hatten unsere Zeit um eine ganze Sekunde verbessert! Jetzt konnte ich die Hufe des großen Palomino über die Bahn donnern hören. Jedesmal, wenn er ein Hindernis nahm, ging ein Aufraunen durch die Zuschauermenge. Was war das für eine geballte Kraft; wieder absolvierte er einen fehlerlosen Parcours, und sein Reiter brachte ihn an der Tribüne zum Schritt.

Es knackte im Lautsprecher, dann kam es: "Ohne Fehler, 38 Sekunden!"

Wieder die gleiche Zeit, wieder ein Stechen. Nur Cassadol war nicht mehr bereit dazu, ich würde verzichten müssen.

Dann meldete der Lautsprecher aber weiter: "- und eine halbe Sekunde."

Wir hatten das große Springen von Devon gegen das berühmteste Pferd Amerikas gewonnen! Die Familie stürmte herbei, und Vater fragte: "Bist du nun überzeugt, daß sie 1 500 Dollar wert war? Wir können sie jederzeit wieder zurückgeben." Mutter und Norma küßten mich und Cassadol und konnten selbst kaum die Tränen zurückhalten. Wir feierten später mit einem Siegesessen auf der Klapptür unseres Kombis. Cassadol bekam ihre Sonderbelohnung, eine Waffeltüte mit Eiskrem. Ich habe die Zeit noch genau in Erinnerung, es war 19 Uhr an einem Donnerstagabend.

Danach glaubte ich fest daran, daß Cassadol unschlagbar sei. Das größte Turnier östlich des Mississippi in der Armory Hall von New York warf seine Schatten voraus, und ich nannte Cassadol. Hier handelte es sich um etwas ganz anderes als in Devon, so bedeutend auch der Ruf von Devon sein mochte. In Devon steht vor allem das gesellschaftliche Ereignis im Vordergrund, und obwohl die meisten der teilnehmenden Reiter Amateure sind, sind doch einige der Spitzenreiter Professionelle. Für das Turnier in der Armory Hall melden vorwiegend Professionelle. Harte, gelegentlich auch skrupellose Reiter treffen dort zusammen, deren Karriere davon abhängt, daß sie siegen. Der Wert ihrer Pferde geht in die Millionen.

Die ganze Familie fuhr mit. Wir mieteten für diese Gelegenheit einen speziellen Hänger, ein großes, schweres Gefährt, das Vaters kleiner schwarzer Ford kaum ziehen konnte. Wir mußten lange vor Morgengrauen abfahren, und die Sonne ging gerade auf, als wir in den Lincoln-Tunnel einfuhren.

Mutter hatte einen Stadtplan auf den Knien und fungierte als unser Lotse, bis wir schließlich die Armory Hall fanden. Vor einigen Tagen war hier viel Schnee gefallen, danach hatte plötzlich Tauwetter eingesetzt und die Straßen in reißende Bäche verwandelt. Das Wasser muß 25 cm hoch gestanden haben und schwappte an vielen Stellen über den Bordstein. Wir fuhren um die Armory Hall herum, fanden aber nirgendwo eine Einfahrt. Es war fast schon Zeit für meinen ersten Start, und ich wurde ganz nervös. Da mußte natürlich auch noch der Motor unseres Ford streiken!

Ich hätte nie gedacht, daß es auf der Welt so viele Autos gab wie die, die sich hinter uns stauten. Und alle hatten Hupen! Schließlich stieg ich aus, watete in meinen schönen Reitstiefeln durch das Wasser, schaffte es irgendwie, hinten an den Hänger zu kommen, und sattelte Cassadol dort. Dann führte ich sie rückwärts über die Rampe in die Wasserfluten, begleitet von ohrenbetäubendem Hupkonzert von Dutzenden von Wagen und den gellenden Flüchen ihrer Fahrer. Ich war durchaus darauf gefaßt, daß die Stute durchdrehte, denn kein Pferd der Welt hätte einen derartigen Lärm ausgehalten und sich außerdem noch plötzlich in tiefes Wasser führen lassen, denn Springpferde sind erfahrungsgemäß sehr nervöse und temperamentvolle Tiere. Aber meine gute, kleine Cassadol legte nicht einmal die Ohren an. Ich führte sie durch das rauschende Wasser auf den Bürgersteig. Dies war meine erste Begegnung mit den Leuten von New York, und ich muß gestehen, es gehört schon etwas dazu, um sie aus der Fassung zu bringen. Ich wäre jedenfalls überrascht, wenn mir mitten in der Stadt auf dem Fußgängerweg ein Mädchen entgegenkäme mit einem Pferd an der Hand. Aber hier nahmen die Leute gar keine Notiz von uns. Cassadol behielt aus Bequemlichkeit ihren Kopf auf meiner Schulter, und wir bahnten uns unseren Weg durch die Menge bis zur Armory Hall. Schließlich fand ich eine offene Tür, und wir waren drin. Es war 20 Minuten vor unserer ersten Prüfung.

Die Armory Hall war ein riesiger Bau, der einen ganzen Straßenblock einnahm. Die Tribünen waren gerammelt voll, und jedermann schien zu rauchen. Ein ganzes Heer von Pferden war gekommen. Als wir an der Reihe waren, gingen wir über den Parcours, und Cassadol beendete ihn mit nur einem Fehler. Aber sechs Pferde blieben ohne Fehler. So ist das nun mal. Inzwischen hatte sich auch meine Familie eingefunden. Ein Polizeioffizier hatte sie aufgefordert, "das Ding da wegzufahren," worauf Mutter gemeint hatte: "Wenn ich nur könnte." Schließlich ließ er sich erweichen und bestellte einen Abschleppwagen, und Ford und Hänger wurden in einer Garage gründlich durchgesehen. Das kostete uns 84 Dollar, für unsere Verhältnisse ein Vermögen. Mit dem Nenngeld und unseren sonstigen Ausgaben müßte Cassadol mindestens Dritte werden, wenn wir gerade ohne Minus davonkommen sollten.

An jenem Nachmittag war unsere zweite Prüfung ein "touch-and-out-Springen". Cassadol berührte eine Stange, und draußen waren wir. Also wieder nichts. Es blieb nur noch eine weitere Prüfung, und die gehörte zum Abendprogramm. Es war das große Ereignis des Tages, mit hohen Geldpreisen. Der Sieg brachte 500 Dollar und die "Nationale Anerkennung", das heißt eine Eintragung in die Nationale Siegerliste. Als wir morgens losgefahren waren, galt mein Interesse mehr der Eintragung. Jetzt lag mir mehr am Geld, denn ich müßte wochenlang Pferde auf der Rennbahn arbeiten, um die Kosten für diese Turnierreise aufzubringen.

Gegen fünf Uhr hatten sich die Tribünen geleert. Ich fragte einen der Männer aus der Parcoursmannschaft, wohin die Leute denn alle gegangen seien. "Cocktail-Stunde", sagte er nur kurz und sah mich dabei an, als käme ich aus der hintersten Provinz, was ja auch stimmte. Ich blieb bei Cassadol, da sie ohne mich immer unruhig wurde. Wir aßen zusammen Abendbrot am Rande der Arena, sie bekam etwas Hafer aus dem Vorrat im Hänger, und ich holte mir ein Hot Dog.

Um halb neun füllten sich die Tribünen allmählich wieder, obwohl der "Große Preis" erst um halb elf beginnen sollte. Ich sah den anderen Trainern und Reitern bei ihrer Vorbereitung für das Springen zu. Sie barrten die Pferde, hielten Drähte über die oberste Stange des Hindernisses auf dem Abreiteplatz und benutzten elektrisch geladene Sporen. Es war furchtbar, das mitanzusehen, und ich konnte nicht verstehen, warum sowas zugelassen wurde. Die geladenen Sporen waren das Schlimmste. Wenn die Reiter sie einsetzten, gerieten die mächtigen Pferde - die meisten zwischen 1,65 m und 1,70 m Stock - völlig außer Kontrolle. Den Trainern schien das nichts auszumachen, denn ihr Job stand ja auf dem Spiel. Ich hatte mich mit Cassadol in einen etwas entfernteren Teil der Armory Hall zurückgezogen, wo wir aber noch Zeugen dieser schrecklichen Vorgänge waren. Für das Springen waren Hindernisse an beiden Seiten der Arena aufgebaut worden und eine Triplebarre in der Mitte, eine der gewaltigsten, die ich je gesehen habe, und das schwerste von allen Hindernissen. Im ersten Umlauf lagen die Sprünge auf 1,40 m, und Dutzende von Pferden gingen über den Parcours. Am Schluß gab es acht Null-Fehler-Ritte, darunter Cassadol. Die Hindernisse wurden erhöht, und wir kamen wieder fehlerlos über die Runde. Nach drei Stechen blieben nur noch zwei Pferde übrig, Cassadol und ein riesiger Wallach aus Ohio, der von einem sehr bekannten Berufsreiter geritten wurde. Zu diesem Zeitpunkt herrschte in der Halle ein ohrenbetäubender Lärm, gellende Schreie, Beifallsrufe, Kreischen, Buh-Rufe. Ich redete mit Cassadol und klopfte ihr den Hals, als wir uns für das vierte Stechen fertigmachten. Sie war schon sehr müde. Die Triplebarre war auf 1,70 m erhöht worden, und die Stangen lagen jetzt weiter auseinander. Viel schlimmer aber war der Rauch in der Halle. Es klingt vielleicht unglaublich, aber er war so dicht, daß ich die oberste Stange der Triplebarre nicht sehen konnte.

Der andere Reiter startete als erster. Er kam außen herum fehlerlos durch und wendete dann auf die Triplebarre zu. Ich konnte die Augen des Pferdes durch den Rauch schimmern sehen. Der Wallach drückte mit Leichtigkeit ab. Aber ich glaube, daß er die obere Stange nicht sehen konnte, brachte ihn aus dem Konzept, und er traf sie voll.

Dann waren wir an der Reihe. Außenherum blieben auch wir ohne Fehler, obwohl mich das Kreischen und ständige Schreien der Zuschauer fast verrückt machte und, wie ich wußte, auch Cassadol störte. Wir wendeten zur Triplebarre ab, und ich fühlte, wie die Stute energisch galoppierte und sicher absprang. Als sie über das Hindernis schwebte, lag plötzlich die dichte Rauchschicht unter uns, und wir konnten die obere Stange sehen. Sie nahm sie fehlerfrei, und wir hatten gewonnen!

Cassadol war so warm geworden, daß ich sie im Schritt bis halb drei am frühen Morgen führen mußte, bevor ich es wagen konnte, sie zu verladen und nach Hause zu fahren. Vater und Mutter boten sich an zu fahren, aber sie waren beide todmüde, und auch mir ging es nicht besser. Meine Augen waren offen und wie erstarrt. Ich kam mir vor wie eine Maschine, die unaufhörlich im Gange war. Wir verfuhren uns bei dem Versuch, aus der Stadt herauszukommen, und fanden uns schließlich auf der Westside-Autobahn wieder. Später erfuhr ich, daß Hänger und Laster sie nicht benutzen dürfen, aber das wußten wir nicht. Uns war nur wichtig, daß sie in Richtung Philadelphia verlief. Zu dieser frühen Stunde waren weder andere Autos noch ein Polizist in Sicht, und so fuhren wir unangefochten weiter. Der Morgen dämmerte, als wir durch Trenton fuhren, und ein paar Stunden später waren wir zuhause in Berwyn. Auch dann dauerte es noch lange, bis ich mich völlig entspannen, und noch länger, bis ich einschlafen konnte.

Nur Cassadol habe ich es zu verdanken, daß ich in der Reiter- und Pferdewelt bekannt wurde. Jeder hielt mich für eine Expertin, weil ich solche Erfolge hatte. In Wahrheit schaffte Cassadol das ganz allein. Sie machte niemals einen Fehler, im Gegensatz zu mir. Mein wichtigster Beitrag für ihre Ausbildung war meine Liebe zu ihr. Ich habe niemals ein Pferd - und nur wenige Menschen - so geliebt wie sie.

Natürlich blieb Kritik von einigen professionellen Reitern nicht aus. Sie meinten, ich müßte sie mehr treiben und das Training eines Springpferdes stärker nach den üblichen Methoden betreiben. Sie konnten nicht begreifen, daß sich meine kleine Stute nicht treiben oder bestrafen ließ und daß ich mich weigerte, sie zu überfordern. Sie besaß so viel Bewegungsfreiheit, daß grobe Behandlung aus ihr nur allzu leicht ein gefährliches Tier gemacht hätte. Sie sprang außerordentlich gern. Die Arena betrat sie voller Erwartung, sprang mit einem Löwenherzen, verweigerte nie ein Hindernis und hatte offenbar mehr Spaß an der ganzen Springerei als ich. Glücklicherweise spielte sich das alles gerade in einer für mich passenden Zeit ab, da ich der Arbeit mit ihr genügend Zeit widmen, mit ihr auf Turnierreise gehen und sie bis zur Perfektion pflegen konnte.

Einmal glaubte ich, ich müßte sie verlieren. Es war einer der herzzerreißenden Augenblicke in meinem Leben.

Ich hatte sie für eine Springprüfung in Devon genannt, und wie gewohnt, machte sie ihre Sache großartig und gewann die Meisterschaft. Alle Zeitungen brachten Bilder von uns, und Vater, der hinter den Photographen stand, grinste von einem Ohr bis zum anderen; man konnte fast das warme Glücksgefühl mit Händen greifen, das von ihm ausstrahlte. Er hatte seinen Geschäftsfreunden gegenüber mit mir und meiner wunderbaren Stute geprahlt, war aber nur auf höfliche Skepsis gestoßen. Na gut, wenn sie am nächsten Morgen ihre Zeitungen vor sich hatten, würden sie schon selbst sehen!

Als die Photographen fertig waren, und ich Cassadol gerade zum Transporter führte, kam ein Händler auf mich zu.

"Was wollen Sie für die Stute haben?" fragte er.

"Sie ist unverkäuflich", antwortete ich ihm.

Er holte sein Scheckbuch heraus, unterzeichnete einen Scheck, riß ihn ab und überreichte ihn mir. "Füllen Sie den Betrag selbst aus", sagte er.

Das nennt man in der Pferdewelt einen "offenen Scheck". Ich hatte zwar davon gehört, aber noch nie einen gesehen, es auch nie erwartet, da dieses Angebot nur äußerst selten gemacht wird. Ich starrte den Händler wortlos an.

"Nehmen Sie mal an, ich füllte ihn aus auf ...", ich zögerte," sagen wir 30 000 Dollar?"

Er nahm den Scheck wieder zurück, und ich dachte, damit sei der Fall erledigt. Das überraschte mich auch nicht weiter, da ich mit voller Absicht eine astronomische Summe verlangt hatte. Aber der Händler holte einen Federhalter heraus und fing an, den Scheck mit dem genannten Betrag auszufüllen.

"Nein, nein!" schrie ich. "Sie ist nicht verkäuflich!" Und ich verschwand in höchster Eile mit ihr in Richtung Transporter.

Abends bei Tisch, nachdem meine Geschwister das Zimmer verlassen hatten, erzählte ich meinen Eltern von dem Händler. Eine ganze Weile lang sagten sie nichts, und ich wagte nicht zu atmen.

Dann sagte Vater langsam: "Phyllis, wir sind keine reichen Leute. Das Geld hätte für das Studium und für die Einrichtung einer Praxis gereicht. Aber wir wollen es auch so sehen: wenn ein Fremder bereit ist, soviel Geld für Cassadol zu zahlen, wieviel ist sie uns dann wert? Nein, sie ist dein Pferd, und du mußt sie behalten."

Es passiert nicht oft, daß ich meine Fassung verliere, aber nach diesen Worten geschah es. Trotzdem wurde mir erst Jahre später klar, welches Opfer er und Mutter brachten und was ihnen dieses Geld bedeutet hätte.

Cassadol dachte in der Arena immer schneller als ich und war durch nichts zu erschüttern. Mit diesem schnellen Denken rettete sie mir einmal das Leben - oder bewahrte uns beide zumindest vor einem schweren Unfall. Das war wieder einmal in Devon. Damals nahmen am Springen 14 Pferde teil, und 13 von ihnen hatten bereits ohne Fehler den Parcours beendet. Daraus läßt sich die harte Konkurrenz ermessen, gegen die wir antraten, obwohl sie in Devon immer hart ist. Ich glaube, auf diesem Turnier werden die höchsten Anforderungen im Osten, vielleicht im ganzen Land gestellt. Das Springen fand wie gewöhnlich am späten Abend statt, da es als Höhepunkt der 7-Tage-Veranstaltung gilt. Der Turnierplatz war strahlend hell beleuchtet, als ich mit Cassadol zum letzten Start auf diesem Turnier einritt. Es war stockfinster, kein Mond, keine Sterne, nichts als das helle Rund der Arena, von Flutlicht angestrahlt, als ich mit Cassadol Kurs auf das erste Hindernis nahm. Plötzlich, gerade als sie mit aller Kraft aus der Hinterhand zum Sprung ansetzte, gingen die Lichter aus. Wir waren in absoluter Dunkelheit.

Vor Schreck war ich wie gelähmt und saß bewegungslos im Sattel, unfähig, Cassadol zu parieren. Ich glaube, jedes andere Pferd wäre Hals über Kopf in dem Sprung gelandet, es war ein hohes Gatter mit einer schweren oberen Stange, und hätte sich nicht nur seinen, sondern auch meinen Hals gebrochen. Statt dessen rutschte Cassadol auf der Hinterhand zu einer Vollbremsung, so daß sie mit ihrem Kopf fast das Hindernis berührte. Im gleichen Augenblick hörte ich den Schrei: "Feuer!" Jetzt hatten wir genug Licht, denn die Tribünen standen in Flammen. Es hatte einen Kurzschluß gegeben. Funken spritzten über die hölzernen Nebentribünen, die nicht überdacht waren, und die Menschen rannten, von Panik getrieben, um ihr Leben. Nach einigen Minuten war der Kurzschluß repariert, und die Lichter gingen wieder an.

Die Richter kamen zu einer eiligen Beratung zusammen und wandten sich dann an mich. "Es ist mir sehr unangenehm, Ihnen diese Frage zu stellen," erklärte ein würdiger älterer Herr. "Aber wären Sie bereit, Ihr Pferd noch einmal vorzubereiten und einen neuen Versuch zu machen? Ich bin mir bewußt, daß Sie ziemlich mitgenommen sein müssen, und für Sie und Ihre Stute ist die Situation sehr unfair, aber das Turnier endet heute abend. Wir würden sonst alles beim gegenwärtigen Stand belassen und das Springen morgen wiederholen müssen. Viele Teilnehmer sind darauf eingestellt, heute abend abzureisen, und eine Verschiebung dieses letzten Springens würde für jeden große Unannehmlichkeiten mit sich bringen."

"Wir wollen es noch einmal versuchen", antwortete ich ihm.

Es reichte zwar nur für den dritten Platz, aber unter den gegebenen Umständen war das etwas Besonderes, meine ich. Kein anderes Pferd wäre dazu bereit gewesen.

Nur wenige Menschen auf den Zuschauertribünen wissen überhaupt, daß die vollendete Form von Reiter und Pferd das Ergebnis vom Zusammenwirken einer Unzahl von Details ist, das vorausgeplant sein muß. Dafür nur ein Beispiel: Der Hufbeschlag. Jedes Pferd muß Eisen haben, deren Anpassung kleine Unterschiede aufweist, und ein Reiter sollte in der Lage sein, sich mit dem Schmied darüber zu verständigen, wie er das Pferd zu beschlagen hat, je nach seinem Bewegungsmechanismus, und er sollte den Beschlag auch kontrollieren. Dabei ist es selbstverständlich, daß der Schmied ein Meister seines Handwerks ist und auch eine Menge von der Anatomie eines Pferdes wissen muß. Ich habe nur einen Schmied erlebt, der mein volles Vertrauen besaß, den seltsamen alten Iren Willy Bradley. Er hat Cassadol immer beschlagen und wußte genau, was nötig war. Trotzdem habe ich mich immer bemüht, beim Beschlagen dabeizusein.

Es gab eine sehr bedeutende Veranstaltung in York, Pennsylvanien, wo ich Cassadol vorstellen wollte, um Punkte für die Meisterschaft zu gewinnen. Unglücklicherweise war Willy krank, so daß ich einen anderen Schmied brauchte, der mir sehr empfohlen worden war. Ich verhandelte mit ihm telefonisch und bat ihn, den Beschlag zu übernehmen. Dabei betonte ich ausdrücklich, daß die Stute beschlagen werden sollte, wenn ich da war. Damit war er einverstanden.

Als ich am nächsten Tag nach Hause kam, bemerkte Mutter so nebenbei: "Phyllis, der Hufschmied war übrigens hier und hat Cassadol beschlagen, so daß sie fertig ist für York." Ich war wütend und rannte zum Stall, Mutter in banger Sorge hinter mir her. Ich sah mir Cassadols Beine an. Die Vorderhufe waren in Ordnung, die hinteren nicht. Willy hatte immer einen Rand an der Innenseite der Eisen gelassen, damit die Hinterbeine der Stute bei nassem Wetter besser auffußen konnten. Das war bei Cassadol besonders wichtig, weil sie nach dem Sprung schon während der Landung weitergaloppierte. Für mich war das immer ein herrliches Gefühl, da es keinerlei Stockung gab. Sie schien geradezu dahinzuschweben und war sofort und ohne die geringste Pause wieder auf dem Weg, eine unschätzbare Eigenschaft, wenn Zeit eine Rolle spielte. War der Boden aber glitschig, wirkte es als Handicap, da sie leicht rutschen oder einen falschen Tritt machen konnte, wenn sie nicht einen Spezialbeschlag bekam. "Ich weiß, der Mann hat sie nicht so beschlagen wie Willy Bradley", sagte Mutter, die es bedrückte, daß sie etwas falsch gemacht hatte. "Aber er meinte auch, daß es so, wie er es gemacht hat, für sie besser sei."

Das war vermutlich der Fall - wenn es nicht regnete. Ich überlegte, ob ich den Schmied zurückholen und ihn beauftragen sollte, die Hintereisen auszuwechseln. Aber das würde wieder neue Nagellöcher in Cassadols kleinen Hufen nötig machen. So ließ ich es darauf ankommen und hoffte auf gutes Wetter.

Wie immer fuhr die gesamte Familie mit uns. Das Turnier dauerte drei Tage. Am Ende des zweiten Tages lagen wir mit so vielen Punkten vorn, daß wir am letzten Tag nur noch über den Parcours zu gehen brauchten, um zu gewinnen. Cassadol hatte niemals, wirklich niemals, einen Parcours vorzeitig abgebrochen, daher war die Meisterschaft für sie so gut wie sicher. Dann fing es an zu regnen.

Und wie es regnete! Es goß die ganze Nacht und den ganzen folgenden Tag. Als die Springprüfung an jenem Abend begann, nieselte es immer noch. Wir waren die letzten Starter. Ich sah, wie die anderen Pferde ausrutschten und unsicher wurden, aber die meisten schafften den Kurs, obwohl nicht einer ohne Fehler ging. Dann waren wir an der Reihe.

Obwohl ich grenzenloses Vertrauen hatte, was immer Cassadol betraf, konnte ich einfach nicht fassen, wie sie sich präsentierte. Sie nahm sauber jedes Hindernis. Schließlich waren nur noch zwei zu springen. Sie nahm das erste wie gewohnt ohne Fehler, landete dann aber auf Rasen, der so glitschig wie Schmierseife war. Ihre Hinterbeine fanden keinen Halt und rutschten weg, und sie kippte nach einer Seite um. Ich versuchte noch, die Steigbügel loszuwerden und abzuspringen, aber es war zu spät. Sie fiel auf mich, alle vier Beine in der Luft und mein linkes Bein festgenagelt unter ihrem Gewicht. Der Schmerz war unerträglich. Dann rollte sie sich auf die andere Seite. Ich weiß, es klingt unglaubwürdig, aber ich habe immer das Gefühl gehabt, sie tat das absichtlich, um mein Bein freizugeben. Es gelang mir, mich aufzurappeln, obwohl ich in diesem Augenblick noch nicht wußte, daß mein Bein gebrochen war. Ich dachte nur an Cassadol. Ein Modderklumpen, so groß wie ein Fußball, klebte unter ihrem Sattel, und ich sah, daß sie sich verletzt hatte, konnte aber nicht erkennen, wie schwer.

Männer rannten herbei, um uns zu helfen. Einer von ihnen rief: "Lassen Sie einen Krankenwagen kommen!" "Ich brauche keinen!" schrie ich ihn an. "Ich will bei meinem Pferd bleiben!"

Es gelang mir, Cassadol wieder auf die Beine zu bekommen. Sie hatte sich ihr linkes Hinterbein gezerrt, aber glücklicherweise nicht schlimm. Wir humpelten gemeinsam aus der Arena, und ich verlud sie in unseren Transporter. Ich vermied es, sie in eine Box zu stellen, in der vorher ein anderes Pferd gewesen war, aus Angst, sie könnte sich infizieren, da die Boxen in Turnierställen nicht so sauber gehalten werden, wie es möglich wäre. Wir kamen gut nach Hause, wurden aber natürlich im Springen disqualifiziert, und es dauerte viele Monate, bevor wir die verlorenen Punkte wieder einbringen konnten. Während der nächsten sechs Wochen lagen wir beide fest und waren kaum imstande zu gehen. Mutter und ich badeten Cassadols Bein und rieben es so lange ein, daß sie beinahe alle Haare verlor. Sie wurde wieder vollkommen gesund, aber es hatte auf Messers Schneide gestanden.

Für Cassadol und mich kam der stolzeste Augenblick auf dem Turnier in Bloomsburg im zentralen Pennsylvanien, in der Nähe der kleinen Stadt, aus der meine Eltern stammten. Es war kein Mammut-Turnier, auch nicht eines der bedeutenden, aber alle unsere Verwandten trafen sich dort. Für mich selbst hatte diese Veranstaltung eine besondere Bedeutung, weil wir vor einem Jahr, als ich Cassadol zum ersten Mal vorgestellt hatte, hier gestartet waren. Meine Schwester Norma war auch dabeigewesen und hatte an einer Reiterprüfung teilgenommen. Sie war sehr gut geritten und hatte eine Schleife mit nach Hause gebracht. Jeder von uns war stolz auf sie, wie es sich gehörte. Unsere Verwandten waren einfache Menschen vom Lande, und als sie hörten, daß ich als junges Mädchen in einem offenen Springen startete, waren sie empört. "Das ist viel zu gefährlich", sagte Großmutter zu meiner Mutter. "Es gehört sich überhaupt nicht für eine Frau, geschweige denn für ein Mädchen. Warum kann Phyllis denn nicht in einer einfachen Prüfung reiten wie Norma?"

Mutter erwiderte nur, sie hätte volles Vertrauen zu mir, und so startete ich denn, allen Verwandten-Zweifeln zum Trotz. Cassadol war als Springpferd damals noch ein Anfänger, und sie war offenbar davon überzeugt, daß es ihre Pflicht sei, alles zu springen, was ihr vorgesetzt wurde, wie unmöglich das Hindernis auch immer aussah. Auch hatte ich damals noch wenig reiterliche Erfahrung und wußte nicht, wie ich sie zu dirigieren hatte. Immerhin, wir machten unsere Sache sehr gut, bis wir zum In-Out kamen, dem Doppelsprung mit zwei Stangenhindernissen, die 3,50 m auseinanderstanden.

Cassadol ging frisch und in ihrer besten Manier den In-Out-Sprung an. Doch war es nicht nach ihrem Geschmack, die beiden Sprünge verlangsamt einen nach dem anderen zu nehmen; sie war entschlossen, beide in einem Satz zu springen. Sie drückte gewaltig ab und tat ihr bestes, aber selbst ein Känguruh kann nicht 3,50 m springen. Wir landeten krachend auf der zweiten Stange, völlig verwirrt und in schrecklicher Verfassung.

Nein, an diesem Tag bekamen wir keine Schleife. Großmutter bemerkte nur scharf: "Wenn sich das Mädchen zu Tode stürzt, behauptet nur nicht, ich hätte euch das nicht schon vorher gesagt."

Zum Glück wurde außer unserem Stolz nichts verletzt.

Seit jenem kläglichen Ereignis waren Cassadol und ich über so manchen Sprung gegangen und wußten alles über In-Outs. Ein Jahr später kehrten wir zum Turnier von Bloomsburg zurück. Wieder hatten sich alle unsere Verwandten versammelt, einschließlich Großmutter, die mein Vorhaben nach wie vor mißbilligte.

Diesmal war die Situation aber anders. Alles lief so glatt wie Cassadols schwungvolle Galoppade, und wir gewannen die Meisterschaft. Als der Richter auf uns zutrat, um uns die Siegerschleife zu überreichen, bemerkte Großmutter triumphierend zu Mutter: "Ich habe es ja immer gewußt, daß Phyllis es schaffen kann. Denkt daran, daß ich euch das schon immer gesagt habe!"

Ich habe Cassadol 14 Jahre lang gehabt. Sie starb an einem Donnerstagabend um 19 Uhr; es war genau der Tag und die gleiche Stunde, in der sie Nautical in Devon geschlagen hatte bei ihrem ersten großen Sieg. Ich ließ sie auf unserer Farm in einer großen Eichenkiste mit ihrem gesamten Zaumzeug begraben. Niemals habe ich seitdem ein anderes Pferd gesehen, daß ihr auch nur annähernd ebenbürtig war.

Eine Frau als Tierärztin für Pferde

Elaine Hopkins und ich bestanden 1957 die Abschlußprüfung an der Tierärztlichen Hochschule. Es war der Höhepunkt meines Studiums nach neun Jahren harter Arbeit, aber ich fühlte mich damals noch nicht besonders erleichtert. Ich war zu erschöpft durch die letzten Prüfungen. Dann kamen noch die Zulassungsprüfungen für niedergelassene Tierärzte, drei volle Tage mit wiederum härtester Arbeit. Ich erinnere mich noch an die damals herrschenden Temperaturen, um die 30 Grad. Meine Hände klebten am Papier, so daß ich kaum schreiben konnte.

Dann war endlich alles vorüber. Elaine und ich waren zugelassene Tierärzte! Meine Familie veranstaltete für uns eine festliche Party, um das große Ereignis gebührend zu feiern.

Als die Stimmung ihren Höhepunkt erreichte, läutete das Telefon, und Vater nahm den Hörer ab. Als er zurückkam, hatte er einen merkwürdigen Gesichtsausdruck. "Phyllis, ein Mr. A.A. Biddle möchte dich sprechen." Die Nennung dieses Namens unterbrach abrupt jede Unterhaltung. Mr. Biddle war eine geradezu legendäre Figur. Er war außerordentlich wohlhabend, hatte einen Tick, was Pferde betraf, und besaß einen der besten Ställe in unserer Gegend. Er war das Oberhaupt der prominentesten Familie auf der Main Line. Berühmt war er auch wegen seiner Überspanntheit, so daß ihn einige Leute ganz offen für verrückt erklärten. "Er bittet dich, sofort zu ihm zu kommen und einige seiner Stuten zu untersuchen, ob sie tragend sind."

Dr. Bartholomew hatte mir den Trick beigebracht, die Gebärmutter einer Stute abzutasten, so daß ich 18 Tage nach dem Decken feststellen konnte, ob sie aufgenommen hatte. Es war eine Methode, die damals nicht allgemein bekannt war, obwohl sie sehr zuverlässig ist; die meisten Tierärzte konnten die Trächtigkeit erst nach 70 Tagen mit Sicherheit bestätigen. Wenn eine Stute nicht aufgenommen hat, muß sie so bald wie möglich nochmals gedeckt werden, sonst kommt das Fohlen zu spät zur Welt, um mit den ehergeborenen Fohlen des gleichen Jahrgangs noch konkurrieren zu können. Mr. Biddle hatte zugesehen, wie ich mit Dr. Bartholomew solche Stuten im Stall untersuchte, und die Technik hatte ihn offenbar sehr beeindruckt. Jetzt erinnerte er sich an mich, da Dr. Bartholomew nicht zur Verfügung stand.

"Das ist eine große Chance für dich," sagte Vater, obwohl er immer noch besorgt aussah. "Mr. Biddle kann ein guter Freund sein, wenn er dich mag. Ist das nicht der Fall, oder muß er annehmen, daß du ihn im Stich gelassen hast, dann wäre es sinnlos, zu versuchen, in unserer Gegend eine Praxis aufzumachen. Bei ihm ist es immer ein Risiko. Ein Fehler, und du bist draußen. Dies ist dein erster Fall, und du bist noch jung und unerfahren. Willst du es versuchen?"

"Natürlich", sagte ich. Ich konnte nicht begreifen, warum er sich solche Sorgen machte.

"Ich gehe mit dir," versprach Elaine.

Sie setzte sich hinter das Steuer, wahrscheinlich, weil sie mich für zu nervös hielt. Es stellte sich aber heraus, daß sie die Nervöse war. Wie jedermann, der irgendeine Verbindung zu Philadelphia besaß, hatte sie von den Biddles gehört. Sie waren so typisch für Philadelphia wie "scrapple", ein Spezialgericht aus gehacktem Schweinefleisch, Kräutern, Mais und anderen Ingredienzien, das anderswo keine Liebhaber gefunden hat, obwohl kein echter Einwohner von Philadelphia jemals ohne dieses Gericht frühstücken würde. Es gibt eine oft erzählte Geschichte, die besagt, daß der Prince of Wales, der spätere Eduard VIII., bei einem Besuch von Philadelphia eine höfliche Abschiedsrede hielt und bemerkte: "Ich habe Ihr berühmtes Frühstück, die Biddles, großartig gefunden, und ich möchte den Scrapples für ihre großzügige Gastfreundschaft herzlich danken." Es ist wirklich kein Unterschied, denn die Biddles und "scrapples" gehören beide in gleicher Weise zu Philadelphia.

Selbst ich kam mir recht eingeschüchtert vor, als Elaine in den 80 Hektar großen Landsitz nicht weit vom Newton Square einfuhr. Hier befand sich damals das Zentrum der Pferdezucht im Lande. Nexton Square selbst war nur ein kleines Dorf, umgeben von riesigen Gestüten. Wir folgten einer Zufahrt, die von hohen Ahornbäumen gesäumt war, deren Kronen sich über uns trafen. Wir mußten langsam fahren, da alle paar Meter eine Betonschwelle zu passieren war, die dazu zwang, den Wagen vorsichtig hinüberzufahren, wenn man keinen Federbruch riskieren wolle.

Sehr bald trafen wir auf eine ganze Reihe von Warnschildern: "Fahren Sie langsam! Tauber Hund!" Das werde ich nie vergessen. Dann kamen andere: "Achtung! Enten überqueren den Weg!" - "Wertvolle Hühner! Fahren Sie vorsichtig!" Elaine fuhr Zentimeter für Zentimeter, ständig Ausschau haltend nach Dutzenden von Hunden, Enten, Hühnern und Gänsen, die sich überall herumtrieben.

Endlich erreichten wir ein altes, weitläufiges Landhaus im Viktorianischen Stil. Dahinter lagen die größten und aufwendigsten Ställe, die ich je gesehen hatte. Mr. Biddle begrüßte uns höchstpersönlich. Er war ein großer, ziemlich korpulenter Mann Anfang der Sechziger, mit grauem Haar, das sich gerade etwas zu lichten begann. Er sah gut aus, und trotz seiner sanften Sprechweise gehörte er nicht zu den Menschen, die man leichtfertig kränken konnte. Er verfügte über eine ungeheure Machtfülle und war sich dessen auch bewußt. Er war niemandem verantwortlich und nahm es als selbstverständlich hin, daß nichts, was er sagte, in Frage gestellt wurde.

Wir kletterten aus dem Wagen, und ich nahm meinen nagelneuen Behandlungskoffer mit. Jeder von uns hatte sich makellos weiß gekleidet und noch die Schuhe besonders geputzt. Er musterte uns von oben bis unten, und ich hatte das unangenehme Gefühl, daß es ihn argwöhnisch machte, weil alles so neu und blank aussah.

Er räusperte sich. "Hm, wieviele tragende Stuten haben Sie in Ihrer Laufbahn schon untersucht, mein junges Fräulein?" fragte er freundlich, blickte mich aber unter buschigen Augenbrauen ernst an.

"Oh, 25 oder 30", antwortete ich leichthin. Das war auch wirklich nicht gelogen. So viele Stuten hatte ich mindestens untersucht. Ich erwähnte nur nicht, daß Dr. Bartholomew immer dabei war, mir Instruktionen gegeben und meine Ergebnisse kontrolliert hatte.

Mr. Biddle sah mich einige Sekunden lang an. Hier handelte es sich um eine tierärztliche Aufgabe, von der ich wirklich etwas verstand, vielleicht mehr als sonst irgend jemand, dank der monatelangen Anweisungen von Dr. Bartholomew. Endlich drehte sich Mr. Biddle um und ging voran zu den Ställen.

Er besaß zu dieser Zeit 17 Pferde, alles Vollblüter und einige davon bestens bekannt auf der Rennbahn. Jedes Tier hatte eine geräumige Box mit einer hölzernen Schiebetür, deren obere Hälfte aus schwarzen Eisenstangen bestand, so daß für jeden auf der Stallgasse alle Einzelheiten in der Box deutlich sichtbar waren. Jede Box hatte ihr eigenes Fenster und außerdem noch in der Decke ein Oberlicht, so daß es in den Ställen fast so hell wie draußen war. Der Name eines jeden Pferdes stand in großen Buchstaben auf einer Tafel draußen an der Tür. Wir kamen an der Sattelkammer vorbei, wo Zügel, Gebisse, Sättel und sonstiges Lederzeug aufbewahrt wurden. Sie war mit Teppichboden ausgelegt und sauberer als so manches Wohnzimmer. Das Zaumzeug hing an hölzernen Haken und wurde hinter Glas gehalten, um es vor Staub zu schützen. Wir sahen, wie die Stalleute frisches, goldenes Stroh einstreuten und das feuchte entfernten. Der Stall roch herrlich nach Stroh und Heu und hatte den sauberen, kräftigen Duft von Pferden in gesunder Kondition.

Mr. Biddle blieb stehen. "Diese Stuten wurden vor drei Wochen gedeckt", sagte er und deutete auf eine Reihe von Boxen. "Es sind acht, und es ist sehr wichtig für mich, daß ich sofort weiß, ob sie aufgenommen haben. Ich habe mit einigen anderen Tierärzten gesprochen, aber sie können mir erst in 45 Tagen sagen, was los ist. Das ist aber viel zu spät für mich. Ich muß es jetzt wissen, und zwar genau. Verstehen Sie mich?"

"Ja, ich kann Ihnen das Ergebnis sofort mitteilen, und es wird zu hundert Prozent genau sein", antwortete ich zuversichtlich und sah, wie Elaine angesichts solcher Kühnheit schauderte.

Ich zog meinen Kunststoffärmel über und fühlte die erste Stute ab, während ein Pfleger ihren Kopf hielt. In dieser heiklen Arbeit hatte ich so viel Praxis, daß ich genau feststellen konnte, ob der Embryo im rechten oder linken Gebärmutterhorn lag, wie groß er war und ob zu weich oder zu hart. Schließlich konnte ich Mr. Biddle sagen, daß mit Ausnahme von zweien alle Stuten aufgenommen hätten. "Ich würde gern in 45 Tagen noch einmal kommen und dieses Ergebnis überprüfen, um ganz sicher zu gehen, daß alles in Ordnung ist", fügte ich noch hinzu.

Damit war er einverstanden und schien zufrieden zu sein. In diesem Augenblick kam ein merkwürdig aussehendes Huhn in den Stall und beobachtete uns in einer Art und Weise, die mich nervös machte. Mr. Biddle deutete auf das Tier. "Das ist eines meiner wertvollsten Hühner, eine sehr seltene Züchtung. Niemals würde ich es für noch so viel Geld verkaufen." Ich bemühte mich, sehr beeindruckt auszusehen, obwohl ich es für das dümmste Wesen hielt, das mir jemals begegnet war, aber schließlich war ich kein Fachmann für Hühner. Bevor wir zurückfuhren, bat uns Mr. Biddle noch: "Würden die beiden Damen wohl so freundlich sein und zum Rinderstall herüberkommen? Ich möchte Ihnen dort etwas zeigen."

Wir folgten ihm zu einem Stallgebäude, das etwas weiter weg lag. Da stand in einer Box ein jammervoll aussehender Bulle, der stark schwitzte und immer im Kreis herum lief. "Haben Sie eine Ahnung, was mit ihm nicht in Ordnung ist?" fragte mich Mr. Biddle.

"Ja", sagte ich mit Überzeugung. "Er hat Listeriose." In der Praxis hatte ich noch niemals ein Tier gesehen, das an dieser Krankheit litt, wohl aber darüber gelesen. Und die Symptome waren unverkennbar. Es handelte sich um eine spezielle Infektionskrankheit bei Wiederkäuern.

Mr. Biddle drehte sich plötzlich zu mir um. "Sie wissen aber erstaunlich viel für jemand, der mit der Praxis gerade erst anfängt. Na gut, der Rinderarzt kommt morgen. Es wird sich herausstellen, ob Sie nur bluffen. Ich mag Leute nicht, die das tun", und ohne ein weiteres Wort verließ er uns.

Elaine und ich waren sprachlos angesichts einer derartigen Unhöflichkeit. Schweigend kehrten wir zum Pferdestall zurück. Da war alles so sauber, daß ich entschlossen war, es auch so zu hinterlassen, wie ich es vorgefunden hatte, damit sich niemand beklagen konnte. Ich nahm den Kunststoffärmel, den ich benutzt hatte, mit, statt ihn in den Abfall zu werfen wie sonst, leerte den Eimer mit dem schmutzigen Wasser und den Desinfektionsmitteln vor der Tür und machte alles sauber, wie es sich gehörte. Als wir losfuhren, setzte ich mich ans Steuer, Elaine

100

merkwürdig still neben mir. "Ich glaube, das hat alles hervorragend geklappt", sagte ich, sehr zufrieden mit mir selbst. "Es wäre keine Überraschung, wenn Mr. Biddle mir alle seine Ställe übergäbe. Nicht eine einzige Panne!"

"Nur eine", meinte Elaine mit grimmiger Stimme.

Ich hatte das Gefühl, als hätte mir jemand einen Schlag versetzt. "Was soll das heißen?"

Elaine griff unter ihren Mantel und holte den toten Körper von Mr. Biddles preisgekröntem Huhn hervor! "Als du den Eimer mit heißem Wasser geleert hast, hast du das Tier getroffen. Es muß ein schwaches Herz gehabt haben, denn es fiel sofort tot um."

Ich starrte auf das tote Huhn, als wäre es die Leiche eines Menschen. "Ich werde es nie zu einer Praxis bringen," stöhnte ich. "Das ist das Ende."

"Nein," versicherte mir Elaine," ich habe das Huhn sofort gepackt und versteckt. Kein Mensch wird es je erfahren."

Und niemand hat es erfahren, bis jetzt. Es blieb all die Jahre hindurch ein Geheimnis zwischen Elaine und mir. Gottlob darf ich das jetzt bekennen und mein Gewissen erleichtern. Ich hatte mich immer schuldig gefühlt, das arme Huhn getötet zu haben.

Auf dem Heimweg machte ich mir sorgenvolle Gedanken über den Bullen. Ich war überzeugt, daß er Listeriose hatte, aber aus dem Verhalten von Mr. Biddle wurde deutlich, daß ich, falls meine Diagnose falsch gewesen war, nichts mehr bei ihm zu melden hatte. Glücklicherweise gab es bald andere Dinge, die mich in Anspruch nahmen. Wir erlebten eines der schrecklichen Gewitter, die für das Delaware Tal so typisch sind. Weder Elaine noch mich konnten Gewitter sonst aus der Fassung bringen, aber dieses war in der Tat fürchterlich. Blitze zuckten rings um uns herum, und das Krachen der Donnerschläge schien den Wagen von der Straße zu heben. Nach und nach zog der Sturm ab und ließ die Spuren seines Wütens hinter sich; Bäume mit gebrochenen Ästen, umgestürzte Leitungsmasten und, nach dem Geheul von Feuerwehrsirenen in der Ferne zu beurteilen, mehr als ein in Flammen stehendes Gebäude.

Als wir endlich zu Hause ankamen, stellten wir fest, daß meine Familie mit dem Essen auf uns gewartet hatte. Trotz meines schlechten Gewissens wegen des kostbaren Huhns von Mr. Biddle und der Sorge um den Bullen hatte ich einen Heißhunger. Während der ganzen langen Zeit der Prüfungsvorbereitungen war ich nicht imstande gewesen, richtig zu essen. Selbst eine Tasse Kaffee machte mich schwindelig. Jetzt aber wollte ich das Versäumte gründlich nachholen.

Mutter legte eiligst die Steaks auf den Grill. Sie ist Expertin darin, die saftigsten aufzutreiben, und der Duft ließ mir das Wasser im Munde zusammenlaufen. Am liebsten aß ich die Steaks gut durchgebraten, aber diesmal war ich viel zu hungrig, um noch länger zu warten. Das Fleisch war noch rosarot, als ich es auf den Teller legte und ein großes Stück abschnitt - da ging das Telefon. Vater nahm den Hörer ab.

Er sah nicht gerade glücklich aus, als er zurückkam. Mutter ahnte etwas. "Oh nein, nicht schon wieder!"

"Da ist ein Mann, der ein paar Meilen von hier wohnt. Seine Kinder haben ein Pony, eine kleine Stute, die gerade fohlen sollte. Man hatte sie auf die Weide gelassen, da ist sie vom Blitz getroffen worden. Sie ist tot, aber er hofft, Phyllis kann vielleicht noch das Fohlen retten, wenn sie sich beeilt."

"Konnten sie denn keinen anderen bekommen?" fragte Mutter. "Phyllis hat zwei harte Wochen hinter sich und heute einen ebenso harten Tag, und sie ist halb verhungert."

"Niemand sonst könnte es noch rechtzeitig schaffen." Ich legte mein Besteck auf den Teller und betrachtete traurig mein Steak. "Auf alle Fälle ist es noch da, wenn ich zurückkomme", sagte ich und stand auf. "Wo ist mein Arztkoffer?"

"Macht es dir was aus, wenn ich diesmal nicht mitkomme?" fragte Elaine zögernd. "Ich habe so entsetzlichen Hunger."

"Iß mir nur nicht mein Steak", warnte ich sie noch, als ich zum Wagen ging.

Vater hatte genaue Anweisungen bekommen. Es regnete noch, und die Straße war sehr glatt, aber da jede Sekunde zählte, fuhr ich so schnell wie möglich. Sehr bald stand ein Mann vor mir, der ein Tor offen hielt und mich aufgeregt hereinwinkte.

"Wo ist die Stute?" rief ich, während mein Wagen in dem Matsch seitwärts wegrutschte.

"Unter dem Baum dort, dem einzigen auf der Weide", rief er zurück.

Den Baum konnte ich nur knapp erkennen. Er war offenbar vom Blitz getroffen worden, und das Pony hatte sich darunter gestellt, um vor dem Regen Schutz zu suchen. Mit Höchstgeschwindigkeit fuhr ich über Gras und Matsch, ständig in Angst, der Wagen könnte im Schlamm steckenbleiben. Als ich neben dem Baum zum Halten kam, sah ich die tote Stute und überall neben ihr versengtes und verbranntes Gras. Sie hatte eine große Brandwunde quer über ihren Körper, schnurgerade wie ein Gurt.

Ich sprang noch im Fahren aus dem Wagen, das Skalpell in der Hand. Die Stute war fett, wirklich sehr fett, was auch in den letzten Tagen vor dem Abfohlen zu erwarten war. Ich schnitt sorgfältig durch die Schichten gelben Gewebes, vorsichtig, um das Fohlen nicht zu verletzen. Es war eine unangenehme Arbeit, weil der Gestank des verbrannten Fleisches mir fast den Atem nahm. Ich öffnete den Leib; kein Fohlen, nichts.

Der Mann erschien mit einem Traktor und fünf kleinen Kindern. Sie kreischten in freudiger Erwartung. "Wo ist unser kleines Pony-Fohlen?"

Ich mußte ihnen die Wahrheit sagen, worauf sie alle in Tränen ausbrachen.

Mir war selbst nach Weinen zumute, außerdem hatte ich das unbehagliche Gefühl, daß mir gleich schlecht würde. Der Geruch des verbrannten Pferdes, die Tatsache, daß ich vor Erschöpfung fast zusammenklappte und einen leeren Magen hatte, machte die Sache nicht leichter. Dann entdeckte ich auch noch, daß mein Wagen im Schlamm steckte. Der Farmer mußte mich mit seinem Traktor herausziehen.

Ich fuhr nach Hause zurück und hätte doch so gern für die schluchzenden Kinder einem Fohlen zur Welt verholfen, selbst wenn ich es unter dem Kittel hätte einschmuggeln müssen. Das einzige, das ihnen über den Verlust ihres Ponys hinweggeholfen hätte, war die Aussicht auf das Fohlen. Da konnte ich nun gar nichts tun. Die Stute hatte sich mit dem fetten Gras der Weide vollgefressen, und die Familie hatte bei ihrem Leibesumfang gemeint, sie sei tragend.

Zu Hause waren natürlich alle mit dem Essen fertig. Als ich mich am Tisch niederließ, setzte mir Mutter voll Stolz ein durchgebratenes Steak unter die Nase. Der Duft kam mir entgegen, und das war auch das Ende. Mir wurde endgültig schlecht, und Mutter und Norma mußten mich ins Bett stecken.

Mr. Biddle hatte das Gespräch wegen des Bullen so unvermittelt abgebrochen, daß ich nicht mehr damit rechnete, jemals wieder von ihm etwas zu hören. Einige Tage später wurde ein Karton mit zwei Dutzend zauberhafter langstieliger Rosen gebracht. Offen gesagt, ich bin überhaupt nicht daran gewöhnt, Blumen zu bekommen, vor allem keine langstieligen Rosen. Ich öffnete voller Verblüffung die Karte. Sie war von Mr. Biddle. Er schrieb: "Der Bulle hatte tatsächlich Listeriose. Ich bitte Sie um Entschuldigung, daß ich das bezweifelt hatte. Hoffentlich können Sie mir verzeihen - und auch meine Ställe übernehmen."

Ich verzieh ihm.

Als Tierarzt in den Ställen von Mr. Biddle zu arbeiten, war eine große Ehre, aber nicht gerade eine Pfründe. Mr. Biddle redete mir niemals ins Handwerk, folgte mir niemals mit endlosen Fragen, hatte niemals Zweifel an meinem Urteil, aber ließ auch niemals einen Trick aus. Er verlangte immer, daß ich nach der Untersuchung seiner Pferde in sein luxuriöses Wohnzimmer kam, und über die Kondition jedes Tieres Bericht erstattete. Man hatte mir ein Buch gegeben, in dem für jedes Pferd eine besondere Seite vorgesehen war. Auf der entsprechenden Seite hatte ich die Eintragungen über seinen Gesundheitszustand zu machen und dann bei Mr. Biddle meine Ergebnisse vorzutragen. Normalerweise besuchte ich seinen Stall an jedem Morgen als ersten, da er immer ein Frühstück bereithielt. Schinken, Eier, Speck und - natürlich - scrapples und den stärksten Kaffee, der mir jemals angeboten wurde.

An manchen Tagen war ich dankbar für eine so herrliche Mahlzeit. An anderen, wenn ich es eilig hatte, den nächsten Termin einzuhalten, war es nur verlorene Zeit, dort sitzen und essen zu müssen, vor allem, wenn ich keinen Hunger hatte. Aber das rührte Mr. Biddle nicht. Wenn er aß, aß jeder andere auch. Serviert wurde nicht von einem Butler oder einer Kellnerin in Uniform, sondern von einer Frau aus der Ukraine, die Sackleinwand an den Füßen hatte statt Schuhen. Während des Frühstücks stand Mr. Biddle gelegentlich auf und studierte ein Telex, das im Wohnzimmer installiert war. Er rief dann sein Büro an und gab Aufträge wie z.B.: "Kaufen Sie 50 000 Anteile von MX u. W.". Daß jemand im eigenen Haus ein privates Telex besaß, schien mir der Gipfel des Luxus.

Mr. Biddle war Witwer. In der Halle hing ein lebensgroßes Porträt seiner Frau, und er stand oft davor, in Gedanken versunken, und sprach mit ihr, wie ich glaube, obwohl ich niemals sah, daß sich seine Lippen bewegten. Er mochte Frauen, und es besuchten ihn auch viele, aber sie bedeuteten ihm offenbar nichts. Ich bin der festen Überzeugung, seine Frau war die einzige, die er jemals liebte.

Er hatte zwei erwachsene Töchter und einen Sohn, die in seinem Hause lebten, aber da sich meine Arbeit ausschließlich auf die Pferde beschränkte, bekam ich sie nur selten zu Gesicht. Mr. Biddle war ein Mann mit schrulligen Einfällen. Manchmal mußte jeder, der zum Haushalt gehörte, nur Französisch sprechen; oder er verordnete sich plötzlich eine merkwürdige Diät. Es kam vor, daß er sich hinsetzte und stundenlang Gitarre spielte, was er übrigens sehr gut konnte. Manchmal erzählte er mir während des Frühstücks Geschichten von seinen Reisen, vor allem nach England und Ungarn. Was er allerdings in Ungarn tat, habe ich nie erfahren, aber er liebte das Land sehr. Im Laufe des Vormittags rührte er keinen Tropfen Alkohol an, aber ab zwei Uhr begann er plötzlich zu trinken. Unglaublich, welche Mengen er bewältigen konnte, ohne daß der Alkohol irgendeine Wirkung auf seine Sprache oder seine Bewegungen hatte, wohl aber auf sein Verhalten.

In der Halle stand ein großer Tisch, auf dem eine ganze Kollektion der verschiedensten Hüte ausgebreitet war: Zylinder, Jagdhüte, Autokappen, Homburger, Strohhüte und so weiter. Nach ein paar Gläsern ging er zu dem Tisch, suchte sich einen der Hüte aus und setzte ihn auf. Für den Rest des Tages repräsentierte er dann die Art Mensch, für den der jeweilige Hut bestimmt war. War es der Hut eines Arbeiters, krempelte er sich die Hosen hoch, fluchte ein paar Worte in einer groben, nicht gerade literarischen Ausdrucksweise und ging dann ins Gelände, um sich manueller Arbeit zu widmen. Entschied er sich aber für den Zylinder, verwandelte er sich im gleichen Augenblick in einen kultivierten, eleganten Gentleman, der höfliche Konversation machte und mich fragte, ob ich die Absicht hätte, in diesem Jahr an der Hauptversammlung teilzunehmen. Es war ein harmloses Hobby und für mich nur einmal Anlaß für eine ärgerliche Situation.

Ich hatte diesmal 15 Stuten zu untersuchen, die sich draußen auf der Weide befanden. Sie waren friedlich und sehr umgänglich. Statt also die Pfleger in Anspruch zu nehmen, ging ich lieber zur Untersuchung auf die Weide. Mr. Biddle kam an mir vorbei, mit dem Hut eines Pirschjägers und einer Schrotflinte in der Hand, jeder Zoll ein Vertreter des Landadels! Sein Ziel war ein See, wo es Wildenten gab.

Ich hatte gerade mit der Untersuchung der ersten Stute begonnen, als - peng! - fast direkt neben meinem Ohr ein Schuß losging. Ich fuhr vor Schreck zusammen, und die Stute machte sich über das Feld davon, als liefe sie einem Sieg im Grand National entgegen. Mit sehr viel Mühe gelang es mir schließlich, sie wieder einzufangen. Da - peng! - ballerte es erneut, und wieder war die Stute über alle Berge. Nun gab ich auf und bat die Pfleger um Hilfe. Aber selbst jetzt veranstalteten wir mehr ein Rodeo als eine normale Untersuchung. Als ich endlich fertig war, schrieb ich meinen Bericht und sah mich nach Mr. Biddle um. Er saß in der Bibliothek, noch immer mit dem Jägerhut auf dem Kopf.

"Es geht doch nichts über ein bißchen Sport, finden Sie nicht?" sagte er mit deutlich englischem Akzent, als ich das Zimmer betrat. "Eine fröhliche, erfolgreiche Jagd! Schade, daß Sie nicht dabei waren."

Mir wäre es lieber gewesen, ich hätte wirklich nichts davon mitbekommen, aber ich las ihm nun meinen Bericht vor, während er zustimmend nickte und einige sehr eindringliche Fragen an mich richtete, denn er wußte eine Menge über Pferde. Dann begleitete er mich zu meinem Wagen. Norma und ich hatten an jenem Morgen sehr viel Zeit damit verbracht, ihn innen zu reinigen. Während der vergangenen Woche war mir keine Minute geblieben, mich um die wachsende Unordnung hinter mir zu kümmern. Ich hasse Hausarbeit jeder Art, und Ledersitze zu schrubben, den Boden zu saugen und Fenster zu polieren hielt mich nur von wichtigeren Dingen ab. Ich wäre mit der Arbeit auch nie fertiggeworden, wenn mir Norma nicht geholfen hätte. Aber jetzt war das Wageninnere tadellos sauber und mein ganzer Stolz.

"Einen Augenblick noch, bitte, wenn es Ihnen nichts ausmacht", rief Mr. Biddle mir zu und verschwand eilig. Es machte mir nichts aus, da ich für meinen nächsten Termin sowieso schon zu spät dran war. Also wartete ich. Nach einigen Minuten kam er mit einem Bündel der totesten Enten zurück, die mir jemals unter die Augen gekommen waren. Die meisten von ihnen waren zu blutigen Fetzen zerschossen. Fleischteile hingen noch an Sehnen, Federn fielen bei jedem Schritt ab, den er machte. Lässig warf Mr. Biddle das Durcheinander auf den Rücksitz meines schönen, sauberen Wagens.

"Nichts schmeckt besser als so ein Stück Wild", versicherte er mir. "Richten Sie sie mit Speck, Salbei, Salz und Pfeffer nach Geschmack an. Nein, nein!" wehrte er mit der Hand ab. "Keinen Dank! Freue mich, Ihnen zu Diensten zu sein. Horrido und so weiter." Wir brauchten fast den ganzen Abend, um den Wagen wieder zu reinigen. Die Enten erhielten ein standesgemäßes Begräbnis.

Ich arbeitete viele Jahre lang für Mr. Biddle. Er war einer der letzten aus den alten Familien der Main Line. Männer wie ihn gibt es heute nicht mehr, leider. Die Welt ist ärmer geworden durch ihren Tod.

Viel länger, als mir lieb war, blieb er praktisch mein einziger Klient. Es war nicht leicht für einen jungen Tierarzt, vor allem ein Mädchen, Leute zu finden, die bereit waren, ihm ihre wertvollen Tiere anzuvertrauen. Ich bin nicht besonders gut im Umgang mit Kleintieren, aber jeder erwartete offenbar von einer Tierärztin, daß sie sich gerade darauf spezialisiert, und in der Tat war das bei den wenigen weiblichen Tierärzten, die es gab, auch der Fall.

Voller Hoffnung wartete ich immer noch auf einen anderen Stall, als ein Friseur und seine Frau zu mir kamen, um bei ihrem Pudel die überzähligen Krallen entfernen zu lassen. Hunde haben oft mit überlangen oder entzündeten Krallen zu kämpfen, und ich hatte diese außerordentlich einfache Operation schon mehrmals durchgeführt. Man kann eigentlich kaum von einer Operation sprechen, weil wirklich keinerlei Schwierigkeit damit verbunden ist. Sicher hätte ich Bedenken gehabt bei einer Reihe von anderen Operationen an Hunden, für die ich mich nicht kompetent fühlte, aber ganz gewiß konnte ich diese Krallen entfernen.

Die beiden hatten etwas Rührendes und zugleich Lächerliches an sich. Sie waren sehr elegant gekleidet. Die Frau hatte jedes Haar auf ihrem Kopf mit Haarglanz an Ort und Stelle festgeklebt; ihr großartiges Gewand schien auf die gleiche Weise an ihrem Körper zu haften. Sie trug riesige Ohrringe und ein Make-up, als wollte sie auf der Bühne auftreten. An ihrem Mann stach das mit Rüschen besetzte Hemd in die Augen, sowie die sorgfältig von einem Haarkünstler geformte Frisur, die er von Zeit zu Zeit mit einem kleinen Kamm wieder in die ursprüngliche Ordnung bringen mußte. An seinen schlanken, manikürten Händen steckten mehrere Ringe, und sein Oberlippenbart war kaum breiter als die nachgezogenen Augenbrauen seiner Frau. Der Pudel war ebenfalls ein Werk aus Künstlerhand. Er hatte Preise gewonnen, und sie erzählten mir stolz, wieviel er als Welpe gekostet hatte. Ich habe die Summe vergessen, aber sie verschlug mir die Sprache. Man hätte für diesen Betrag ein Rennpferd kaufen können. Er trug ein Halsband mit besonderem, kostbarem Design und ein Pelzdeckchen, das seine Besitzerin entworfen und selbst für ihn angefertig hatte. Ich stellte mir vor, man ließe mich mit einem solchen Mantel herumlaufen! Trotz all dieser Pracht war er ein armseliges, nervöses kleines Geschöpf, dem man augenscheinlich das Herumtoben und Spielen mit anderen Hunden niemals erlaubt hatte. Als ich ihn hochhob, zitterte er krampfhaft in meinen Armen, während ich versuchte, ihn zu beruhigen.

Herrchen und Frauchen wollten nicht bleiben. Als sie sich verabschiedeten und, um sich gegenseitig zu trösten, Händchen hielten, wandte sich die Frau noch einmal an mich und sagte: "Wir konnten niemals Kinder haben, und die Adoption eines Babys ist von allen Behörden abgelehnt worden. Tootsie ist unser einziges Kind, behandeln Sie sie gut." Ihre Augen waren feucht, als sie davoneilten.

Bei Tootsies krampfhaftem Zittern und dieser tragischen Rede fühlte ich mich selbst reichlich nervös. Daher wollte ich die Operation möglichst schnell hinter mich bringen. Ich legte Tootsie einen Maulkorb an, um sie am Beißen zu hindern, falls sie dazu neigte; eine normale Vorsichtsmaßnahme selbst bei unbedeutenden Operationen, und machte mich dann an die schmerzenden Krallen. Plötzlich holte Tootsie tief Luft und übergab sich. Wegen des Maulkorbs bekam sie das Erbrochene in die Lunge und erschlaffte nach qualvollem Kampf. Ich griff nach dem Skalpell und schnitt den Maulkorb ab. Tootsie hing immer noch leblos da. Ich wollte nicht glauben, was, wie ich wußte, die Wahrheit war. Ich legte das Stethoskop an ihre Brust, ihr Herz hatte aufgehört zu schlagen!

Wenn ich jetzt rückblickend diese Situation noch einmal vor mir sehe, dann kann ich mich nur an zwei schreckliche Augenblicke in meinem Leben erinnern, und ich weiß nicht, welcher der schlimmste war. Der eine ereignete sich damals, als mich das angerittene Pferd an einem Bein um die Rennbahn schleifte. Dieser war der zweite. Ich war einer Panik näher als jemals zuvor oder gar später. Mir war vollkommen klar, was der Tod des kleinen Pudels für seine Besitzer bedeuten würde. Einen Augenblick war ich kopflos. Dann faßte ich den toten Hund an den Hinterbeinen, schüttelte ihn wie eine Wahnsinnige und schrie: "Du darfst nicht sterben! Du darfst nicht sterben!" Es war eine völlig zwecklose Handlung. Aber es geschah ein Wunder! Als ich den Hund schüttelte, hatte sich das Erbrochene, das die Luftröhre verstopfte, verlagert und strömte jetzt wieder nach außen. Tootsie holte tief Atem, dann öffnete sie die Augen. Ich legte sie auf den Operationstisch und massierte ihr Herz, bis sie sich völlig erholt hatte.

Erst einige Stunden danach konnte ich mich dazu aufraffen, die Krallen zu entfernen, diesmal natürlich, ohne ihr einen Maulkorb anzulegen. Norma bat ich, ihren Kopf zu halten. Das Paar kam zurück, gratulierte mir zu einer ausgezeichneten Arbeit und verließ mich mit einer glücklichen und zufriedenen Tootsie. Das alles geschah vor vielen Jahren, aber die Erinnerung an den Angstzustand, den ich durchlitten hatte, schmerzt noch heute.

Da die tierärztliche Betreuung des Biddle-Stalles nur relativ kurze Zeit in Anspruch nahm, mußte ich mich nach weiteren Klienten umsehen. Nach meinem Erlebnis mit Tootsie betraf das vor allem Großtiere. Endlich fand ich eine Frau, die auf einer großen Farm nördlich von Doylestown ganz allein lebte, einer damals völlig abgelegenen Gegend. Sie hielt eine Herde von Milchkühen und brauchte einen Tierarzt. Mit einem männlichen Veterinär hatte sie nie auskommen können, und ich fand bald heraus, warum.

Die Frau oder, besser, die Dame gehörte einer prominenten Familie der Main Line an, die ich Staffords nennen will. Sie war eine merkwürdige Person, äußerlich ebenso wie in ihrer geistigen Einstellung. Miss Stafford war korpulent, nicht fett, mehr ein Brünhilde-Typ; hochgewachsen, wohlproportioniert und erstaunlich kraftvoll. Ich kenne nur wenige Männer, die so stark sind, wie sie es war. Sie war Anfang zwanzig und hatte die exklusivsten Schulen besucht, was allerdings keinen sehr nachhaltigen Eindruck auf sie hinterlassen zu haben schien. Miss Stafford hatte mit ihren Eltern Streit gehabt und diese abgelegene Farm gekauft, wo sie ganz allein lebte und auch alle Arbeiten selbst verrichtete.

Das Haus war im Kolonialstil erbaut und stammte teilweise noch aus dem 17. Jahrhundert. Man erreichte es über eine lange Auffahrt, die von herrlichen Hartriegel-Bäumen gesäumt wurde. Sie wirkten wie eine Vision des Paradieses im Frühling, und man schien zwischen duftenden Hügeln aus Schnee zu fahren. An der Eingangstür stand ein Steintritt, wo in früheren Tagen die Damen und Herren ihre Pferde für die Jagd bestiegen hatten. Deckenbalken und Kaminsims waren aus Holz, aber irgendwann einmal mit einer Feder und Farbe in das bläuliche Muster imitierten Marmors verwandelt worden. Das Haus hatte eine riesige Halle mit Ziegelwänden und einem Kamin, groß genug, um ein ganzes Schaf zu rösten, sowie tiefe Fenstersimse. Der Stall strahlte in makelloser Sauberkeit. Er war sehr alt, vielleicht sogar älter als das Haus. Sein Dach reichte so tief herunter, daß es fast einen Tunnel bildete. Im Innern waren die alten Holzträger verfault oder am Zusammenbrechen, und der Dachboden wurde von Eisenträgern gehalten. Er war so niedrig, daß ich ihn mit der Hand erreichen und das Dach berühren konnte. Ich erinnere mich noch, daß sie die Deckel der Mülltonnen verriegeln mußte, um die Waschbären fernzuhalten. Um den Hof zog sich eine Steinmauer, die mit Efeu und Rosen bewachsen war. Alle Bodenflächen bestanden aus Kopfsteinpflaster. Miss Stafford hielt eine kleine Herde von Perlhühnern, die als Wachhunde dienten und jedesmal ein schrilles Gekreische anstimmten, wenn jemand das Gelände betrat. Sie verbrachten die Nacht in einem Apfelbaum, der in der Mitte des Hofes einsam und allein aus einem Loch im Kopfsteinpflaster herauswuchs.

Sehr schnell entdeckte ich, daß man nur dann Rinder erfolgreich halten kann, wenn man sie immer um sich hat und weiß, wie sie sich verhalten. Das erste Mal wurde ich zu einer Routinearbeit gerufen. Ich sollte die Herde impfen und sie mit Ohrklips versehen. Miss Stafford hatte die Tiere im Hof zusammengeholt, aber unglücklicherweise hatte es geregnet, und das Steinpflaster war voll Mist und Schlamm. Mit einer Handbewegung wies sie auf die Herde. "Da sind sie, also fangen Sie gleich an!" Damit verschwand sie.

Wäre ich älter und erfahrener gewesen, hätte ich niemals den Versuch gemacht, alleine 20 Rinder zu impfen. Ich wollte sie mit dem Lasso eines nach dem anderen einfangen, was mir zunächst auch gelang. Die Frage war nur, wie sollte es weitergehen? Die Kühe waren viel stärker als ich und zerrten mich am Lasso durch den Schlamm. Vor allem sträubten sie sich gegen die Ohrklips, deren Befestigung ihnen offensichtlich weh tat. Ich war erst halb fertig, von oben bis unten verschmutzt und so erschöpft, daß ich mich kaum noch auf den Beinen halten konnte, als meine Brünhilde mit einem Eimer Süßfutter vorbeikam. Sie blieb in höchstem Maße überrascht stehen.

"Wie konnten Sie denn nur so schmutzig werden?" wollte sie wissen. Ich berichtete ihr vom Kampf mit einer Herde wütender Rinder.

"Wieso? Es sind doch nur Kühe." Das sagte sie nicht etwa voller Verachtung, sondern stellte nur eine Tatsache fest. "Jeder kann mit Kühen umgehen, ich will es Ihnen zeigen." Sie stellte den Eimer hin, marschierte über den Hof zur nächsten Kuh und packte sie bei der Nase. Die Kuh wehrte sich, hatte aber den Griff einer Kneifzange zwischen den Nüstern. In Sekundenschnelle wußte sie, daß sie ihre Meisterin gefunden hatte, und stand still, während ich sie impfte und ihr das Ohrklip einklemmte.

"Ich werde Ihnen lieber helfen", sagte Miss Stafford in ihrer nüchternen Art. "Es war töricht von Ihnen, daß Sie mich nicht gleich gerufen haben. Ich wäre nie darauf gekommen, Sie könnten mit so umgänglichen Tieren wie Kühen Schwierigkeiten haben." In diesem Augenblick wurde sie von einem besonders hinterhältigen Tier mit gesenkten Hörnern angegriffen. Lässig griff sie nach einem der Hörner, drehte mit ihm den Kopf der Kuh herum und betätigte ihren Nasengriff, während ich eiligst die Spritze aufzog. "Nur keine Aufregung, bleiben Sie ruhig!" bemerkte sie, während die wütende Kuh nach unten auszuweichen und sie aufzuspießen versuchte. "Wissen Sie was? Ich glaube, Sie haben den falschen Beruf gewählt. Sie sind viel zu klein und zart für einen Tierarzt. Ich gebe Ihnen den guten Rat, wechseln Sie zu einem anderen über."

Ihre Stimme hatte nicht etwa einen tadelnden Unterton, sie war nur sehr offen. Miss Stafford gab mir noch einige nützliche Hinweise zum Umgang mit Rindern und fuhr dann damit fort, mir zu erklären, wie man Spritzen gibt. Nun bin ich aber gerade auf diesem Gebiet ziemlich erfahren. Injektionen gehören zu den Techniken, die mir Dr. Charles beigebracht hatte. Ohne meine Stimme zu erheben oder meine Ruhe zu verlieren, zeigte ich ihr, warum ich sie so gab, wie ich es tat. Sie beobachtete mich genau, stellte einige Fragen und bemerkte dann: "Ja, jetzt sehe ich das." Niemals mehr kritisierte sie in dieser Hinsicht meine Technik, obwohl sie mir immer geradeheraus sagte, wenn ich ihrer Meinung nach etwas falsch machte.

Ich hatte Verständnis dafür, warum Miss Stafford nie mit männlichen Tierärzten auskommen konnte. Kein Mann würde es ertragen, sich von einer Frau vorschreiben zu lassen, was er zu tun hätte, vor allem, wenn es sich um eine Frau ohne jegliche medizinischen Kenntnisse handelte. In der Praxis wußte Miss Stafford eine ganze Menge über Kühe. Als sich die Klauenfäule in der Herde ausbreitete, zeigte sie mir, wie man um das Bein der Kuh ein Seil schlingt, das Ende über einen Querbalken wirft und dann das Bein anhebt, so daß das Tier sich nicht bewegen konnte. Von selbst wäre ich nicht auf eine derartige Lösung gekommen, denn wenn man einen solchen Trick bei einem Pferd versuchen würde, hätte es sich zu Tode gekämpft. War die Kuh erst einmal hilflos an dem Seil, ließ sich die Huffäule sehr einfach behandeln. Man brauchte nur die infizierte Stelle herauszuschneiden und dann den Huf einzupacken. Er heilte von selbst.

Viel unangenehmer war es, eine Nachgeburtsverhaltung zu beseitigen. Bei Kühen ist die Gebärmutter mit Karunkeln wie mit Druckknöpfen am Uterus befestigt, während sich bei Stuten die Placenta leicht von der Innenschicht der Gebärmutter löst. In beiden Fällen bestehen Vor- und Nachteile. Bei einer Kuh ist eine Fehlgeburt viel unwahrscheinlicher als bei einer Stute, aber wenn nach der Geburt des Kalbes der Mutterkuchen nicht abgestoßen wird, sobald der Blutkreislauf in ihm aufhört, geht er in Fäulnis über, was sich möglicherweise für die Kuh als verhängnisvoll erweisen kann. Trotz ihres umfangreichen Wissens über Rinder hatte es Miss Stafford doch einmal versäumt, nach der Placenta zu sehen, nachdem die Kuh gekalbt hatte. Sie bemerkte auch nicht, daß die Mutter völlig teilnahmslos dastand und hohes Fieber hatte. Erst drei Tage später ließ sie mich kommen. Sobald ich die Kuh sah, wußte ich, was los war. Allein der Geruch lieferte die Diagnose. Eine heikle Arbeit stand mir bevor, denn während ich den Mutterkuchen losschabte, konnte die zarte Wand des Uterus sehr leicht verletzt werden. Das hätte dann einen Blutsturz und den sicheren Tod der Kuh zur Folge.

Ich machte mich ans Werk, während Miss Stafford den Kopf des gemarterten Tieres hielt. Der Gestank war so schlimm, daß mir fast die Sinne schwanden. Eimerweise benutzte ich in Wasser gelöste antiseptische Mittel, vor allem, um dem schrecklichen Geruch entgegenzuwirken. Jedes der kleinen Karunkel mußte gelöst werden, während ich meine Stirn gegen den Leib der Kuh preßte und versuchte, den Atem anzuhalten. Als sich die Placenta endlich löste, stürzte ich taumelnd auf den Hof ins Freie, um wieder zu mir zu kommen. Es dauerte Tage, bis ich den Gestank los war. Das war schlimmer als der Skunk.

Um die Kühe dieser ungewöhnlichen Dame kümmerte ich mich zehn Jahre lang. Sie liebte einige von ihnen und behandelte sie wie Haustiere. Wenn Miss Stafford auch außerordentlich eigensinnig und von ihrer Meinung überzeugt war, so zeigte sie sich vernünftigen Argumenten gegenüber doch immer aufgeschlossen.

Wenn sie mir sagte, was und wie ich etwas zu tun hätte, und ich ihr erwiderte: "Ich mache das aber anders", fragte sie in ihrer üblichen groben Art: "Warum?"

Ich gab ihr immer bis ins einzelne gehende Erklärungen, die sie sich in aller Ruhe anhörte. War sie überzeugt, daß ich recht hatte, gab es niemals wieder eine Debatte über das Thema. Manchmal war aber auch sie im Recht, vor allem, wenn es sich um den Umgang mit dem Vieh handelte.

Während meines ersten Jahres als Tierärztin übernahm ich auch eine Herde von 85 Schafen. Sie waren reinrassige Cheviots und gehörten einer wohlhabenden Familie, die sie aus Liebhaberei hielt. Die Familie beschäftigte einen Vollzeit-Schäfer, der nur etwas zu tun hatte, wenn die Lämmer zur Welt kamen. Das war dann eine anstrengende Saison für uns beide, da ich bei jeder Geburt zugegen sein mußte, ganz gleich, zu welcher Stunde oder bei welchen Straßenbedingungen. Ursprünglich war ich geholt worden, um den alten Widder zu behandelt, ein riesiges Tier, fast so groß wie ein Pony. Er war krank und ohne Lebensgeister, aber so sehr ich mich auch bemühte, es gelang mir nicht herauszufinden, was ihm fehlte. Dann fühlte ich zufällig eines seiner langen, gebogenen Hörner ab und entdeckte, daß es rückwärts in seinen Kopf hineinwuchs. Mit Hilfe des Schäfers konnte ich die Spitze abschneiden, obwohl sich der Bock heftig wehrte, was man schließlich verstehen kann. Die Familie war so beeindruckt, daß sie mich als Tierarzt für die Herde übernahmen. Da ich das Geld bitter nötig hatte, kam mir das sehr gelegen.

Abgesehen von der Geburt der Lämmer bestand meine einzige wirkliche Pflicht darin, die Herde von Würmern zu befreien. Das machte ich mehrere Jahre lang, bis ich es eher peinlich fand, ein gutes Honorar für etwas zu erhalten, was der Schäfer ebenso gut erledigen konnte. Ich schlug daher der Familie vor, daß ich dem Schäfer zeigte, was zu tun war, und sie waren damit einverstanden. Ich gab dem Mann vier Liter Medizin für die Entwurmung und erklärte ihm wie die genaue Menge abzumessen sei. Dann verabschiedete ich mich in der Überzeugung, daß nichts schiefgehen konnte.

Am folgenden Tag rief mich die Familie an. Die Hälfte der Herde konnte nicht aufstehen, fünf Schafe waren tot. Ich fuhr so schnell wie möglich zu der Farm. Es gab keinen Zweifel, die Schafe litten an einer Vergiftung durch die Wurmmedizin. Mit Brechmitteln konnte ich den Rest der Herde retten, aber mir war unbegreiflich, was geschehen war. War die Medizin, die ich dem Schäfer gegeben hatte, zu hoch dosiert gewesen, oder gab es eine andere Erklärung?

"Haben Sie ihnen zuviel davon gegeben?" fragte ich den Mann.

"Nein, Doktor. Ich habe nur das abgemessen, was Sie mir gesagt haben. Hier ist der Becher, den ich dafür benutzt habe."

Er zeigte mir ein mit Gradeinteilung versehenes Gefäß, das Kubikzentimeter und Unzen markierte. Er hatte die falsche Skala benutzt. Jemand, der an die Verabreichung von Medikamenten gewöhnt ist und die Dosierung abmißt, macht sich eben nicht klar, daß ein Durchschnittsmensch selbst in den geringfügigsten

Dingen Fehler machen kann. Diese Lektion habe ich nie vergessen, aber diese Erkenntnis hat auch die fünf Rasseschafe nicht wieder zum Leben erweckt.

Sehr lange hatte es den Anschein, als würde Mr. Biddle der einzige Pferdebesitzer bleiben, der Vertrauen zu mir hatte. Man rief mich zwar gelegentlich, aber nur, wenn kein männlicher Veterinär zur Verfügung stand. Dann erhielt ich plötzlich meine zweite Chance.

Ein Colonel Robert Dale rief mich an. Es klang zunächst wie eine normale Anfrage. Er hatte einen wertvollen Hengst, der an diesem Tage eine Stute decken sollte. Er wollte, daß ich den Hengst vorher gründlich säuberte, damit die Stute vor einer Infektion sicher sei, ein Routine-Vorgang beim Decken. Es gibt unter Tierärzten gewisse professionelle ethische Grundsätze. Daher fragte ich ihn: "Warum ziehen Sie nicht den sonst bei Ihnen arbeitenden Veterinär heran?" Als Antwort erwartete ich eigentlich, der Mann sei krank oder nicht erreichbar.

Statt dessen erfuhr ich zu meiner Überraschung: "Er hat Angst vor dem Tier. Dieser Hengst ist ein Killer, und mein Tierarzt will ihn nicht behandeln."

"Und wie kamen Sie gerade auf mich?"

Der Colonel war sehr offen: "Weil ich gehört haben, daß Sie eine verrückte Ader haben und vor nichts zurückschrecken."

Natürlich mußte ich dieser seltsamen Huldigung gerecht werden: "Ich komme sofort", versicherte ich ihm. Meiner Familie sagte ich nichts davon, da ich ahnte, daß mir eine interessante Begegnung bevorstehen würde.

Operation in einem brennenden Stall

Colonel Dale war vor allem durch seinen berühmten Jagdstall bekannt. Er arbeitete aber als Ausbilder beim First City Troop, dem hochmodernen Kavallerie Korps, dessen Reiter bei offiziellen Veranstaltungen in Philadelphia in ihren Originaluniformen von 1776 auftreten. Ich hatte schon viel von dem Landsitz des Colonels gehört, und er entsprach durchaus meinen Erwartungen. Es gab acht Ställe, einige alt, andere neu, dazu eine Wagen-Remise, die eine vornehme Kutsche mit Dach beherbergte, einen Landauer, einen eleganten Kremser sowie einen offenen Stanhope-Jagdwagen. Später stellte ich fest, daß jedes dieser Fahrzeuge in erstklassigem Zustand gehalten wurde. Jedes besaß auch sein eigenes Gespann von Wagenpferden oder auch mehrere. Ich erinnerte mich vor allem an ein zauberhaftes, über einer Quelle gebautes Häuschen mit grünen Fensterläden. Es stand unter einer riesigen Platane und hohlen Eiche von so gewaltigen Ausmaßen, daß sich Kinder in ihr ein Holzhaus zum Spielen hätten einrichten können. Ich fuhr an Feldern vorbei, auf denen der Mais reifte, um einen Teich, der schon fast so groß wie ein See war. In seiner Mitte befand sich eine kleine Insel, die sich ein Paar kanadische Gänse zu ihrem Heim erkoren hatten. Dann ging es an Weiden vorbei, auf denen Rinder und Pferde grasten, und an kleinen Holzhäusern, wo die Gutsangestellten wohnten. Schließlich erreichte ich die Ställe.

Der Colonel erwartet mich schon. Er war eine eindrucksvolle Erscheinung, mehr als 1,90 m groß, mit schneeweißem Haar und sprach, wie sich herausstellte, mit schrecklichem britischem Akzent. Er führte mich zu einer Box von etwa 6 m im Quadrat, in der der gewaltigste Hengst stand, der mir jemals begegnet war. Ich füllte zwei Aluminium-Eimer mit warmem Wasser und fügte etwas von einem Desinfektionsmittel hinzu. Als ich damit fertig war, rief der Colonel zwei Pfleger heran.

”Legt ihm die Oberlippenbremse an”, befahl er.

Die Männer verstanden ihr Handwerk, doch einige Augenblicke lang dachte ich, der Hengst würde siegen. Er kämpfte wie ein wildes Tier und schleuderte die Pfleger gegen die Boxenwände. Als es ihnen endlich geland, die Bremse über seine Nase zu bekommen und ihn zu halten, wandte sich der Colonel an mich.

”Glauben Sie, daß Sie ihn jetzt waschen können?” fragte er skeptisch.

"Ich habe nicht die Absicht, das auch nur zu versuchen, ohne ihm vorher eine Beruhigungsspritze zu geben," erwiderte ich.

Der Colonel meinte, daß das schon seit Jahren niemandem gelungen sei. Er beobachtete mich genau, während ich eine Spritze mit einer besonders kleinen, scharfen Nadel auswählte. Als ich sie aufzog, sagte Colonel Dale grob: "In dem Augenblick, wo er den Stich der Nadel fühlt, wird er durchdrehen, und die Männer können ihn dann nicht mehr halten. Ich hoffe, Sie wissen, was Sie tun."

Eines der Dinge, die ich von Dr. Charles gelernt habe, war, eine Spritze anzusetzen, wie es eben oft bei temperamentvollen Rennpferden nötig ist. Er war darin ein ausgesprochener Experte.

Als die Spritze fertig war, ging ich langsam hinüber zu dem Hengst, während die Stalleute an seinem Kopf hingen, er mit den Hufen ausschlug und das Weiße in seinen Augen sichtbar wurde. Ich redete mit ihm und klopfte ihm den Hals, bis er sich etwas beruhigt hatte. Ich hatte meinen Zeigefinger besonders gut gewaschen und drückte ihn nach und nach mehr auf einen Nerv am Hals, um ihn gefühllos zu machen. Dann stach ich mit der allerdünnsten Nadel unter meinem Finger zu. Er fühlte überhaupt nichts. Ich drückte einen Kubikzentimeter, dann zwei und wagte nicht, dabei zu atmen, bis ich fühlen konnte, wie er sich zu entspannen begann. Dann zog ich die Nadel wieder heraus und dankte dem Himmel, daß sie dabei nicht abbrach, was manchmal vorkommt, ganz gleich, wie sorgfältig man arbeitet. Nach einigen Minuten konnte ich den Hengst ohne Schwierigkeiten reinigen. Als ich ging, sagte Colonel Dale: "Mein eigener Tierarzt hätte das niemals zustande gebracht. Vielleicht ist er für diese Art von Arbeit auch schon zu alt. Würden Sie seine Aufgaben übernehmen?"

Es ist eine heikle moralische Frage, ob man das Recht hat, einen anderen Tierarzt abzulösen. Auf diesem Gebiet sind die ethischen Maßstäbe sehr streng. Dieses war das einzige Mal, daß ich so dicht davor stand, den strengen Codex zu verletzen, doch obwohl ich den Posten dringend nötig hatte, hätte ich ihn nie übernommen, ohne wenigstens mit dem vorherigen Veterinär gesprochen zu haben, wenn nicht der Zufall einige Wochen später seine Hand im Spiel gehabt hätte.

Wenn der Colonel mir auch erklärt hatte, er wolle mich als seinen Tierarzt haben, kam der bisherige Veterinär nach wie vor zu den Ställen. Colonel Dale konnte es nicht übers Herz bringen, ihm zu sagen, er würde nicht länger gebraucht, und ich war froh, daß er es nicht tat. Der alte Mann hätte das nicht ertragen. Zu dieser Zeit hatte der Colonel eine kanadische Stute mit ihrem Fohlen in Pension. Die Stute hatte in Kanada gefohlt, und ihr Besitzer wollte sie sofort wieder decken lassen. Wenn eine Stute ein Fohlen bekommen hat, wird sie zwischen dem neunten und zwölften Tage danach wieder rossig und kann in dieser Zeit wieder gedeckt werden. Ich persönlich halte das für ein zu großes Risiko. Die Stute ist normalerweise zu geschwächt, um so schnell wieder mit Erfolg aufzunehmen. Der Besitzer dieser Stute hatte sie aber mit ihrem eben geborenen Fohlen zu den Dale-Ställen gebracht, weil der Colonel diesen berühmten Hengst besaß. Das Fohlen saugte natürlich noch und brauchte seine Mutter. Wie sich herausstellte, hatte es die lange Reise nicht gut überstanden und eine Lungenentzündung bekommen. Statt also zwei Fohlen zu bekommen, hatte der Kanadier die beste Aussicht, am Ende keines zu haben - das erste, weil es an einer Lungenentzündung sterben, das andere, weil die Stute nach dem übereilten zweiten Decken nicht aufnehmen würde.

Colonel Dales alter Veterinär hatte das Fohlen untersucht und gemeint, der Fall wäre hoffnungslos. So ließ der Colonel mich kommen, augenscheinlich als letzte Chance.

Jung, wie ich war, wußte ich doch, daß ich es - genau genommen - hätte ablehnen sollen, den Patienten eines anderen Arztes zu behandeln. Zufällig hatte ich aber erfahren, daß dieser Doktor einige verächtliche Bemerkungen über diesen "weiblichen sogenannten Tierarzt" gemacht hatte, und ich konnte der Versuchung nicht widerstehen, herauszufinden, ob es nicht doch zu schaffen sei.

Als ich zu den Dale-Ställen kam, lag das Stutfohlen auf der Seite und atmete schwer. Es hatte eine Temperatur von 40 Grad, und ich neigte dazu, meinem Rivalen recht zu geben; der Fall war hoffnungslos. Es gab jedoch neue Medikamente und neue Verfahren, die der alte Mann - dessen war ich mir sicher - noch nicht angewendet hatte. Ich beschloß, alles zu versuchen.

Das Fohlen litt unter starker Austrocknung und hatte keine Kraftreserven. Es war so schwach, daß es mehrere Tage lang nicht saugen konnte und nun halb verhungert war. Ich begann damit, der kleinen Stute Flüssigkeit und ein neues Antibioticum zu injizieren. Als es etwas kräftiger schien, spritzte ich noch B-12, damals eine der neuen "Wunderdrogen", die erste Erfolge verzeichnete. Ich arbeitete drei volle Stunden, bis das Fohlen taumelnd wieder auf die Beine kam und begann, bei seiner Mutter zu saugen. Das war einer der stolzesten Augenblicke meines Lebens.

Als ich am nächsten Morgen wiederkam, war das Fieber gefallen, und dem Fohlen ging es prächtig. Colonel Dale war entzückt, machte sich aber auch Sorgen, daß sein alter Doktor zurückkehren und mich hier finden könnte.

"Wenn er kommt, ziehen Sie doch bitte Ihren Kittel aus und verstecken Sie Ihren Arztkoffer. Dann kann ich sagen, Sie seien nur ein Besucher", bat er. Mir gefiel das überhaupt nicht, aber der Colonel fügte noch hinzu: "Ich möchte den alten Herrn nicht gern verletzen." Das war etwas anderes, und ich war einverstanden. Colonel Dale hielt sein Wort und verpflichtete mich als seinen ständigen Tierarzt, obwohl er den alten Mann noch gelegentlich kommen ließ. Nur ein einziges Mal erschien er zur gleichen Zeit wie ich, und mir blieben nur wenige Minuten, meinen Koffer zu verstecken und mich umzuziehen. Zum Glück ging er bald danach in Pension, was aber für mich keine Änderung bedeutete, da ich während der nächsten 20 Jahre mindestens einmal täglich die Dale-Ställe besuchte.

Trotz all meiner Schwierigkeiten fand ich es herrlich, von Büchern und Forschungsarbeit wegzukommen und wieder mit lebendigen Tieren zu arbeiten. Ich war nie ein Büchermensch und haßte die lange Zeit des Studiums mit all seiner Theorie, ich wollte die Praxis. Aber ich genoß es auch von ganzem Herzen, durch die liebliche, geschichtsträchtige Landschaft zu fahren.

In der Nähe der Eisenbahnstrecke zwischen Malvern und Frazer liegt ein einsamer kleiner Friedhof, an dem ich oft vorüberkam. 1832 gab es in diesem Landstrich eine Cholera-Epidemie, der einige irische Arbeiter zum Opfer fielen, die die Geleise für die neue Bahnstrecke legten. Der einzige erreichbare Arzt war der Schmied des Ortes, der behauptete, er wüßte etwas von Heilkräutern. Da die Iren Katholiken waren, kamen einige Nonnen mit der Postkutsche aus Philadelphia, um sie zu pflegen. Trotz all ihrer Bemühungen und trotz der guten Absichten des Schmieds starben 57 dieser Einwanderer und wurden in einem eilig angelegten kleinen Kirchhof beigesetzt, den ihre Freunde mit einer niedrigen Steinmauer umgaben. Da die Nonnen keine Kutscher fanden, die sie wieder zur Stadt mitnehmen konnten, machten sie den langen Weg zu Fuß, aber da sie katholisch waren, wollte ihnen niemand Quartier geben, geschweige denn etwas zu essen und nichts als Wasser zum Trinken. Es ist kaum zu glauben, daß es vor wenig mehr als hundert Jahren noch derartige Vorurteile oder Grausamkeiten gegeben hat. Daran denke ich jedes Mal, wenn ich an dem kleinen, vergessenen Friedhof vorbeikomme. Die meisten Erinnerungen sind aber sehr viel erfreulicher; die alte Kirche von St. Peter, 1744 ursprünglich als Holzhaus gebaut; das achteckige Schulhaus an der Kreuzung von Diamond Rock und Yellow Spring Road, das 1616 von deutschen und wallisischen Siedlern gebaut wurde; dann die Fahrt an den beiden Flüßchen Brandywine und Crum Creek. Die Lebensbaum-Hecken, die hohen Pyramiden-Pappeln, der Besuch verschiedener Ställe, die oft alte, umgebaute Kuhställe waren, die Unterhaltungen mit Farmern, die sich noch daran erinnerten, wie sie alles, was sie brauchten, mit Ochsenwagen von der Eisenbahn bei Trenton abholten. Es war noch immer schwer, die Leute davon zu überzeugen, daß auch eine Frau als Tierarzt arbeiten konnte, vor allem als "Pferde-Doktor", aber nach und nach akzeptierte man mich doch. Man holte mich nicht nur, weil kein Mann zur Verfügung stand, sondern weil sie Vertrauen zu mir hatten. Manchmal gelang mir - teilweise mit sehr viel Glück - eine wirklich überraschende Diagnose. So wurde ich einmal von dem völlig verzweifelten Besitzer eines Zuchtstalles gerufen. Seine Stuten verfohlten alle, und keiner wußte, warum. Er hatte mehrere Tierärzte gehabt, aber keiner konnte die Ursache finden. Ich war wirklich seine letzte Hoffnung.

116

Ich hatte schon immer eine gute Nase, und als ich den Stall betrat, kam mir der Modergeruch entgegen, er war überall, und ich fand schließlich faules Stroh in den Boxen. Obwohl die Krippen alle voll mit erstklassigem Heu waren, fraßen die Stuten doch genug von ihrer Streu, um sie verfohlen zu lassen. Der Mann wurde eine lebende Reklame für Dr. Lose. "Sie muß nicht einmal Bluttests machen oder die Stuten untersuchen", pflegte er einer Gruppe von beeindruckten Zuhörern zu versichern. "Hat sich bloß mal umgesehen und gleich gesagt, was los war." Ich wünschte nur, so etwas wäre mir häufiger möglich!

Als meine Praxis immer umfangreicher wurde, brauchte ich einen Assistenten. Es gingen eine Fülle von Bewerbungen ein, ich entdeckte aber bald, daß es sehr schwierig war, einen guten Helfer ausfindig zu machen. Guter Wille allein reicht nicht aus. Der Assistent muß das Bedürfnis haben, etwas zu lernen, aber in einer Notfallsituation auch in der Lage sein, schnell zu denken. Er muß ein gutes Gedächtnis besitzen, Mut und ein gewisses Maß an körperlicher Kraft. Schließlich, und das ist vielleicht das Wichtigste, darf ein Assistent niemals müde sein, ebensowenig wie der Arzt. Von beiden wird erwartet, daß sie unter Umständen 48 Stunden hintereinander ohne Ruhepause im Einsatz sind, lange Strecken im schlimmsten Wetter fahren und oft auch weit über Land marschieren, wenn das kranke Tier draußen auf der Weide ist.

Nach langer Suche engagierte ich ein Mädchen namens Barbara Miller. Sie stammte aus Schottland und hatte bei britischen Tierärzten gearbeitet. Sie erwies sich als sehr tüchtig und hatte keine Angst vor Tieren.

An dieser Stelle muß ich erklären, daß ich als junges Mädchen drei Tage in der Woche mit den Radnor Foxhounds Jagden geritten bin. Eine meiner Heldinnen auf diesen Jagden war Mrs. Jean DuPont. Sie war eine verwegene, aber nicht leichtsinnige Reiterin, eine Dame, die an gesellschaftliche Formen glaubte, immer im Damensattel ritt und von zwei Jagdhelfern begleitet wurde, die in einheitliches Braun gekleidet waren und Tweedmützen trugen. Damals, das heißt gegen Ende der vierziger Jahre, nahmen viele Leute ihre Pferdepfleger mit, die ihnen die Gatter öffneten und auch im Falle von Stürzen, die im Radnor-Gelände ziemlich häufig vorkamen und gefährlich ausgehen konnten, zur Stelle waren. Heute sieht man das alles nicht mehr, aber damals war es selbstverständlich.

Ich war fünfzehn Jahre alt und hatte keine Pfleger als Begleitung. Mrs. DuPont gehörte daher meine uneingeschränkte Hochachtung. Mir war bekannt, daß ihre Ställe internationalen Ruf genossen. Sie lebte auf einem herrlichen Anwesen in der Nähe von Newton Square, das in jener Zeit das Zentrum der Pferdezucht war. Sie war vor allem wegen ihrer Welsh Ponys bekannt, die sie sich aus allen Teilen der Welt kommen ließ. Dabei wählte sie aber nur die vom Material, ihren Anlagen und ihrem Charakter her allerbesten aus.

Sie besaß über hundert Ponys, außerdem aber auch eine der wohl schönsten

Sammlungen von Wagen, die auf dem Dachboden eines ihrer großen Ställe untergebracht waren und noch heute dort stehen. Einmal erhielt ich die Erlaubnis, sie mir anzusehen. Jeder einzelne wurde in erstklassigem Zustand gehalten, die Messingbeschläge glänzten, das Leder war geölt und alle Holzteile gestrichen und lackiert. Mit einem Ponygespann vor einem dieser Wagen kutschierte Mrs. DuPont oft über den weitläufigen Landsitz. Gespanne und Wagen stellte sie regelmäßig auf dem Devon Turnier vor, wo alle möglichen Gespannfahrzeuge gezeigt werden, von den Heuwagen der Farmer bis zu eleganten Phaetons, Einspänner, Landauer, Kremser, vornehme Kutschen und Jagdwagen. Mrs. DuPont besaß auch mehrere Schlitten, die mit Glöckchen versehen waren. Mit ihnen fuhr sie im Winter, wenn genügend Schnee lag, über ihren Besitz. Für mich war sie jedenfalls der Inbegriff all dessen, was in der Welt der Pferde elegant und wissenswert war.

Der Eindruck, den diese große Dame auf mich machte, war viel zu gewaltig, als daß ich sie jemals von mir aus angesprochen hätte. Trotzdem muß Mrs. DuPont meine kindliche Bewunderung gespürt haben, denn sie kam immer wieder aus dem Jagdfeld heraus zu mir, unterhielt sich mit mir und kannte meinen Namen. Eines Tages beeindruckte sie mich ganz besonders. Die Hunde hatten die Spur verloren, dann aber wiedergefunden. Mit lautem Gebell und der Nase am Boden stürmten sie davon, hinter ihnen der Master, der die Signale auf seinem Jagdhorn blies. Stets dem Master zu folgen, ist eine der Grundregeln auf einer Fuchsjagd.

Aber Mrs. DuPont betrachtete nachdenklich ein oder zwei Minuten das Gelände, dann wendete sie in plötzlichem Entschluß ihr Pferd und ritt in einer anderen Richtung davon, die Stalleute hinter ihr her. Nach kurzem Zögern ritt ich ihr nach. Es war das einzige Mal, daß ich den Master ignorierte, aber ich war mir sicher, daß Mrs. DuPont richtig entschieden hatte.

Es war ein schrecklicher Ritt; Zäune, Gräben, Hecken und Wald. Mrs. DuPont nahm mit ihrem großrahmigen Hunter spielend jedes Hindernis, aber ich hatte es auf meiner kleinen Stute sehr viel schwerer. Endlich parierte Mrs. DuPont durch. Wir standen auf einem kleinen Hügel, und unter uns rannte der Fuchs um sein Leben, die Hunde mit Abstand hinter ihm. Irgendwie hatte sie genau gewußt, welche Richtung er einschlagen würde. Die Meute hatte das Jagdfeld weiter hinter sich gelassen, und wir waren die einzigen Reiter auf weiter Flur. Den Fuchs ereilte sein Schicksal in wenigen Minuten, und wir hatten die Ehre, als erste dazusein. Ich fühlte mich sehr stolz. Mrs. DuPont hatte bewiesen, daß sie wie ein Fuchs denken konnte, und das ist nicht gerade einfach.

Nachdem ich meine Zulassung als Tierarzt erhalten und einige Jahre praktische Erfahrung hinter mir hatte, besaß ich genügend Sicherheit und Vertrauen in meine Fähigkeiten. Aber ich hätte niemals auch nur davon zu träumen gewagt, daß man mich zur Behandlung eines DuPont-Pferdes rufen könnte. Nur die bekanntesten Veterinäre durften damit rechnen. Dann läutete an einem Sonntagmorgen das Telefon.

Ich seufzte und nahm den Hörer ab. Barbara stand unwillig auf und fing an, das Notwendige bereitzulegen.

Es war eine männliche Stimme: "Ich bin der Stallmeister der DuPont-Ställe," informierte er mich. "Wir haben einen schweren Fall, ein großer Vollblut-Jährling, der gestern früh gelegt wurde, blutet stark. Ich weiß nicht, ob ihn überhaupt noch jemand retten kann. Aber, bitte, kommen Sie sofort."

"Wo ist denn Ihr eigener Tierarzt, der ihn kastriert hat?" wollte ich wissen. Nach meiner Erfahrung mit Colonel Dales altem Veterinär hatte ich mir geschworen, ethische Grundsätze peinlich genau zu beachten.

"Er ist sofort nach dem Kastrieren übers Wochenende weggefahren, und seine Frau kann uns an niemand verweisen. Bitte machen Sie schnell, der Jährling ist schon fast tot."

"Bin schon unterwegs."

Der Landsitz der DuPonts war mir sehr vertraut, ich kannte den Weg von früheren Fahrten. Wir erreichten ein pompöses Tor und folgten einer meilenlangen Auffahrt, die von Ahornbäumen gesäumt war. Auf einem See schwamm eine Schar kanadischer Gänse, dann begleiteten uns weitläufige Weiden, alle von gepflegten weißen Holzzäunen begrenzt. Endlich erreichten wir die Ställe, die sauberer gehalten wurden als die meisten Wohnhäuser. Der Vormann erwartete uns schon ungeduldig und brachte uns sofort zu der Box, wo der arme Jährling lag.

Es war ein großer Brauner, in Schweiß gebadet und mit furchtsamen, blutunterlaufenen Augen. Bei ihm waren fünf Pfleger, die sich bemühten, ihn ruhig zu halten.

Aber er ging schon im Kreis, mechanisch, wie in einer Tretmühle. Vor Schmerzen hatte er keine Kontrolle mehr über sich. Ein Blutstrom, so dick wie ein Bleistift, drang aus seinen Geschlechtsteilen, und die Box sah aus wie ein Schlachthaus.

Ich bin immer Optimist, wenn ich es mit einem kranken Tier zu tun habe, und setzte es auch hier als selbstverständlich voraus, daß mein Patient überleben würde. Doch ich sollte hier einen der seltenen Fälle erleben, wo mich tiefe Verzweiflung erfüllte.

"Bringen Sie mir einen Eimer mit warmem Wasser - schnell", bat ich einen der Stalleute, während Barbara zum Wagen zurückrannte, um die notwendigen Instrumente zu holen. Ich gab dem Tier eine Beruhigungsspritze und ein Gerinnungsmittel, um die Blutung unter Kontrolle zu bekommen. Aber ich erkannte, daß ich schnellstens beginnen und die offene Ader abbinden mußte, was ich wiederum nicht wagte, bevor ich mir nicht die Hände gewaschen hatte und für eine Operation absolut sauber war. Sonst würde ich mit Sicherheit die Wunde infizieren.

Ich wusch mich, so schnell ich konnte, während ich darauf wartete, daß die Beruhigungsspritze Wirkung zeigte. Es war schrecklich, so hilflos dazustehen und beobachten zu müssen, wie dieses herrliche Tier verblutete. Aber ich konnte nichts tun, bevor ich nicht sauber war und er aufgehört hatte, herumzulaufen. Die Männer konnten ihn nicht halten; das hatten sie inzwischen herausgefunden. Endlich gelang es mir, die Blutstillung am Samenstrang durchzuführen.

Es waren die Reste des Stranges und der Scheidenhaut, der Innenseite des Hodensacks, von der die Blutung ausging. Ein Pferd kann diese Gewebe einziehen; hätte der Jährling das getan, hätte es praktisch keine Möglichkeit mehr gegeben, diese Teile zu erreichen und die Abklemmung vorzunehmen. Ich bewegte mich langsam, sprach ruhig zu ihm und näherte mich allmählich der kritischen Stelle. Endlich blieb er stehen, mit hängendem Kopf, und ich konnte die Klemme anbringen. Augenblicklich hörte die Blutung auf, so plötzlich wie Wasser, wenn man den Hahn zudreht. Zum ersten Mal regte sich in mir so etwas wie Hoffnung.

Mit Catgut nähte ich das offene Gefäß, dann untersuchte ich ihn kurz. Seine Schleimhautschicht war fast weiß, da er so viel Blut verloren hatte.

"Bring mir die intravenösen Spritzen mit dem Flüssigkeitsersatz", bat ich Barbara.

"Hier sind sie schon", antwortete sie.

Während die Flüssigkeit in die Adern des gequälten Tieres rann, entfernte ich die Reste der großen Membran mit einem Skalpell. Danach faltete ich mehrere Meter einer Mullbinde, stopfte diesen Tampon in die Wunde und befestigte ihn mit einigen Stichen. Anschließend bekam mein Patient eine Injektion Antibiotika, und ich sah mir nochmals das Zahnfleisch an; es wurde langsam wieder rosa. Die Pfleger wußten, was das bedeutete, und freuten sich mit mir.

"Sehen Sie jede Stunde nach, ob die Blutung nicht wieder anfängt", riet ich ihnen. "Und halten Sie ihn sehr ruhig. Führen Sie keine anderen Pferde vorbei. In einigen Stunden bin ich wieder da."

Eine ganz natürliche Farbe blieb: Warum hatte Mrs. DuPonts regulärer Veterinär, ein äußerst tüchtiger und erfahrener Mann, einen derartigen Fehler gemacht? Er hatte eine Operation vorgenommen, die gewöhnlich als Routineangelegenheit beurteilt wird, war dann für ein Wochenende weggefahren, ohne sich darum zu kümmern, ob es vielleicht Komplikationen gab oder ob gerade dieses Tier auf die Operation anders reagiert hatte als die meisten Pferde. In neun von zehn Fällen wäre es eine sichere Angelegenheit gewesen, aber in der Medizin muß man bei jedem Fall individuelle Besonderheiten und Unvorhergesehenes miteinkalkulieren. Ich habe mich immer bemüht, das zu beachten.

Als wir am folgenden Tage wiederkamen, war Dean, der Vormann, zur Begrüßung da. Dem Jährling ging es gut, besser, als ich erwartet hatte. Nach einer weiteren Injektion wollten wir uns gerade verabschieden, als der Vormann sagte: "Mrs. DuPont sähe es gern, wenn Sie ihre Ställe als regulärer Tierarzt übernähmen. Nein, warten Sie noch eine Minute", fügte er hinzu, als er sah, daß ich abwehren wollte. "Es ist nicht nur wegen dieses Falles. Sie hat schon seit einiger Zeit die Absicht, den Tierarzt zu wechseln." Dann erzählte er mir, daß der andere Veterinär unter seelischen Problemen litt, die es ihm erschwerten zu praktizieren. Davon hatte ich schon gehört. Dankbar nahm ich daher diesen Posten an.

Was ich immer als mein schrecklichstes Erlebnis empfunden habe, geschah ausgerechnet bei den DuPonts. Ich hoffe von Herzen, daß mir ein solcher Alptraum in Zukunft erspart bleibt. Mrs. DuPont hatte sich aus Kalifornien eine Stute kommen lassen, sie war tragend, und die Reise war zuviel für sie gewesen. Die Geburt hatte schon begonnen, aber die Stute konnte das Fohlen nicht zur Welt bringen. So wurden Barbara und ich geholt. Es war schon Abend, als wir losfuhren, es dämmerte, Wind kam auf, und ich wußte, daß sich ein schweres Gewitter zusammenbraute.

Der Vormann eilte mit uns zum Stall, als sich die Gewitterwolken über der Ahornallee türmten. Zwei Stalleute standen neben der Stute, die am Boden lag. "Wir haben versucht, sie stehen zu lassen, Doktor, aber es hatte keinen Zweck", erläuterte der Vormann. Kopf und Hals des Fohlens drängten schon aus dem Geburtsweg, und es bedurfte nur eines kurzen Blickes, um festzustellen, daß es tot war, und zwar schon seit einiger Zeit. Das Gewebe hatte bereits begonnen, sich zu verändern, und der kleine Körper war kalt. Ich untersuchte sorgfältig seine Lage und fand, daß es fest im Leib der Mutter verkeilt war. Die Schultern drückten gegen den Beckenrand, und die Beine waren nach hinten abgewinkelt. Wenn Kopf und Hals eines Fohlens schon draußen sind, ist die Situation sehr ernst. Sie müssen in den Körper der Stute zurückgedrückt werden, damit man die Vorderbeine fassen, sie strecken und dann ziehen kann. Unter diesen Umständen ist es aber schwierig, das Leben der Stute zu retten.

"Soll ich das "Unaussprechliche" holen?" fragte Barbara. Das "Unaussprechliche" war eine Kiste mit Instrumenten, die ich nur in Fällen von extremer Verlagerung benutzte, das heißt bei schwierigen Geburten. Solche Instrumente dienen nur als letzte Zuflucht und sehen eher aus wie Werkzeuge der mittelalterlichen Inquisition als die moderner Ärzte. Ich bin mir bewußt, daß es unwissenschaftlich und fast kindlich klingt, aber Barbara und ich gaben nur ungern zu, daß diese Kiste existierte. Daher auch der Spitzname. Das Fohlen mußte zerschnitten werden.

"Ja, und auch noch einige Infusions-Flaschen," bat ich sie. Während ihrer Abwesenheit gab ich der Stute eine Antibiotika-Injektion und ein Beruhigungsmittel. Dann maß ich ihre Temperatur: 40 Grad, also sehr hoch!

Die Stute hatte die Augen verdreht und war so erschöpft von den Anstrengungen der Geburt, daß sie sich kaum bewegen konnte. Ich bat die Stalleute, mir Eimer mit heißem Wasser zu füllen, öffnete die "unaussprechliche" Kiste, die Barbara hereingebracht hatte, und entnahm ihr eine Drahtsäge, Ketten, eine Sammlung von Spezialmessern und einen Haken. Inzwischen hatte Barbara bei der Stute schon eine Spritze angesetzt und gab die ersten intravenösen Injektionen.

Draußen wurde der Wind immer stärker, und Blitze ließen jede Einzelheit der Box in so deutlichen Konturen erkennen, als seien sie aus Goldfiligran. Das Donnergrollen kam näher und wurde immer lauter.

Die Gebärmutter der Stute war so ausgetrocknet, daß ich Paraffinöl spritzen mußte, um das tote Fohlen gleitfähig zu machen und dann den Leichnam zurück in die Mutter schieben zu können. Ich machte den Versuch, die Vorderbeine zu packen, aber sie waren so weit zurückgewinkelt, daß ich sie nicht erreichen konnte. Schließlich mußte ich mit beiden Armen in die Stute, mit einem geflochtenen Draht, der wie eine Säge schneidet, wenn er hin- und herbewegt wird. Um die Gebärmutter der Stute zu schützen, mußte der Draht durch ein Röhrchen laufen bis dahin, wo er Kontakt mit dem Fohlen bekam. Dann schraubte ich Handgriffe an die Enden des Drahtes. Das Fohlen mußte ich im Körper der Mutter unterbringen und es dann Stück für Stück entfernen. Es war eine gräßliche Arbeit, aber es gab keinen anderen Weg.

Jetzt brach der Sturm los, ein Sturm, wie ich ihn nie vorher und nie seitdem erlebt habe. Die Blitze schienen mitten im Raum zu explodieren, und die Erschütterung der Donnerschläge war geradezu betäubend. Ich habe keine Angst vor Donner und Blitz, aber dies war, als sei man im Zentrum des Gewittersturms. Nur zwischen den Donnerschlägen konnte ich Barbara Anweisungen zurufen. Um uns herum knisterte die Elektrizität, man konnte den Ozon riechen. Die Blitze waren so grell, daß sie die Box in unheimliches Licht tauchten, als ob riesige, gelbe Scheinwerfer ständig an- und abgeschaltet würden, wenige Meter von der Stelle, wo wir an der Arbeit waren. Jedem Aufblitzen folgte unmittelbar danach der lähmende Donnerschlag, als ob hundert Kanonen zur gleichen Zeit abgeschossen würden. Dann setzte dumpfes Grollen ein, dessen Widerhall das Gebäude erzittern ließ.

Unter gewöhnlichen Umständen hätte ich in einem Keller oder einem anderen geschützten Ort Zuflucht gesucht, nicht aus panischer Angst, sondern aus Vernunft. Wir konnten aber die Stute nicht verlassen. Die Infusionen mußten im Gange bleiben, und ich hatte das Fohlen herauszuholen. Ein Teil des Körpers war draußen und ließ mir etwas mehr Platz zum Arbeiten. Ich schob die Kette über die Fessel des Fohlens. Manche Tierärzte benutzen für diesen Zweck ein Seil, aber eine Kette rutscht weniger und hält den Zug besser aus.

Ich war immer noch damit beschäftigt, die Kette an die richtige Stelle zu bringen, als es erneut blitzte, noch näher und noch blendender als zuvor, und der folgende Donnerschlag betäubte mich fast. Plötzlich gingen alle Lichter aus.

"Schnell eine Taschenlampe!" rief ich Barbara zu. Meine beiden Arme waren noch immer tief in der Stute und taub von Druck und ungenügender Blutversorgung.

"Ich wage es nicht, mit den Infusionen aufzuhören", rief sie zurück.

"Übergib an einen der Pfleger und renne zum Wagen."

Sie stürzte aus dem Stall, während ich mit tastenden Fingern weiterarbeitete. Dann erblickte ich durch das Fenster der Box etwas, das aussah wie eine Nachwirkung des Blitzes. Ein gelbes Glühen, das, statt sich abzuschwächen, immer stärker wurde. Zuerst dachte ich, mit meinen Augen wäre etwas nicht in Ordnung. Das intensive, grelle Licht des Blitzes hatte mir vorübergehend die Unterscheidungsfähigkeit im Sehen genommen. Aber der Schein wurde intensiver, und plötzlich nahm ich Brandgeruch wahr. Der Stall mußte vom Blitz getroffen worden sein!

Ich sah den Strahl der Taschenlampe wie einen Leuchtstab hin- und hertanzen, als Barbara die Stallgasse herunterrannte. Der Stall war voller Pferde. Wir würden die Stute ihrem Schicksal überlassen und versuchen müssen, sie alle ins Freie zu bekommen.

"Der Nebenstall ist getroffen worden", keuchte Barbara. "Das ganze Gebäude steht in Flammen. Ich kann die Rinder drinnen schreien hören."

"Laß die Taschenlampe hier, und versuche, ob du ihnen helfen kannst", sagte ich zu ihr, immer noch bemüht, die Kette an die richtige Stelle zu bringen.

Barbara rannte hinaus. Jetzt konnte auch ich das Schreien der erschreckten Tiere hören und das Knistern der Flammen. Die Taschenlampe brauchte ich nicht mehr, da das Feuer die Box hell erleuchtete. Endlich rutschte die Kette dahin, wo ich sie haben wollte, und ich versuchte sanft, die Reste des Fohlens herauszuziehen. Sie ließen sich nicht bewegen. Deshalb nahm ich den Haken, schob ihn vorsichtig in den Körper der Stute und zog. Heute würde ich ein totes Fohlen nicht mehr auf diese Weise herausholen. Die Stute würde in meiner Klinik einen Kaiserschnitt bekommen. Das ist zwar eine schwierige und bis zu einem gewissen Grade auch gefährliche Operation, aber nichts im Vergleich zu dem, was ich hier hinter mir hatte. Selbst wenn der Körper des Fohlens ohne Komplikationen entfernt werden konnte, erweist sich der Schock für die Stute oft als tödlich oder schädigt ihre Fortpflanzungsfähigkeit für immer.

Schließlich brauchte ich nur noch mit meinen Messern den Fötus Stück für Stück wegzuschneiden. Es war eine ekelhafte, blutige Arbeit. Der Boden sah wie ein Schlachtfeld aus. Als die Reste des Fohlens schließlich alle entfernt waren, kam ein Mann mit einer Taschenlampe. Er sah nur kurz hin und rief mit erstickter Stimme: "Oh mein Gott!" Ich dachte, er würde ohnmächtig.

„Machen Sie sich keine Sorgen, ich habe die Stute retten können", beruhigte ich ihn. "Helfen Sie mir, sie wieder auf die Beine zu bekommen."

Als wir sie hoch hatten, kam Barbara zurück. "Es sind zwar Leute am Stall, aber ich weiß nicht, ob sie das Vieh herausbekommen haben oder nicht. Die Hitze ist so stark, daß ich nicht dicht genug heran konnte", berichtete sie atemlos.

"Gib der Stute noch weitere intravenöse Injektionen, ich sehe mal selbst nach", sagte ich, obwohl ich keine Ahnung hatte, wieweit ich helfen konnte. Ich rannte hinaus in den Regen. Er kam in einer dichten Wand von Wasser herunter, die sich in Gischt auflöste, wo der Wind sie traf. Die Tropfen hatten die Größe von Kieselsteinen und schlugen so heftig auf den Boden auf, daß sie wieder abprallten. Der Fußweg zwischen den Ställen hatte sich in einen Strom verwandelt, der sich über meine Stiefel ergoß. Um den Stall herum kamen einige Männer auf mich zu, wie Silhouetten vor dem Hintergrund der Flammen.

"Haben Sie die Kühe herauslassen können?" rief ich gegen den Sturm.

"Sie sind von allein ausgebrochen", rief einer von ihnen zurück. "Jetzt brennen nur noch ein paar Tonnen Heu und Stroh."

Es war eine Katastrophe, aber wenigstens waren keine Tiere getötet worden. Ich ging zum Pferdestall zurück und behandelte mit Barbara noch die Stute, bis wir die Gewißheit hatten, daß sie außer Gefahr war. Fünf Stunden waren insgesamt vergangen.

Es machte mich zutiefst glücklich, daß die Stute sich wieder vollkommen erholte und später sogar noch einige gesunde Fohlen brachte.

Beim Zirkus

Mehrere Jahre lang war ich mit einem großen, blonden Mädchen mit blauen Augen befreundet, das Audrey Bostwick hieß. Ich kannte sie seit meiner Studienzeit. Unsere Klasse hatte die Ställe ihrer Eltern in Chestnut Hill besichtigt, außerhalb von Philadelphia. Das Anwesen hieß "The Monastery". Der Stall besaß Boxen für 20 oder 25 Pferde und wurde mit Recht als vorbildlich angesehen. Audreys Mutter hatte sich immer sehr gern mit Pferden beschäftigt und einige Hunter und schöne Gespannpferde gehalten. Audrey teilte das Interesse ihrer Mutter. Als unsere Klasse ankam, ging Audrey auf mich zu und begrüßte mich fröhlich: "Hallo! Sie werden sich wahrscheinlich nicht an mich erinnern, aber ich habe Sie auf Turnieren reiten sehen." Sofort kamen wir auf Pferde zu sprechen, während der Rest der Klasse die Ställe inspizierte.

Danach wurden Audrey und ich gute Freunde. Ihre Familie hatte immer gute Beziehungen zur Berittenen Polizei von Philadelphia gehabt, und durch Audrey lernte ich einige dieser Polizisten kennen. Unter ihnen vor allem Inspektor Charles Turner, der zu mir immer besonders freundlich war. Als die ständige Ausweitung des Stadtgebietes von Philadelphia schließlich auch "The Monastery" in Mitleidenschaft zog, verkauften es die Bostwicks an die Polizei, die die Ställe für ihre Dienstpferde benutzte. Nachdem ich wohlbestallter Tierarzt geworden war, kam ich gelegentlich vorbei, und Inspektor Turner fragte mich manchmal um Rat wegen seiner "Schlachtrösser", wie die Dienstpferde der Polizei in Erinnerung an die Zeiten der Kavallerie scherzhaft genannt wurden. Obwohl ich mich auf Pferde spezialisiert hatte, wußte er, daß ich für alle Tiere da war und alles anpacken würde, vom Geier mit erfrorenen Füßen bis zu einer Boa Constrictor, die sich ihren Bauch versengt hatte, als sie über einen Heizkörper kroch. Ich glaube, das hatte Eindruck auf ihn gemacht, weil viele Veterinäre keine exotischen Tiere anrühren wollen, da die Arbeit mit ihnen oft mit Gefahr verbunden ist. Der Geier biß mir z.B. ein Stück von einem Ohr ab. Manche Tierärzte wissen aber auch nicht, wie sie diese Tiere behandeln sollen. Auf mich traf beides nicht zu, ich tat, was in meinen Kräften stand.

Einige Tage nach der Behandlung der Stute bei den DuPonts erhielt ich einen Anruf von Audrey. "Was weißt du über Eisbären?" fragte sie.

"Soviel wie nichts", versicherte ich ihr, "außer daß sie groß und hinterhältig sind und daß ich hoffentlich nie etwas mit ihnen zu tun bekomme."

"Das ist jammerschade! Die Ringling Brothers und Barnum & Bailey gastieren nämlich in der Stadt und besitzen einen kranken Eisbären, der etwas an einer seiner Tatzen hat. Sie haben sich bei der Berittenen Polizei erkundigt, ob sie nicht einen Tierarzt hätten, der gefährliche Tiere behandeln würde, und Inspektor Turner hat dich empfohlen. Er rief bei mir an, weil er deine Nummer nicht hatte, und ich sagte ihm, du kämst sofort! Der Zirkus ist im Spectrum, und du sollst nach Ursula Böttcher fragen. Sie hat die Bären-Nummer. Auf Wiedersehen und viel Glück!"

Also packte ich alles, was ich brauchte, zusammen und machte mich auf den Weg zum Spectrum, nicht gerade glücklich über diesen Auftrag.

Ringling Brothers und Barnum & Bailey nehmen für sich in Anspruch, die "größte Schau der Welt" zu sein. In Wirklichkeit war sie zweimal so groß! Sie war so riesenhaft geworden, daß sie sich in zwei Schauveranstaltungen spaltete, die Blaue und die Rote. Eine gastiert im Osten, die andere im Westen. Sie wechseln sich jedes Jahr ab. Keine von ihnen arbeitet noch unter einem Zirkuszelt. Dafür gibt es mehrere Gründe. Der wichtigste ist die Schwierigkeit, am Stadtrand einen Platz zu finden, der groß genug wäre, das riesige Hauptzelt aufzustellen. Beide Schau-Einheiten reisen mit der Bahn, keine romantischen bunten Wagen mehr, von schweren Kaltblütern gezogen! Sie bleiben gewöhnlich mindestens eine Woche am jeweiligen Standort.

In Philadelphia spielt der Zirkus meist im Spectrum, einer der größten überdachten Arenen im Süden der Stadt. Entladen wird auf dem Großmarkt für Nahrungsmittel, der Nebengeleise besitzt, auf denen die vielen Tonnen Zirkusgut Platz haben. Die Artisten und das Personal werden dann mit Bussen zum Spectrum transportiert, die Tiere in Lastwagen, abgesehen von denen, die wie Elefanten oder Pferde ohne weiteres geführt werden können. Beim Zirkus sind etwa 200 Artisten beschäftigt, hinzu kommen ungefähr 150 Arbeiter wie Mechaniker, Monteure, Tierpfleger, Hilfsarbeiter usw. und über 200 Tiere. Daher wird die Transportfrage zu einem Problem. Der Zirkus ist aber so gut organisiert, daß sogar der deutsche Generalstab in den Tagen vor dem 1. Weltkrieg eine Gruppe von Offizieren herübergeschickt hatte. Sie sollten ein paar Wochen mit dem Zirkus reisen, um die Methoden zu studieren, mit denen man große Mengen von Menschen und Tieren leicht und schhnell über Land verfrachten kann. Damals waren Pferde und von Pferden gezogene Fahrzeuge noch die wichtigste Form militärischen Transports.

Der Zirkus hatte seinen eigenen Veterinär, den berühmten Dr. J.Y. Henderson, der seine Zeit zwischen den Roten und Blauen Einheiten teilte, aber auch dem Zoo in Venice, Florida, gelegentlich einen Besuch abstattete. Da Dr. Henderson kein junger Mann mehr war, strengte ihn dieses ständige Reisen naturgemäß ziemlich an. Er konnte auch nicht an drei Stellen zugleich sein. Das war der eigentliche Grund, warum man mich geholt hatte.

Ich fand zum Glück noch eine Lücke auf dem riesigen Parkgelände rings um das Spectrum und eilte mit Barbara hinüber zur Arena. Man erwartete mich schon, und einer der Pfleger, die für die Tiere verantwortlich waren, führte uns an den Käfigen vorbei bis zu den Eisbären. Dort traf ich Ursula Böttcher, die schon ungeduldig auf uns gewartet hatte. Von ihr hätte ich zu allerletzt erwartet, daß sie mit wilden Tieren arbeitete. Sie war klein, nur knapp 1,55 m groß, blond und wirkte sehr zart. Hinter ihr sah ich zehn Bären in ihren Käfigen, die sich in der eigenartigen, schwingenden Weise von Bären hin- und herbewegten. Einige von ihnen lahmten deutlich.

"Seit wann haben sie Beschwerden mit ihren Beinen?" fragte ich.

Und damit standen wir schon vor unserem ersten Problem. Wie sich herausstellte, war Ursula Deutsche und sprach kein Englisch. Ich selbst hatte das Deutsch, das ich im College gelernt hatte, weitgehend vergessen. Ursulas Mann war auch da, ein ruhiger, zurückhaltender Deutscher, der auch kein Englisch sprach. Offenbar gab es niemanden, der als Dolmetscher einspringen konnte. Was tun? Ich versuchte gerade, etwas von meinem Deutsch zusammenzuklauben, als eine sehr hübsche junge Frau in einem Federkostüm herankam. Sie trug dazu einen blauen Umhang mit rotem Seidenfutter und besaß die größten Augen, die ich je bei einem Menschen gesehen habe. Sie kam offensichtlich direkt aus der Manege und war auf dem Weg zu ihrer Garderobe.

"Sie nicht sprechen Deutsch?" fragte diese Erscheinung. "Ich bin Deutsche, Sie der Doktor, ja? Sie mir sagen, was Sie wollen sprechen, und ich mache es in Deutsch. Ich heiße Jeanette Williams."

Wie sich herausstellte, war Jeanette einer der großen Stars, die eine Gruppe von Lipizzaner Hengsten aus Wien zeigte. Wir sollten enge Freunde werden. Sie redete mit der aufgeregten Ursula und übersetzte dann in ihr seltsames, aber noch gerade verständliches Englisch.

"Eisbären machen sehr empfindlich und können nicht vertragen Sägemehl mit irgendeinem Öl besprüht", informierte sie mich ausführlich. "Oft ist das gemacht, um keinen Staub zu haben. Wir immer versuchen, nicht solche Sägemehl zu verwenden, aber manchmal macht sich Fehler, und wir bekommen falsches Sägemehl. Dann Bären bekommen wie ein Ekzem an ihre Pfoten. Sehen Sie mal." Sie zeigte auf die Füße des Bären, an denen ich große rote Wundstellen erkennen konnte.

Ich ging näher an den Käfig heran, um besser sehen zu können, aber Ursula packte mich und zog mich weg.

"Was ist los? Ihre Tatzen sind doch viel zu breit und können nicht durch das Gitter", meinte ich.

Ursula sprach schnell, und Jeanette erklärte: "Sie machen schlau genug, mit ihren Tatzen seitwärts zu drehen und schieben sich durch. Dann sie haken ihre Krallen in Ihre Kleider und ziehen Sie gegen Gitter, wo Sie haben. Das ist nicht gut."

Ich war völlig überzeugt davon. Aber wenn ich nicht dicht genug an die Bären herankam, wie sollte ich sie behandeln?

Das ist naturgemäß ein großes Problem bei der Behandlung fast aller wilden Tiere. Damals wußte ich es noch nicht, aber ich stand hier Tieren gegenüber, die die meisten Dompteure als die gefährlichsten und unberechenbarsten von allen ansehen, einschließlich der Großkatzen. Der Eisbär ist der zweitgrößte auf dem Lande lebende Fleischfresser der Welt und wird nur noch von dem riesigen Braunbären von Alaska übertroffen. Anders als andere Bären, die vorwiegend von Pflanzen leben, ist der Eisbär ein Jäger, der praktisch nichts anderes frißt als Fleisch. Ein großes, männliches Tier kann bis zu 1 800 Pfund wiegen, ist bis zu 2,75 m lang und besitzt eine Schulterhöhe von rund 1,55 m.

Meiner Ansicht nach ließen sich die Wundstellen am besten mit einem Cortison-Antibiotika-Gemisch behandeln. Die Frage war nur, wie das zu bewerkstelligen war.

"Wenn ich nun die Arznei auf Watte auftrage, diese an das Ende eines langen Stocks binde und sie so einreibe?" schlug ich vor.

Ursula schüttelte heftig den Kopf, als dieser Vorschlag übersetzt wurde. "Sie sagt nein", erklärte Jeanette. "Die Bären greifen nach dem Stock und fressen die Watte ab."

Plötzlich kam mir eine Idee. Ich ging zum Wagen und holte eine Spraydose, die ein Cortison-Gemisch enthielt. Aus sicherer Entfernung besprühte ich damit die wunden Stellen des Bären. An den nächsten beiden Tagen kam ich wieder und wiederholte die Behandlung. Innerhalb einer Woche waren die Beine wieder gesund.

Ganz gleich, wie beschäftigt sie war, Jeanette nahm sich immer die Zeit, um mir als Dolmetscher zu dienen, wenn es Tiere betraf. Diese Tierliebe war typisch für fast alle Zirkusleute, mit denen ich zusammengetroffen bin. Elvin, Jeanettes Mann, ließ die Arbeit liegen und half jedem, der in Schwierigkeiten war. Er war ein "Flieger", einer der besten Trapezkünstler der Welt, Engländer, immer sehr elegant gekleidet und einer der stattlichsten Männer, die mir je begegnet sind. Er war weltberühmt als Luftakrobat und ein notorischer Draufgänger.

Mit Jeanette als Übersetzerin lernte ich eine Menge über Bären. Sie sind besonders gefährlich und schwer zu trainieren, weil sich ihr Ausdruck niemals ändert und man nie weiß, was sie im Schilde führen. Ein weiteres Problem besteht darin, daß sie nicht zu bändigen sind, wenn sie einmal in Wut geraten. Es rührt sie nicht, wenn man vor ihrer Nase ein Gewehr abfeuert, aus einem Schlauch mit starkem Druck Wasser auf sie schießt oder mit einer langen, lodernden Fackel vor ihnen herumfuchtelt. Wenn man einen Bären mit einem Stuhl abzuwehren versucht, wie das bei einem Löwen möglich ist, nimmt einem der Bär vermutlich den Stuhl weg und schlägt sofort damit zu. Selbst die besten Dompteure werden nicht immer mit ihnen fertig. Andererseits lernen Eisbären schnell - wenn sie Lust haben. Es ist ihnen sogar beigebracht worden, flammende Fackeln zu tragen. Als Jäger sehen sie besser als andere Bären und haben auch einen längeren Hals, den sie überraschend weit strecken können, was dann an einen Schlangenhals erinnert. Sie besitzen vor allem ein hervorragendes Gedächtnis. William T. Hornaday, viele Jahre lang Direktor des Zoologischen Gartens von New York/ Bronx, berichtet von einem großen männlichen Eisbären, der von Booten aus gefangen wurde, als er von einer Eisscholle zur anderen schwamm. Deshalb ging er niemals mehr ins Wasser, selbst an den heißesten Tagen nicht.

Ursulas Arme und Körperseiten waren von Narben bedeckt, aber sie arbeitete völlig ohne Angst mit den Bären. In ihrer Nummer tanzte sie sogar mit einem Bären, der doppelt so groß war wie sie. Eine ganze Reihe von Anekdoten werden über sie erzählt. So riß einmal im Winterquartier während der Probe einer der Bären einen Teil des Käfigs los und lief in die Tribünen, wo gerade mehrere Zirkushelfer zusahen. Ein Zeuge dieses Ausbruchs erzählte mir: "So schnell habe ich noch niemals Leute in alle Richtungen davonrennen sehen, nicht einmal wenn ein Löwe oder Tiger los war." Ursula zögerte keinen Augenblick. Während ihr Mann die übrigen Bären im Käfig unter Kontrolle hielt, griff sich Ursula eine Mistschaufel, rannte auf die Tribüne und schlug den Bären so lange über den Kopf, bis er zum Käfig zurückkehrte. Er hätte sie mit Leichtigkeit töten können, sie hatte ihn nur geblufft.

Ursula erzählte mir, welche Schwierigkeiten es ihr machte, das Fell der Bären weiß zu halten. Ihr Pelz neigte dazu, grün zu werden. In der Hauptsache handelte es sich dabei um eine Frage der Diät. Sie brauchen bestimmte Sorten von Fisch und Brot. Die Käfige mußten peinlich sauber gehalten werden. Die Füße von Eisbären sind dicht behaart, um sie gegen die Kälte zu schützen und ihnen den Halt auf Eis zu erleichtern. Dies scheint einer der Gründe zu sein, warum die richtige Art von Sägemehl so wichtig ist, da die meisten Sorten ins Haar gelangen und Reizungen hervorrufen.

Wenn auch alle Zirkusleute sehr nett zu mir waren, so war es doch mehr die formelle Höflichkeit gegenüber einer Außenseiterin, der man in Wirklichkeit nicht trauen könnte. Aber nachdem Ursulas Bären wieder gesund geworden waren, kamen die Leute zu mir, begrüßten mich und halfen, wo sie nur konnten. Weder Barbara noch ich brauchten irgendetwas zu tragen, es gab immer ein halbes Dutzend Männer, die dazu bereit waren. Ich behandelte auch noch einige andere Tiere, vor allem Pferde, und nun sollte ich einen Elefanten verarzten!

Elefanten hatten mich von jeher fasziniert, obwohl ich noch keinem persönlich begegnet war. Die Schaunummer bestand aus sechzehn Elefanten, und der stärkste Bulle dieser Gruppe hatte sich am Bein eine böse Rißwunde zugezogen (im Zirkus nennt man alle Elefanten Bullen, obwohl es in Wahrheit alles weibliche Tiere sind). Man arbeitet heute vor allem mit indischen Elefanten, die sehr viel fügsamer sind als afrikanische. Diese sind größer, haben sehr viel größere Ohren und weitaus schwerere Elfenbeinzähne. Früher war es eine Sache des Prestiges und des Stolzes für jeden Zirkus, wenigstens einen afrikanischen Elefanten zu besitzen. Barnums berühmter Jumbo, wahrscheinlich der größte Elefant, der jemals vorgeführt wurde, hatte eine Schulterhöhe von 3,30 m und wog mehrere Tonnen. Er war überraschend sanft, und Kinder konnten auf seinem Rücken reiten. Der arme Jumbo wurde eines Nachts von einer Lokomotive getötet, als er die Eisenbahngeleise überschritt. Er war wohl in der Geschichte des Zirkus die größte Attraktion unter den Tieren.

Ein anderes deutsches Ehepaar arbeitete mit den Elefanten - aus irgendeinem Grund hatten viele Nummern mit wilden Tieren deutsche Dompteure. Dieser nun war Axel Gautier; er hatte eine Helferin namens Shad, eine große, kräftige Frau, sehr dunkelhäutig und daher ein auffallender Kontrast zu ihrem blonden Arbeitgeber. Ich hatte beide bei meinen früheren Besuchen mit den riesigen Tieren arbeiten sehen und war sehr beeindruckt von der Fürsorge, mit der sie ihre Schützlinge pflegten. Bei heißem Wetter spritzten sie sie sofort nach ihrem Auftreten in der Manege mit einem Schlauch ab und nahmen sich nicht einmal die Zeit, vorher ihre kunstvollen Kostüme abzulegen.

Axel führte mich zu meinem Patienten, der mit einem Vorder- und einem Hinterbein an Pfosten angekettet war. Er sprach den Elefanten in deutscher Sprache an, und der "Bulle" streckte seinen Rüssel aus und tastete mit der Spitze meinen Arbeits-Overall ab. Der Rüssel eines Elefanten ist sicherlich in der Tierwelt eine der merkwürdigsten, empfindlichsten und kompliziertesten Bildungen der Natur. Er besitzt ungeheure Kraft. Ein Schlag mit dem Rüssel kann mit Leichtigkeit einen Menschen oder sogar einen Löwen töten. Die Spitze aber ist so empfindlich und feinfühlend, daß ein Elefant damit einen Grashalm aufnehmen kann. Später erfuhr ich, daß die Klammern, die die Ketten um die Beine des Elefanten halten, einer besonderen Konstruktion bedürfen, so daß ein Mann beide Hände braucht, um sie zu lösen. Sonst könnten sie die Elefanten mit der Spitze ihres Rüssels öffnen. Elefanten können auch Wasserhähne aufdrehen, wann immer sie trinken wollen. Bis heute hat es allerdings noch kein Elefant gelernt, sie auch wieder zuzudrehen!

Die Wunde mußte genäht werden, was dem Elefanten natürlich Schmerzen bereiten würde. Außerdem würde die Elefantendame eine Antibiotika-Injektion bekommen müssen, was ihr sicherlich ebenfalls nicht behagen würde. Gewöhnliche Catgut-Nähte sind nicht stark genug, um die Wunde in ihrer dicken Haut zu schließen, und ich hatte keine Ahnung, welche Menge von Antibiotika für einen Elefanten in Frage kam.

"Sie heißt Bertha", informierte mich Axel und klopfte ihr den Rüssel. Bertha schwang ihn hin und her und sah mich unfreundlich mit ihren kleinen Augen an. Es war ganz klar: wenn sie nicht wollte, daß man sie mit Nadeln bearbeitete, gab es nichts in der Welt, womit Axel verhindern konnte, daß sie mich umbrachte. In diesem Augenblick hörte ich ein merkwürdiges, peitschendes Geräusch hinter mir, wie wenn viele Fächer zu gleicher Zeit in Gang gesetzt würden. Nur wenige Meter von mir entfernt marschierte eine Elefantengruppe vorbei, wobei jeder den Schwanz des Vordermanns mit seinem Rüssel hielt. Ihre gewaltigen gepolsterten Füße machten absolut kein Geräusch; das Zischen oder Peitschen kam von ihren wedelnden Ohren. Am Ende der Kolonne lief ein Elefanten-Baby, nicht viel größer als ein Pony, das sich weigerte, den Schwanz des vorangehenden Elefanten zu fassen, und das ärgerte den Tierpfleger. Alle Elefantenführer haben Stöcke von 1 m bis 1,20 m Länge bei sich, die am Ende einen etwa 5 cm langen Haken besitzen. Diese Haken sind das einzige Mittel, mit dem die Männer die gewaltigen Tiere unter Kontrolle halten. Wenn ein Elefant sich schlecht benimmt, faßte der Trainer mit dem Haken in einen zarten Teil seiner Anatomie, gewöhnlich in die Leistengegend, und zieht kurz an. Man kann es kaum glauben, daß die Haken wirklich nachhaltigen Eindruck machen, aber sie tun es. Um das Elefantenbaby zur Ordnung zu rufen, gab ihm der Tierpfleger einen leichten Rippenstoß mit dem Haken. Ohne sich überhaupt umzusehen, schlug der Kleine nach hinten und nach der Seite aus. Sein Fuß traf den Mann in den Bauch. Er knickte zusammen wie ein Klappmesser und flog über einen Stapel von Stützbalken, die dort lagerten. Langsam kam er wieder hoch und humpelte davon, immer noch vor Schmerzen gekrümmt.

"Können alle Elefanten so zuschlagen?" fragte ich Axel. Bertha hatte die Rißwunde an ihrem rechten Vorderbein, einer erstklassigen Stelle, um von dort aus einen Schlag anzubringen, und Bertha war erheblich größer als das Baby.

"Ja, sie treten kräftig zu. Ich vermute, sie können mit ihren Füßen mehr Schaden anrichten als mit ihrem Rüssel, aber ich bin mir nicht ganz sicher."

Ich atmete tief durch.

"Mr. Gautier, ich bin kein Elefanten-Tierarzt."

"Das weiß ich."

"Ich arbeite eigentlich nur mit Pferden."

"Auch das ist mir bekannt."

"Ich habe keine Ahnung, wie ich diesen Riß nähen soll oder wie hoch die Dosis Betäubungsmittel für Bertha sein muß."

"Ich weiß."

"Und um Ihnen die Wahrheit zu sagen, ich habe eine Todesangst vor ihr."

"Ja, ich weiß. Wollen Sie jetzt anfangen? Shad wird mit mir am Rüssel stehen. Vielleicht können wir sie mit unseren Haken daran hindern, daß sie Sie damit trifft. Vielleicht auch nicht. Hoffentlich können Sie sich dann schnell genug aus dem Staube machen. Gegen das Zutreten haben wir aber kein Mittel."

Na ja, wenn er es bei mir drauf ankommen lassen wollte, würde ich es meinerseits genauso halten. Die Wunde zeigte schon Zeichen einer Infektion und war von Fliegen bedeckt. Ich überlegte erst einmal.

Da meldete sich Barbara zu Wort: "Wir haben rostfreie Stahlfäden für die Naht im Wagen und einige größere chirurgische Nadeln. Kann man die nicht benutzen?"

"Eine gute Idee! Und bring meine größte Spritze mit, die für 30 Kubikzentimeter. Ich kenne die korrekte Dosis für ein Pferd und brauche mir nur auszurechnen, wieviel Bertha mehr wiegt als ein Pferd."

Als ich alle meine Instrumente zurechtgelegt hatte, nahmen Axel und Shad jeweils neben Berthas Kopf Aufstellung. Noch einmal atmete ich tief durch, beugte mich über das Bein und begann, den Riß zu säubern. Danach gab ich die örtliche Betäubung. Als sie wirkte, seufzte ich vor Erleichterung hörbar auf.

Bertha pendelte mit ihrem Rüssel herum, und ich rechnete damit, durch das halbe Zelt geschleudert zu werden, aber Axel beruhigte sie wieder mit einem sanften Druck seines Hakens. Danach stand sie wie ein ausgestopftes Tier, während ich den fast 8 cm langen Riß nähte. Abschließend wollte ich meine Spritze mit den Antibiotika ansetzen, aber ich konnte keine Stelle dafür in der dicken Haut finden.

Axel erkannte meine Schwierigkeit und deutete mit seinem Haken zu einer Stelle zwischen rechtem Vorderbein und Bauch, wo die Haut dünn war. Ich gab die Injektion und räumte schnellstens das Feld, obwohl das gar nicht nötig war. Bertha zeigte sich besser erzogen und ließ sich weniger aus der Ruhe bringen als die meisten Pferde. Es gab aber eine andere Schwierigkeit, die Fliegen. Sie ließen sich immer noch massenhaft auf der Wunde nieder. Zum Glück hatte ich das vorausgesehen und mich darauf eingestellt. Ich hatte beim Nähen der Wunde Schlingen gelassen, sogenannte Eselsohren. Barbara holte mir ein großes, steriles Gazepolster aus dem Wagen, und mit Hilfe der Eselsohren befestigte ich es sicher über dem Riß.

Von da an wurde ich noch mehrmals geholt, um die Elefanten der Herde wegen geringfügiger Beschwerden zu behandeln. Sie sind überraschend empfindlich und brauchen ständige Überwachung. Ihre Füße müssen wegen wunder Stellen, Schwellungen und Rißverletzungen sofort behandelt werden. Das Bürsten spielt eine große Rolle, und ihre Haut bedarf sorgfältiger Pflege mit Öl. Sehr wichtig ist die Diät, die genauestens eingehalten werden muß. Häufig kämpfen sie untereinander, und es ist nicht leicht, zwei wütende Elefanten wieder auseinanderzubringen. Augenscheinlich entwickeln sie starke Sympathien und Antipathien gegenüber bestimmten Menschen. Wer von ihnen nicht akzeptiert wird, sollte ihnen lieber aus dem Weg gehen.

Abgesehen von den Menschenaffen halte ich Elefanten für die intelligentesten aller Tiere. Sie besitzen ein hervorragendes Gedächtnis und beherrschen mindestens zwei Dutzend Kommandos. In früheren Zeiten halfen sie mit, das Zirkuszelt auf- und abzubauen, und man hat mir erzählt, daß die Arbeitselefanten in Indien ihre Arbeit mit Stolz verrichten und mit großer Geschicklichkeit die mächtigen Teakholz-Stämme bewegen. Dabei wissen sie genau, in welchem Winkel sie das Holz die Gleitflächen zum Fluß hinunterstoßen müssen und wie es am leichtesten durch den Dschungel zu schleppen ist.

Bertha wurde wieder vollständig gesund. Um mir eine Freude zu machen, fragte mich Axel, ob ich wohl Spaß daran hätte, sie über das Gelände zu reiten. Ich weiß, es klingt töricht, aber ich war begeistert wie ein Kind. Auf Kommando hielt sie ein Vorderbein hoch, um mich aufsteigen zu lassen. Dann griff ich in das Geschirr auf ihrer Stirn, und mit ihrem Rüssel hob sie mich vollends auf ihren Rücken. Erst als ich oben war und rittlings auf ihrem Hals saß, mit beiden Händen fest im Geschirr, wurde mir bewußt, wie groß ein Elefant wirklich ist. Bis zum Boden schien es endlos, und ihr Kopf hatte die Größe eines Picknick-Tisches. Als sie sich in Bewegung setzte, geschah es mit einem sonderbaren, schlurfenden, drehenden Gang, den ich nicht beschreiben kann. Aber er verdrehte mir jeden Knochen im Körper. Um Mahout zu werden, braucht man eine Menge praktische Übung. Einmal rund um den Block reichte mir jedenfalls!

Mein schwierigster Zirkuspatient aber war ein junger Leopard. Jeanette und Elvin zogen ihn für ihren Bruder auf, der eine Katzennummer vorstellte. Einer seiner Leoparden hatte Junge geworfen, und die Mutter hatte sie nicht angenommen, was oft bei Tieren vorkommt, die ständig öffentlich gezeigt werden. Da der Mann keine Zeit hatte, die Kleinen selbst aufzuziehen, hatte er Jeanette und Elvin gebeten, ihm zu helfen. Bis auf eines waren alle Jungen gestorben, und dieses eine hatte sich schwer erkältet. Das weibliche Tier hatte bereits etwa ein Drittel seiner Größe erreicht und wog rund 60 Pfund.

"Sie geht nicht gut", erläuterte Jeanette, als wir zu dem prächtigen Wohnwagen der Williams gingen. "Sie ist zahm - für einen Leoparden. Sie beißt jetzt noch nicht so schlimm wie später."

Als wir den Wagen betraten, beobachtete ich, daß die beiden Williams sorgfältig darauf achteten, die Tür hinter sich zu schließen. Das hieß, der Leopard lief im Wagen frei herum, womit ich nicht gerechnet hatte. Sie mußten die Katze suchen und fanden sie schließlich ausgestreckt auf ihrem Bett. Elvin kraulte sie unter dem Kinn, und sie schnurrte zufrieden. Dann sprang sie vom Bett herunter und kam mit tiefem Grollen auf mich zu. Aus irgendeinem Grund komme ich mit Katzen nicht aus, und es machte auch keinen Unterschied, daß diese hier gefleckt und zehnmal so groß war wie eine gewöhnliche Hauskatze. Sie umkreiste mich knurrend und fauchend, ich sah nichts als Zähne. Dann rieb sie sich an meinem Bein. "Sieh mal einer an, Sie gefallen ihr!" rief Elvin glücklich, aber ich ließ mich nicht täuschen. Der Leopard versuchte nur herauszufinden, was für einen Krallpfahl ich abgäbe, bevor er seine Krallen an meinem Bein zu wetzen gedachte.

Ich beschloß, ihr Penicillin zu spritzen, wenn auch Katzen so ganz anders als andere Tiere auf Medikamente reagieren. Daher war ich etwas nervös. Ich zog meine Spritze auf, während der Leopard weiter um mich herumstrich. Es war sehr leicht, sich auszumalen, was er anstellen würde, wenn ich erst einmal mit der Nadel zustach.

"Fertig!" sagte ich, nicht ganz ohne heimliche Sorge. Jeanette und Elvin lenkten die Aufmerksamkeit des Tieres auf sich, und ich führte die Nadel ein. Der Leopard stieß einen gellenden Schrei aus und sprang einen halben Meter hoch, bevor er herumschoß. Aber ich hatte die Dosis drin und die Spritze in der Hand. Zusätzlich wollte ich ihr noch Nährstoffe geben, um ihre Widerstandskraft wieder aufzubauen, aber selbst, als wir sie in Hühnerfleisch versteckten, ihrer Lieblingsspeise, weigerte sie sich, es zu fressen.

Dann kam mir wieder einmal eine Idee. "Schmieren Sie es ihr auf die Pfoten", schlug ich vor. "Katzen mögen nichts auf ihren Pfoten haben. Vielleicht leckt sie es ab."

Wir versuchten das, und der Leopard zog sich auf das Bett zurück und leckte ärgerlich seine Pfoten. Ich hatte das Gefühl, gewonnen zu haben.

Unglücklicherweise war das nur die erste Runde. Ein paar Tage später mußte ich ihr eine weitere Spritze geben. Diesmal wußte das Tierchen aber, was ihm blühte. Sie war auch schon viel kräftiger und hatte seit meinem ersten Besuch gefressen. Sie brauchte nur die Nadel zu sehen, um vor Wut verrückt zu spielen. Jeanette und Elvin mußten sich dicke Rindslederhandschuhe mit langen Stulpen anziehen, um sie festzuhalten. Beim dritten Mal war es sogar noch schlimmer. Sie vermochten sie nicht zu bändigen und riefen einen jungen Löwentrainer namens Jewell New herbei. Die drei konnten sie schließlich halten, aber in dem Augenblick, als ich die Nadel wieder herauszog, drehte sie sich blitzschnell herum und schlug mit einer ihrer langen Vorderpfoten aus. Ihre Krallen ritzten News Arm und hinterließen drei häßlich klaffende Wunden. Er versicherte mir, daß er an so etwas von Katzen gewöhnt sei, aber das war auch das letzte Mal, daß ich den Leoparden behandelt hatte. Kratzwunden von Katzen verursachen fast immer eine Infektion, weil die Krallen mit faulendem Futter bedeckt sind. Da die Krallen eingezogen werden können, bleiben Reste von verdorbenem Fleisch an ihnen kleben, die sich auch nicht verlieren, wenn die Katze herumläuft, wie es bei Hundepfoten der Fall ist.

Mit Jewell New war ich danach des öfteren zusammen. Er war ein großer, junger Mann, der gerade als Löwen-Dompteur anfing und sich voll und ganz seiner Laufbahn hingab. Er erzählte mir, daß er einen Löwen in der Gruppe hätte, der ihn haßte. Er hatte keine Ahnung, warum. Aber er durfte diesem Tier niemals den Rücken zuwenden. Ganz gleich, welchem anderen Löwen er gerade seine Lektion beibrachte, er mußte diese Katze immer im Augen behalten. "Und dann gibt es noch Buddy", fügte er hinzu. "Ich will Ihnen Buddy zeigen."

Buddy hatte einen Käfig für sich allein. New ging hinein, und Buddy sprang ihn an. Für einen Moment bekam ich Angst, aber es wurde sogleich deutlich, daß die Vier-Zentner-Katze nur spielte. New rollte sich mit Buddy auf dem Boden wie ein Mann, der mit einem großen Hund einen Ringkampf aufführt. Später gab mir New eine Vorstellung: Buddy saß hinter ihm, mit den Pfoten auf seinen Schultern, während New ein Motorrad um die Manege fuhr. "Buddy hat sich dieses Kunststück selbst beigebracht", erzählte New stolz. "Als ich einmal auf dem Motorrad saß, kam er herübergerannt und sprang hinter mir auf. Ich glaube, er ist der einzige Löwe der Welt, der Motorrad fährt."

Nach meiner Erfahrung lassen sich Menschen entweder von Katzen faszinieren, oder sie haben ihnen gegenüber gefühlsmäßig eine Antipathie. Abgesehen von meiner Nancy, die sich eher wie ein Hund verhielt, empfand ich immer so etwas wie Nervosität in Gegenwart von Katzen. Andere Menschen reagieren genau umgekehrt. Im Jahre 1962 besuchte eine junge Novizin vom Orden Zum Guten Hirten, wie man mir erzählte, mit einigen Kindern einen Zirkus in London. Nachdem sie die Löwennummer gesehen hatte, verließ sie das Kloster und blieb als Löwen-Dompteuse beim Zirkus. Die legendäre Mabel Stark, wahrscheinlich die großartigste Trainerin von Tigern in der Geschichte, besuchte als siebzehnjähriges Mädchen die alte Al G. Barnes-Show, und einer der Dompteure fragte sie so nebenbei, ob sie wohl Lust hätte, mit einigen seiner Tiger zu arbeiten, einfach, weil er annahm, das Mädchen würde allein bei dieser Vorstellung zu Tode erschrecken. Mabel betrat die Manege, und als ein Sumatra-Tiger auf sie zukroch, mit der vielsagenden duckenden Bewegung, wie sie nur Katzen besitzen, ging das Mädchen ihm entgegen, als ob es seinen Freund begrüßen wollte. In seiner Überraschung zögerte der Tiger, drehte sich dann um und sprang zurück auf sein Postament. Ich glaube, von mir kann ich ehrlich behaupten, daß ich niemals Angst vor einem Pferd gehabt habe, ganz gleich, wie hinterhältig es auch war. Aber die Großkatzen flößen mir Angst und Schrecken ein.

Alle, die mit Großkatzen arbeiteten, hatten einige Redewendungen parat, die sie immer wieder vorbrachten. "Katzen können lernen, aber sie sind niemals zahm", und die letzten Worte eines jeden Löwen-Dompteurs lauten: "Das ist die einzige Katze, von der ich dachte, ich könnte ihr trauen." New gab offen zu, daß sogar Buddy ihn aus irgendeinem unerklärlichen Grund angreifen könnte. Manchmal hatte ich den Eindruck, daß den Katzen verfallene Menschen so besessen sind von ihren wilden Mitarbeitern, daß sie fast von nichts anderem reden. Sie unterhalten sich in einer besonderen Sprache, wenn sie im Verpflegungswagen zusammensitzen, Kaffee trinken und Erfahrungen austauschen.

"Vorigen Monat in Syracuse hatte ich sie als Pyramide auf verschieden hohen Postamenten und rief Sheba, meine Berberlöwin, die auf einen Wink am Boden eine Rolle drehen sollte. Pete, der große bengalische Tiger, kann sie auf den Tod nicht leiden, und ich sah schon, wie er sich zum tödlichen Sprung bereitmachte, das heißt mit vollem Gewicht, um zu töten, und nicht leichtfüßig, wie er sonst vom Postament springt. Wissen Sie, wie sich die Pupillen bei einer Katze vergrößern und ihr Schwanz steif wird, wenn sie es ernst meint? Ich gab ihm einen leichten Schlag mit der Peitsche, um ihn anstelle von Sheba zu mir zu holen. Sicherlich, er kam, aber er verletzte mich dabei ziemlich schwer. Mir blieb nichts anderes übrig, als ihm mit einer Platzpatrone ins Maul zu schießen. Seitdem versucht er bei jeder Vorstellung, mich zu attackieren, wenn ich Sheba zu ihrer Nummer auffordere. Sobald sie fertig ist, kann ich mit ihm spielen wie mit einem Hund, aber ich tue es nicht. Die Leute denken, er ist ein Killer. Deshalb kommen sie immer wieder in der Hoffnung, Zeuge eines solchen Angriffs zu werden."

Für den Reiz, mit Tieren zu arbeiten, die gelegentlich ihre Trainer nicht nur töten, sondern auch auffressen, kann ich absolut kein Verständnis aufbringen. Wahrscheinlich erklärt sich diese Faszination aus ihrer großen physischen Schönheit, aber auch aus ihrer persönlichen Unabhängigkeit und ihrem ständigen Unwillen gegenüber jeder Art von Erziehung. Ein Mann, der nur über einen Stuhl und eine Peitsche als Waffe verfügt, hat in einem Käfig mit Großkatzen keine größere Chance als ein Kind unter Wölfen. Seine eigentliche Waffe besteht im wesentlichen darin, so vollkommen vertraut mit der Psyche von Katzen zu sein, daß er in der Lage ist, ihre Reaktion im voraus zu kalkulieren. Dieses ständige Vorauswissen ist so schwierig, daß die Dompteure mindestens ein Viertel ihrer Gage für Krankenhausrechnungen ausgeben. Keine Lebensversicherung der Welt würde ihnen eine Police ausstellen.

Die meisten in der Manege gezeigten Katzen sind gefangene Wildtiere; die im Käfig geborenen haben schon zuviele menschliche Schwächen angenommen. Eine erwachsene Katze kostet etwa 5 000 Dollar, und ein Trainer investiert möglicherweise den Gewinn eines ganzen Jahres, er spart auf Kosten des eigenen und des Komforts seiner Familie, um ein neues Tier zu kaufen, das er vermutlich bestellen muß, ohne es gesehen zu haben. Die erste Begutachtung eines solchen Einkaufs besteht schon aus einem intensiven Erfassen von wichtigen Einzelheiten; die Trainer glauben nämlich, sie könnten das Wesen einer Katze auf Grund bestimmter Merkmale bestimmen wie z.B. der Augen, der Breite der Stirn, der Reaktion auf Geräusche und des Interesses für Futter und Menschen. Der Trainer studiert den neuen Ankömmling sehr viel sorgfältiger, als er es bei einem Kind täte, das er adoptieren möchte, denn der Mann ist entschlossen, sein Leben den Instinkten dieses Tieres anzuvertrauen.

Katzen greifen auf zwei Arten an: einmal meinen sie es tödlich ernst, zum anderen bluffen sie nur. Einen echten Angriff zu stoppen, ist fast unmöglich. Blufft die Katze aber nur, äußert sie damit ihren Unwillen und versucht, den Mann zu vertreiben.

Der Trainer sitzt anfangs Stunde um Stunde am Käfig, bis das fauchende Tier davon abläßt, auf ihn loszugehen. Dann übernimmt er es selbst, den Gefangenen zu füttern. Früher oder später erreicht er damit, daß die Katze ihn toleriert. Wenn er glaubt, ein ernsthafter Angriff sei jetzt nicht mehr zu erwarten, betritt er in aller Ruhe den Käfig.

Er muß das allein tun, denn die Katze ist wie sein Kind. Niemand sonst weiß ja genug von gerade diesem Tier, um ihm mit einem Rat zu helfen. Seine Pistole ist mit Platzpatronen geladen, denn keine Kugel würde eine Katze rechtzeitig außer Gefecht setzen, und außerdem würde der Mann eine Menge riskieren, denn er will auf jeden Fall vermeiden, eine wertvolle Katze zu töten. Er kann auch keine Schutzkleidung tragen, weil er sich schnell bewegen muß, und er kann nicht einmal einen Speer bei sich haben, weil ein Zustoßen das Tier verrückt machen würde. So hat er nichts als einen Küchenstuhl, eine stumpfe Stange und die kraftlose Pistole.

Die Katze greift ihn vielleicht nicht sofort an, aber irgendwann einmal bestimmt. Meint sie es ernst, muß er sofort reagieren. Blufft sie nur, kann sie der Mann mit der Stange ablenken. Es ist charakteristisch für Katzen, daß sie meist zögern und nach allem beißen, was ihnen entgegengehalten wird. Die Katze beißt nach der Stange vermutlich, weil sie sie für einen Teil des Mannes hält, und verletzt sich damit ihr Maul. Aber irgendwann schlägt sie die Stange beiseite und kommt fauchend auf ihn zu. Der Mann stoppt sie mit dem Stuhl. Das Tier ist verwirrt durch die vier Beine, die sich ihm gleichzeitig drohend entgegenstrecken, und weiß nicht, welches es nun angreifen soll. Schließlich weiß es mit diesem fünfarmigen hölzernen Ding nichts anzufangen und zieht sich zurück. Dies wird zum entscheidenden Teil der gesamten Ausbildung: der Augenblick, in dem eine Katze zum ersten Mal eine Niederlage eingesteht.

Kein Mensch kann genau vorhersagen, was eine Katze dann tun wird. Einige springen über den Stuhl, und der Trainer muß die Stange schnellstens kürzer fassen und dem Tier einen leichten Schlag auf die empfindliche Nase geben. Andere geraten in Panik. Ich sah eine junge Löwin um die Manege rasen, plötzlich quer von einer Seite zur anderen springen und fast auf dem Trainer landen. Der

Mann mußte sich in die Mitte des Käfigs stellen, weit weg von den Seiten, bis sie sich beruhigt hatte. Manche Katzen geben niemals auf, kämpfen aber unentwegt gegen Stange und Stuhl. Solche Tiere werden üblicherweise an Zoologische Gärten verkauft.

Wenn die Katze mit ihren Angriffen aufhört, kann sie für die Arbeit auf den Postamenten vorbereitet werden. Man benutzt einen großen Sitzblock aus vier zusammengestellten Postamenten, und die Katze wird so lange mit der Stange spielerisch geneckt, bis sie hinaufspringt. Dann läßt man sie allein, damit sie sich beruhigt. Nach und nach werden drei der Postamente entfernt, bis die Katze ihren eigenen Sitzplatz erkennt und hinaufspringt, sobald sie die Manege betritt. Dann ruft der Trainer: "Up high!" und der Katze wird ihr Platz auf der Pyramide im Hintergrund des Käfigs zugewiesen. Die Arbeit mit den Postamenten und der Pyramide bildet die Grundlage für alle Dressurakte.

Im allgemeinen hat ein Trainer wenig Mühe mit Katzen, bis er daran geht, sie gemeinsam zu zeigen. Normalerweise äußern sie für ihren Ausbilder weder Sympathie noch Antipathie, aber Löwen besitzen ein sehr starkes Gefühl füreinander. Es gibt immer einen Chef unter ihnen, das "Alpha-Tier", der Herr in der Manege ist, ebenso aber auch einen ehrgeizigen Junglöwen, der versucht, ihm den Rang streitig zu machen. Der Trainer hat immer darauf zu achten, daß dieser alte Bursche niemals in die Klemme kommt, sonst würde ihn der jüngere töten. Auch benehmen sich zwei Löwen oft "kumpelhaft" selbst in den wenigen Minuten, in denen sie sich jeden Tag im großen Käfig treffen; wenn der Trainer den einen bestraft, greift ihn der andere an. Gibt es unter ihnen eine heiße Löwin, wird jeder männliche Löwe in der Manege rasend, und der Trainer schwebt in Lebensgefahr, wenn er versucht, sie auseinanderzubringen. Er kann die Löwin auch nicht aus dem Dressurakt nehmen, weil bei der Zirkusarbeit die gesamte Routine auf die Sekunde genau abläuft, und sie hat eben ihre Rolle zu übernehmen. In diesem Zusammenhang kann ein Veterinär Hilfestellung leisten, indem er die Hitze mit Hilfe von Medikamenten eine Zeitlang aussetzt.

Tiger zeigen dagegen nur selten irgendein Interesse füreinander. Wenn zwei einen Streit anfangen, mischen sich die anderen nur selten ein; bei den Löwen aber springt jeder in die Manege, um seinen Freunden zu helfen. Eine gemischte Gruppe von Löwen und Tigern ist außerordentlich gefährlich. Beide Arten sind natürliche Feinde, obwohl sie sich physisch so ähneln, daß sie gekreuzt werden können und einen Bastard hervorbringen, der Tiglon heißt. Trainer, die gemischte Gruppen zeigen, rechnen sehr oft mit dem Verlust von zwei oder drei Tieren in jeder Saison.

New erzählte mir: "Die Leute fragen mich, ob wir die Katzen mit Güte ausbilden. Das ist etwa so, wie wenn einer fragt, ob ein Schaf einen hungrigen Wolf mit Güte trainieren kann. Viele Menschen, die etwas von Tieren verstehen, nehmen an, wir arbeiten mit ihnen so wie andere mit großen Hunden. Katzen denken nicht wie Hunde. Ich kenne keinen, der Erfolg damit hatte, einen Löwen oder Tiger stubenrein zu machen oder ihnen das Apportieren beizubringen, was bei Hunden einfach ist. Katzen sind nicht dumm. Sie haben nur nicht das Bedürfnis, ihrem Trainer einen Gefallen zu tun, und sie verknüpfen nicht Bestrafung oder Belohnung mit einem Trick, wie das ein Hund tut."

Während ein Trainer eine Großkatze für die Postamente vorbereitet, achtet er genau auf bestimmte charakteristische Eigenheiten des Tieres, die ein mögliches Kunststück andeuten, zu dem es bewegt werden könnte. Einige Löwinnen haben die nervöse Angewohnheit, sich im Kreise zu drehen wie ein Hund, der spielerisch seinen Schwanz jagt. Sieht ein Trainer das bei einer Löwin, ermutigt er sie so lange, bis sie es auf einen Wink tut. Fordert er sie dann auf, mit dem Herumwirbeln zu beginnen, spielt die Musik einen Walzer, wobei sie sich genau dem Tempo der Katze anpaßt. Die Zuschauer sind dann überzeugt, die Löwin habe es gelernt, nach Musik zu tanzen.

Alle Katzen besitzen bestimmte Eigenarten, die sich zu Kunststücken ausbauen lassen. Die meisten springen nur ungern aus größerer Höhe. In der Wildnis fangen sie ihre Beute, indem sie sie nach dem Anschleichen zu Tode hetzen, und nicht, indem sie sich von oben auf sie fallen lassen. Dieses Charakteristikum ermöglicht das bekannte Kunststück, bei dem die Katze sich auf einem rollenden Faß bewegt. Der Trainer stellt ein großes Faß neben das Postament, festgekeilt, damit es nicht rollen kann. Die Katze wird mit einer Stange so lange ermuntert, bis sie auf das Faß springt. Ist das erst zur Routine geworden, befestigen die Manegehelfer Seile an dem Faß und bringen es langsam zum Anrollen. Die Katze verschiebt sofort ihren Halt wie ein Holzfäller auf einem Baumstamm, um nicht springen zu müssen. Diese Bewegung setzt das Faß in weitere Bewegung, aber die Männer halten es mit ihren Seilen unter Kontrolle. Schließlich springt die Katze ohne Nachhilfe auf das Faß und rollt es mit schneller Fußarbeit durch die Manege.

Katzen kann nie etwas beigebracht werden, was ihrem natürlichen Antrieb widerspricht. Alle üblichen Manegenkunststücke - Pyramiden, Wippe, lang hinlegen, durch einen Reifen springen, über Postamente mit Zwischenraum gehen, setzen mit erhobenen Vorderpfoten, auf dem Faß laufen - hängen von einer bestimmten Phase ihrer psychischen Entwicklung ab. Viele Jahre lang glaubten Trainer, daß keine Katze lernen würde, sich auf dem Boden zu rollen, ein Kunststück, das Hunden leicht beizubringen ist; sie hielten es für schwierig, weil es keine Möglichkeit gab, die Katze zu dieser Bewegung zu veranlassen, bevor sie Routine wurde. Endlich beobachtete ein geschickter und einfühlsamer Trainer, daß einige seiner Schützlinge nach der Peitschenschnur griffen, um damit zu spielen, geradeso wie eine junge Hauskatze auf dem Rücken liegt und nach einem baumelnden Wollknäuel schlägt. Er brachte einen Löwen dazu, sich auf die Seite zu legen und nach dem Peitschenschlag zu greifen. Dann bewegte er die Peitsche sehr langsam über seinen Körper, wobei sich der Löwe herumrollte, um die baumelnde Schnur zu erreichen. Nach einiger Zeit ließ er die Peitsche weg, und der Löwe rollte sich, wenn er mit dem Arm winkte. Ein neues Kunststück mit Großkatzen war entstanden, das jetzt zu den Standardteilen der Nummer gehört.

Das Geheimnis eines jeden "Zähmens" von Löwen besteht darin, im Bewußtsein der Katze ein Muster bestimmter Gewohnheiten zu erzeugen. Wenn auch Katzen die ausgeprägtesten Individualisten unter allen Tieren sind, so brechen sie doch selten aus, wenn sie erst einmal auf einem bestimmten Gebiet Routine erlangt haben. Wenn eine Katze daran gewöhnt ist, auf ein Postament zu springen,das an einer bestimmten Stelle steht, weigert sie sich zu springen, wenn der Tritt auch nur einen halben Meter verschoben wurde. Manchmal versetzen Trainer ein Postament absichtlich, damit sie mit krachenden Peitschenschlägen und dem Abschießen von Pistolen sozusagen eine eigene Schau abziehen können. Aber nichts von alledem macht auf die Katze den geringsten Eindruck. Schließlich setzt der Mann in aller Ruhe den Tritt an seinen Platz, und die Katze springt sofort. Die Zuschauer reagieren mit dröhnendem Applaus.

Der "door-rusher" liefert ein hervorragendes Beispiel für absolute Abhängigkeit von Routine. Wenn ein Trainer sich umdreht, um den Käfig zu verlassen, greift ihn oft eine Katze an. Statt nun zu versuchen, diese Gewohnheit zu durchbrechen, spielt der Mann mit der Katze und ermutigt sie noch. Das Gewohnheitsmuster wird gefestigt, die Katze greift automatisch an und schleudert gegen die Gitterstäbe, wenn der Mann die Tür von außen zuschlägt. Die Zuschauer sind im Glauben, der Trainer sei nur knapp mit dem Leben davongekommen. Manchmal sind Ersatz-Trainer, die nichts von dem door-rusher wußten, getötet worden; aber normalerweise werden die Katzen so vollständig von der Gewohnheit beherrscht, daß sie sich umdrehen und zu ihrem Postament zurücktrotten, obwohl sie den Mann bei ihren Angriffen hätten zu Boden werfen können.

Diese eingespielte Routine hat mehreren Trainern das Leben gerettet. Einer von ihnen berichtete mir: "Ich mußte einmal nach einem heftigen Regen eine Vorstellung geben, und der Boden der Manege war mit Stroh bedeckt, um den Katzen besseren Halt zu geben. Bei dem Versuch, eine junge Tigerin auf ihr Postament zu bringen, rutschte ich aus und fiel hin. Sheik, ein großer Bengale, faßte mich am Oberschenkel. Seine Zähne drangen in das Fleisch, und ich spürte sie schon am Knochen. Mein Bein mußte fast abgetrennt sein, aber mein Manegenassistent rüttelte an der Käfigtür. Das ist das Signal für die Katzen, die Manege zu verlassen. Sheik ließ mich sofort fallen und lief zum Ausgang. Dann erinnerte er sich aber wieder an mich und drehte um. Zu diesem Zeitpunkt war ich aber wieder auf den Beinen und in der Lage, mit ihm fertigzuwerden."

Jeanette hatte auch eine Katzennummer. Sie besaß zwei herrliche Geparden, Jagdleoparden, die seit hunderten von Jahren von indischen Radschas gehalten wurden, um Wild wie Windhunde zu Tode zu hetzen. Sie sind die schnellsten Vierbeiner der Welt und - wenn auch echte Katzen - ähneln sie doch in vieler Hinsicht Hunden. Sie können ebenso wie diese ihre Krallen nicht einziehen, und sie lassen sich zähmen, nicht nur ausbilden. Jeanette, die mit Pferden großartig umgehen konnte, hatte einem Morgan beigebracht, daß er die Geparden auf seinem Rücken reiten ließ. Später fuhren sie dann alle zusammen mit einem fröhlichen kleinen Hundemischling, den Jeanette beim Herumstreunen auf dem Gelände aufgelesen hatte, in einem kleinen Wagen um die Manege, der von dem Morgan gezogen wurde. Jeanette hatte keinen Ärger mit den Geparden. Schwierig war es nur, ein Pferd zu finden, das die beiden großen Katzen duldete, von denen jede 100 Pfund wog. Es war eine sehr wirkungsvolle Nummer, und die Zuschauer begeisterten sich vor allem dafür, weil drei Tierarten gemeinsam auftraten, die alle natürliche Feinde waren und an dieser Arbeit anscheinend auch noch Freude hatten.

Eines Nachmittags erhielt ich einen Notruf von Jeanette. Sie war eigentlich sonst ein sehr vernünftiger Mensch, aber diesmal so außer sich vor Wut, daß ich sie kaum verstehen konnte. Alles, was ich mitbekam, war, daß mit dem Morgan etwas Ernstes passiert war und ich sofort kommen sollte.

Die Arbeit mit den Zirkustieren fiel leider immer in die Zeit, in der ich meine regelmäßigen Patientenbesuche auf den Farmen und Gestüten machte. Das störte mich und es gab Zeiten, in denen ich es bedauerte, daß ich mich bereiterklärt hatte, im Zirkus auszuhelfen, so sehr ich mich auch darüber freute und es als eine willkommene Abwechslung innerhalb meiner üblichen Praxis empfand.

Diesmal gab es aber keinen Zweifel, daß etwas Ernstes geschehen war. Ich sagte alles andere ab und eilte zum Spectrum.

Bei meiner Ankunft war Jeanette noch immer so wütend, daß sie sich nur in deutscher Sprache Luft machen konnte. So mußte ich mit Elvin sprechen.

"Sie kennen unseren Pfleger", fing er an. Ich erinnerte mich gut an den Mann. Er war klein, zäh, ein harter Arbeiter und voller Hingabe für die Pferde. Sein großer Fehler, soweit ich das beurteilen konnte, bestand darin, daß er sein Wissen überschätzte und manchmal auf eigene Verantwortung Dinge erledigte, ohne Jeanette vorher um Rat zu fragen. Meistens hatte er recht mit dem, was er tat, aber bei Tieren kann ein einziger, schlimmer Fehler die ganze Nummer zunichtemachen. Immerhin war er so gewissenhaft und zuverlässig, daß Jeanette ihn weiterbeschäftigte. Aber jetzt teilte mir Elvin mit: "Der Morgan hat ein Eisen verloren; statt den Hufschmied zu holen, hat unser Pfleger selbst versucht, ihm ein neues Eisen aufzuschlagen. Dieses Eisen war zu klein, und er raspelte den Huf ab, um es passend zu machen, und jetzt ist das Pferd stocklahm. Wir müssen jeden Tag zwei Vorstellungen geben, und wenn Jeanette ausfällt, bleibt die Manege leer."

Das klang sehr schlimm. "Ich möchte das Pferd sehen", sagte ich.

Ein einziger Blick auf den Huf versetzte mich fast in die gleiche Stimmung wie Jeanette. Fehler kommen vor, jeder Pferdekenner weiß das, aber ein dummer, sinnloser Fehler wie dieser, der so leicht hätte vermieden werden können, ist geradezu kriminell. Die Pulsation im Fuß war schlecht, und er war heiß. Der ganze Huf war schwer verstümmelt worden.

Ich gab dem armen Tier ein Beruhigungsmittel und eine Spritze, die die Entzündung bekämpfen sollte. Dann packte ich den Huf in einen mit Jodlösung getränkten Watteverband. Das war der Trick, den mir der gute alte Willy Bradley gezeigt hatte, als ich noch ein kleines Mädchen war. Danach befestigte ich das ganze mit schwarzem Klebeband, damit es zu den anderen Hufen paßte und nicht auffiel, da ich immer noch hoffte, er würde in der Nachmittagsvorstellung auftreten können.

Es war zehn Minuten vor Beginn. Der Morgan ging normal. Zum Glück brauchte er keine Kunststücke vorzuführen, sondern nur vor dem Wagen mit den Geparden und dem Hund um die Manege zu traben. Jeanette ließ ihn noch einmal Schritt gehen, langsam, rund um das Zirkusgelände. Plötzlich schrie sie auf; er lahmte wieder.

Ich rannte zu ihnen und sah, daß er außergewöhnliches Pech gehabt hatte, er war auf einen spitzen Kiesel getreten. Ich entfernte ihn aus der Sohle, aber er ging immer noch unklar. Die besorgten Gesichter von Jeanette und Elvin sprachen Bände. Ich wußte etwas, was sie mir nie gesagt hatten. Beim Zirkus gilt nämlich die Regel: "Ohne Vorstellung keine Gage." Das Pferd mußte einfach gehen, wenn auch nur die geringste Möglichkeit bestand. Dann entschloß ich mich zu etwas, was ich weder vorher, noch später jemals getan habe: ich gab ihm eine Injektion von Lidocain, einem Betäubungsmittel, in den Fuß. Das lähmt vorübergehend die Nerven, so daß das Pferd keinen Schmerz empfindet. Bei Turnierveranstaltungen und auf der Rennbahn ist es illegal, wenn es auch gelegentlich gemacht wird. Jeanettes Musik begann. Von Zweifeln geplagt, führte sie den Morgan zur Manege, er ging wieder einwandfrei.

"Hole die Geparden!" rief sie Elvin zu, während wir beide den Morgan vor den Wagen spannten. Sie betrat die Manege zwar mit etwas Verspätung, aber die Clowns halfen ihr mit ihren Späßen über diese Pause hinweg. Dann begann sie ihre Nummer. Ich beobachtete sie genau, wagte es aber insgeheim nicht, daran zu glauben, daß es der Morgan schaffen könnte. Die Vorstellung lief ohne jede Störung ab, erhielt ihren üblichen Applaus, und ich konnte wieder frei atmen.

Am nächsten Morgen war der Huf sehr viel besser. Ich erneuerte den Verband, und der Morgan konnte in der Nachmittagsvorstellung ohne Betäubung

142

auftreten. Zwei Tage lang wurde der Verband weiterhin gewechselt. Nach einer Woche zeigte ich dem Schmied, wie er mit einem Deckeleisen die beschädigten Stellen der Heilung überlassen konnte. Von da an war der Morgan wieder vollkommen in Ordnung. Allerdings mußten die anderen Eisen von Woche zu Woche in dem Maße dem verletzten Huf angepaßt werden, in dem er zu seiner alten Form nachwuchs.

Jeanettes Hauptnummer war eine Freiheitsdressur mit zehn Lipizzanerhengsten, den weißen Wiener Hengsten, die wegen ihrer Dressur-Vorführungen und der Hohen Schule berühmt geworden sind. Die Pferde beherrschen die Capriole, einen Sprung, bei dem in der Luft Vorder- und Hinterbeine gestreckt werden, die Courbette, wobei die Pferde mit angewinkelten Vorderbeinen steigen und auf den Hinterbeinen vorwärts springen, sowie die Pirouette, eine Galopplektion mit einer ganzen Drehung um die Hinterbeine, und einige andere erstaunliche Leistungen. In einer Freiheitsdressur werden die Pferde nicht geritten. Sie gehen in der Manege, und der Trainer gibt ihnen von der Mitte aus mit Stimme und langer Peitsche seine Anweisungen. Auf Kommando wechseln sie die Richtung, teilen sich in Gruppen zu zwei oder vier, steigen zur gleichen Zeit und kommen auf den Trainer zu. Von all ihren Dressurleistungen mag ich das Ballett der Pferde am liebsten.

Ich hatte so viel davon gehört, wie elegant die Lipizzaner seien, daß ich eigentlich überrascht war, als ich sie zum ersten Mal sah. Sie gehören zu den ältesten Pferderassen, sind gedrungen und haben ein Stockmaß von 1,60 bis 1,65 m, ähnlich wie der Morgan. Ursprünglich kamen sie aus Spanien, und obwohl sie seit 1564 in Österreich zu Hause sind, spricht man von ihrem Stall stets als Spanischer Reitschule. Dreimal mußten sie aus Wien evakuiert werden, um sie vor der Beschlagnahmung durch eine Invasionsarmee zu bewahren: zur Zeit Napoleons, während des 1. Weltkrieges und schließlich während des letzten Krieges, um sie vor den Russen zu retten. Oberst Podhajsky, der Leiter der Schule, brachte die Pferde zu einem Gut, 300 km von Wien entfernt, und bat General George Patton, sie unter seinem Schutz zu nehmen. Patton war ein Kavallerist der alten Schule, der Pferde liebte. Er gewährte ihnen Asyl, bis die Russen abzogen. In dem Film "Das Wunder der weißen Hengste" hat Walt Disney diese Rettungsaktion geschildert.

Merkwürdigerweise werden alle Lipizzaner dunkel geboren und erst zwischen vier und sechs Jahren Schimmel. Sie werden in Lektionen auf zwei Ebenen ausgebildet, in der "Campagne Schule" und der "Schule über der Erde", wo sie wie bei der Capriole während des Sprunges bestimmte Bewegungen zeigen.

Ich war der Überzeugung, daß ich von Pferden eine ganze Menge verstand. Aber erst, als ich Jeanette die Lipizzaner vorstellen sah, wurde mir klar, zu welchen Leistungen Pferde unter einem wirklich verständnisvollen Trainer gebracht werden können. Mein ganzes Leben lang habe ich Hengste für temperamentvoll und gegebenenfalls auch für gefährlich gehalten und niemals davon gehört, daß zwei allein zusammengelassen werden, da sie bestimmt aufeinander losgehen würden. Aber Jeanette hielt, außerhalb der Vorstellung, ihre zehn Hengste nebeneinander, an einem Seil angebunden. Ich hätte das nicht für möglich gehalten.

Beruflich bekam ich mit den Lipizzanern zu tun, als Pacco, ihr Leithengst, lahm wurde. Pacco war das wichtigste Pferd in der Nummer. Er lief immer als erster in die Manege, die übrigen hinter ihm gleichauf, und bestimmte das Tempo für die anderen. Er beherrschte als einziger der Hengste die Capriole. Zu einem bestimmten Zeitpunkt während der Vorführung parierten alle Pferde durch, machten eine Drehung auf der Hinterhand und setzten ihre Bewegung in umgekehrter Richtung fort. Während dieser Lektion trat einer der Hengste auf Paccos Huf und verletzte den Kronenrand.

Pacco war ein mächtiges Pferd von 1,67 m Stock und wog etwa 18 Zentner. Als ich ihn untersuchen wollte, fragte ich die verzweifelte Jeanette, welches Bein denn verletzt sei. Sie sprach mit Pacco Deutsch, und er hob sofort das verletzte Bein hoch, so daß ich es mir ansehen konnte. Oft habe ich gemeint, Pferde seien ebenso intelligent wie Hunde und man könnte ihnen praktisch alles beibringen, was Hunde auch lernen. Aber nur wenige Menschen machen sich die gleiche Mühe mit ihnen. Meine Untersuchung ergab aber auch, daß Kniegelenk und Sprunggelenk von Paccos Hinterhand Alterserscheinungen aufwiesen. Eine Operation war erforderlich, und es würde einige Wochen dauern, bis er wiederhergestellt war.

Da der Zirkus ins Winterquartier ging, beschloß Jeanette, die Operation in Florida vornehmen zu lassen. Ein paar Tage später rief sie mich an. Während Pacco auf dem Weg nach Florida von einem Transporter in einen Güterwagen umgeladen wurde, war er zwischen Zug und Rampe mit dem Bein hängengeblieben. Diesmal gab es keine Hoffnung, Pacco würde nie wieder auftreten können.

Aber für Pacco selbst hatte die Geschichte wenigstens ein Happy End. Er ging als Deckhengst auf ein Gestüt, das einige Stuten besaß. Ich kann mir vorstellen, daß er dort sehr viel zufriedener war als bei seinen Capriolen, selbst für das beifallfreudigste Publikum.

Zirkuspferde

Das Zusammensein mit den Zirkusleuten war für mich ein beglückendes Erlebnis. Sie waren anders als andere Menschen, die ich bisher kennengelernt hatte. Sie schienen außerhalb des Zirkus keinerlei Interessen zu haben und gingen völlig in der Arbeit für ihre Vorstellung auf. Ihre Nummer repräsentierte ihren gesamten Lebensinhalt: ihren Beruf, ihren Stolz, ihre soziale Stellung, ihr vollendetes Können. Aus diesem Grunde kamen sie nur selten mit "townies" zusammen, Leuten, deren Zuhause die Stadt war und die nichts mit dem Zirkus zu tun hatten. Obwohl mir jeder vom ersten Augenblick an freundlich begegnete, akzeptierten sie mich erst als Mensch und nicht mehr als "townie", nachdem ich mehrere Tiere behandelt hatte. Wenn ein Zirkus auch ständig auf Wanderschaft ist, bleibt er doch in sich immer gleich. Es ist eine andere Welt mit einem eigenen Gesetz, einer eigenen Sprache, einem eigenen Privatleben, ganz gleich, wo der Zirkus gerade gastiert. Ich bezweifle, daß sie überhaupt immer wußten, wo sie sich befanden, was ihnen im übrigen auch völlig gleichgültig war. Sie bildeten einen Bestandteil des Zirkus, und was sich außerhalb der Manege abspielte, interessierte sie nicht.

Ich hatte immer die Vorstellung gehabt, daß Zirkusleute im allgemeinen zähe Menschen und oft gewissenlose Zigeuner sind, die bereit waren, unschuldige Bauerntölpel auf jede Weise zu übervorteilen. Nach meinen Gesprächen mit ihnen und nach den vielen Krankenbesuchen kam ich jedoch zu dem Schluß, daß Zirkusleute selbst zu den am meisten ausgebeuteten Gruppen im Lande gehören. Weil sie ständig auf der Wanderschaft sind, werden sie ausgenutzt. Sie besitzen außerhalb des Zirkusbereiches keine Freunde und sind nicht in der Lage zu handeln, Forderungen zu stellen oder ihre Rechte zu vertreten. Sie haben keine Chance, beim Einkauf Preisvergleiche anzustellen, und wenn man zuviel Geld von ihnen haben will oder ihnen Schund verkauft, gibt es keine Möglichkeit für sie, sich gerichtlich zu wehren, weil sie weiterziehen müssen und die Gerichtstermine nicht wahrnehmen können. Selbst in meinem Fall, wo das Leben sehr wertvoller Tiere von meinem Können abhing, gab es für sie keine Möglichkeit herauszufinden, ob ich ein guter oder schlechter Veterinär war. Sie konnten sich nur auf die Empfehlung von Inspektor Turner verlassen.

Wenn ich sie auch alle mochte und auch das Gefühl hatte, daß sie mir Anerkennung entgegenbrachten, machte ich doch ausgerechnet beim Zirkus zwei der schlimmsten Erfahrungen meiner Laufbahn.

Wann immer Barnum & Bailey in den letzten drei Jahren in Philadelphia ein Gastspiel gab, wurde ich zur tierärztlichen Betreuung verpflichtet. So wurde ich in einem dieser Jahre gebeten, einen mächtigen belgischen Hengst zu legen, der in einer "Akrobatennummer auf ungesatteltem Pferd" auftrat. Er war kräftig und hatte einen so breiten Rücken, daß sieben Menschen gleichzeitig auf ihm stehen konnten. Um den Akrobaten einen sicheren Halt für ihre Füße zu geben, wird auf den Rücken des Pferdes Kolophonium (=rosin) gestreut, weshalb diese Nummer auch "rosinback act" genannt wird. Der Hengst hatte einen unschätzbaren Wert, aber unglücklicherweise war er so agressiv geworden, daß man ihm nicht mehr trauen konnte. Er gehörte einem Bulgaren, der nur wenig Englisch sprach und dessen ganzes Leben sich anscheinend nur um dieses Riesentier drehte. Meiner Ansicht nach war der Hengst das einzige, was er auf der Welt besaß, abgesehen von dem, was er auf dem Leibe trug. Er war auch seine einzige Einnahmequelle. Die Kastration des Hengstes hatte er so lange wie möglich hinausgeschoben, bis deutlich wurde, daß nur dies oder Einschläfern in Frage kam.

Da der Hengst nicht nur groß, sondern auch alt war, mußte eine solche Operation sehr viel schwieriger werden als bei einem Jährling. Daher beschloß ich, ihn zu den Ställen der Berittenen Polizei von Philadelphia bringen zu lassen, wo ich ungestört arbeiten konnte und mir stabil gebaute Boxen zur Verfügung standen. Die immer freundliche Polizei gestattete mir, ihre Einrichtungen zu benutzen. Allerdings gab es ein Problem: das Pferd war zu groß und paßte nicht in ihren Transporter. Das hieß, er mußte zur Klinik im Franklin D. Roosevelt-Park geführt werden, fast eine Meile vom Zirkus durch die Stadt und auf Straßen mit dichtem Autoverkehr. Die Polizei stellte mir großzügigerweise einen Streifenwagen zur Verfügung, der vor dem Pferd fuhr, und ließ die Verkehrsposten an Kreuzungen, die wir passieren mußten, den Verkehr stoppen. Dieser Ausflug sollte spät abends stattfinden, wenn der Verkehr am schwächsten war.

Der Abmarsch verlief zunächst planmäßig. Der Streifenwagen fuhr mit seinem rotierenden Alarmlicht vorneweg, dahinter kam der Bulgare mit dem riesigen Belgier am Führzügel, schließlich ich selbst im Tierarztwagen mit dem Rest der Mannschaft als Schlußlicht. Alles wäre gut gegangen, wenn der Bulgare nicht darauf bestanden hätte, das Pferd ausgerechnet auf der Straßenmitte zu führen. Das behinderte natürlich den Verkehr in beiden Richtungen. Ich hielt an, sprang aus dem Wagen und versuchte ihm klarzumachen, daß er sich mit dem Pferd so dicht wie möglich am Bordstein halten müsse. Entweder wollte er nicht verstehen, oder er konnte es nicht. Wir waren erst wenige Blocks weit gekommen, als sich der Verkehr schon überall um uns herum staute. Dann machte die Polizei den Versuch, den Mann zu veranlassen, sein Pferd an den Straßenrand zu führen, aber er hielt sich hartnäckig mitten auf der Fahrbahn. Als wir den Stall endlich erreichten, hatte ich das Gefühl, als verfluchte uns mehr als die Hälfte aller Autofahrer von Philadelphia.

Meine Nichte Margaret und meine Schwester Norma legten die Instrumente bereit und assistierten mir. Ich brachte die Operation hinter mich, aber wie ich erwartet hatte, dauerte sie lange und war sehr schwierig. Das ist bei einer Kastration immer der Fall, wenn das Pferd stehen muß und schon erwachsen ist. Außerdem war es spät in der Nacht, oder besser, früh am Morgen. Es lag ein langer Arbeitstag hinter mir, und ich war müde. Die Anspannung des langen Fußmarsches inmitten eines ärgerlichen Hupkonzerts und fluchender Autofahrer hatte auch nicht gerade beruhigend gewirkt. Obendrein bestand der Besitzer des Pferdes noch darauf, während der Operation neben mir zu stehen. Er atmete unangenehm dicht an meinem Hals und gab mir Anweisungen in bulgarischer Sprache, die ich nicht verstehen konnte und auch wirklich nicht brauchte. Als alles vorbei war, kamen mir vor Müdigkeit die Tränen. Anschließend mußte das Tier zum Zirkus zurückgebracht und angepflockt werden. Bevor ich mich verabschiedete, untersuchte ich es nochmals. Es war in ausgezeichneter Verfassung, und ich konnte stolz auf die saubere Arbeit sein.

Als Philadelphia schon hinter mir lag, hielt ich an einem kleinen Restaurant, um eine Tasse Kaffee zu tringen, weil ich mich so müde und schwindelig fühlte, daß ich nicht mehr sicher fahren konnte. Ich genoß gerade mit Erleichterung meinen Kaffee, als ich den Notruf über das Autoradio in meinem Wagen summen hörte, der vor der Tür geparkt war. "Was ist denn nun schon wieder los", dachte ich wütend und goß den Rest des Kaffees hinunter, bevor ich hinausrannte. Was auch immer passiert war, jemand anders würde es übernehmen müssen! Ich war am Ende meiner Kräfte.

Mutter war am Radio: "Phyllis, fahr so schnell wie möglich zum Zirkus zurück! Das Pferd, das du kastriert hast, blutet schrecklich. Überall ist Blut, und der Besitzer glaubt nicht, daß es überleben wird."

"Das ist unmöglich", keuchte ich. "Es ging ihm hervorragend, als ich losfuhr."

"Aber jetzt nicht mehr, irgendetwas ist schiefgegangen, beeile dich lieber!"

Ich startete den Wagen und raste zurück nach Philadelphia. Mir tat der Bulgare fast ebenso leid wie das Pferd. Aber was konnte nur passiert sein? Während der ganzen Fahrt zurück zum Zirkus versuchte ich, mich an irgendeinen Fehler zu erinnern, der mir vielleicht unterlaufen war, aber die Operation hatte einwandfrei ausgesehen. Nur sehr selten kümmere ich mich nicht um die Verkehrsregeln oder überschreite die Geschwindigkeit, diesmal war bestimmt beides der Fall. Trotzdem war das Pferd sicherlich schon tot oder am Sterben, bevor ich den Zirkus erreichte.

Ich raste auf das Zirkusgelände, würgte den Motor ab, griff meine Instrumententasche und rannte zu dem Teil der Anlage, wo die Pferde untergebracht waren. Da stand der Bulgare und wartete auf mich. Er gestikulierte wild und rannte mir voraus. Schwer atmend folgte ich ihm. Gott sei Dank, der Belgier stand wenigstens noch auf seinen vier Beinen, er schien sogar völlig in Ordnung zu sein! Verwirrt folgte ich seinem Besitzer, der sich besorgt bückte und auf einen winzigen Blutfleck neben meiner Naht deutete.

"Er blutet", schrie der Mann, als ob es sich um ihn selbst handelte.

Ich weiß nicht, was mich stärker bewegte, Erleichterung oder maßloser Ärger. Eine Wunde muß etwas tröpfeln, damit sie sich nicht infiziert. Ich versuchte, das dem Mann zu erklären, aber er wiederholte nur ständig: "Blut! Blut!" Schließlich fand ich einen anderen bulgarischen Tierwärter, der genügend Englisch sprach, um die Situation zu verstehen. Trotzdem beobachtete der Besitzer des Pferdes, als ich wegfuhr, immer noch den winzigen Blutfleck mit der ganzen, inbrünstigen Sorge einer hingebungsvollen Mutter. Ich war von diesem langen Tag so erschöpft - 24 Stunden ohne Pause - und von der Nervenanspannung bei dem Gedanken, ich hätte das Pferd durch irgendeinen Fehler getötet, daß ich ernsthaft überlegte, ob ich mich nicht einfach auf die Straße legen und schlafen sollte. Aber der Zirkus begann bereits wieder zum Leben zu erwachen, es wäre unmöglich gewesen, zu schlafen. Außerdem würde der besorgte Bulgare alle paar Minuten mit einem neuen Bericht über sein Pferd bei mir aufkreuzen. So fuhr ich langsam zu unserer Farm, zwang mich wachzubleiben, bis ich endlich die Stufen hinaufstolperte und mich ins Bett werfen konnte.

An der zweiten bösen Erfahrung beim Zirkus trifft niemanden Schuld außer mir selbst. Einige kürzlich eingetroffenen Pferde hatten Streßfieber durch Anreise und Futterwechsel, und man holte mich, um sie zu behandeln. Diese Erscheinungen treten gewöhnlich durch Zusammenwirken mehrerer Faktoren auf, vor allem dann, wenn nicht das gewohnte Futter gegeben wird, das Wasser eine andere Qualität hat und durch das lange Eingezwängtsein ein allgemeiner Schwächezustand eintritt. Ich kam in den Abendstunden zum Zirkus, und als ich aus dem Wagen stieg, beobachtete ich eine Gruppe von Jugendlichen, die am Rande herumstrolchten und augenscheinlich nichts Gutes im Schilde führten. Ich griff mir die Praxistasche und schloß den Wagen vorsorglich ab, bevor ich mich auf den Weg zu den Pferden machte.

Die kranken Tiere ließen sich unschwer erkennen. Sie standen mit hängenden Köpfen und zeigten schleimigen Ausfluß aus den Nüstern. Trotz einer Temperatur von fast 40 Grad war keines wirklich gefährdet. Im Wagen hatte ich Medikamente zur Behandlung von Koliken, die sich nach meiner Erfahrung gerade für diese Störungen als besonders wirksam erwiesen. Ich ging zum Wagen zurück, holte die Arzneien und schloß ihn wieder ab. Dann fiel mir plötzlich ein, daß mir an einigen Pferden mehrere Rißwunden aufgefallen waren. Also schloß

148

ich den Wagen wieder auf, holte mir einen bestimmten medizinischen Puder und kehrte zu meinen Patienten zurück.

Als ich gerade dabei war, meine Instrumente wieder einzupacken, wurde mir bewußt, daß ich vergessen hatte, den Wagen wieder abzuschließen, als ich den Puder gesucht hatte. Das ist normalerweise nichts Schlimmes, hätte aber das Ende meiner tierärztlichen Laufbahn sein können, denn mein Wagen war voll von Narkotika aller Art, und ich war verpflichtet, jeden Monat darüber abzurechnen, welche Drogenmengen ich verbraucht hatte und für welchen Zweck. Die Gesetze sind in der Tat so streng, daß ich niemals eine Spritze wegwerfen konnte, aus Angst, sie könnte von einem Drogensüchtigen gefunden werden. Ausnahmsweise war ich auch noch ohne Assistenten gekommen, hatte also auch niemanden, der mir helfen konnte.

Mir fielen wieder die Jugendlichen ein, die auf dem Gelände herumgetobt hatten. Sie könnten den Wagen in wenigen Minuten ausräumen, und ich würde nie in der Lage sein, der Bundesbehörde für Rauschgifte eine befriedigende Erklärung zu geben. Mir wurde ganz schlecht bei diesen Gedanken, ich rannte hinaus und sah beim Näherkommen schon, daß das Schlimmste eingetreten war. Die Tür war geöffnet, Flaschen und Instrumente lagen auf dem Asphalt verstreut.

Zunächst kümmerte ich mich um die Narkotika. Dem Himmel sei Dank! Keines fehlte, auch keines der Instrumente war verschwunden. Nur ein einziges Stück fehlte. Vor Jahren hatte mir Mutter eine sehr hübsche Geldbörse geschenkt, die ich immer bei mir hatte. Gewöhnlich enthielt sie nur kleine Geldbeträge, Kreditkarten, Schlüssel und so weiter. Aber erst vor kurzem hatte ich all diese Dinge an anderer Stelle untergebracht. Die Geldbörse bewahrte ich aber immer noch im Handschuhfach auf, mehr als eine Art Glücksbringer oder Souvenir. Nun war das Geldtäschchen weg. Den Dieben war gar nicht klar gewesen, daß die Medikamente und einige der Instrumente ein kleines Vermögen darstellten. Sie warfen sie beiseite und suchten nur nach Geld. Aus rein persönlichen Gründen hätte ich die Börse gern wiederbekommen und gab deshalb in den Zeitungen eine Verlustanzeige auf. Die Jugendlichen hatten sie ohne Zweifel fortgeworfen, weil sie kein Geld enthielt. Niemand meldete sich auf meine Anzeige, aber wenn ich auch den Verlust der Börse bedauerte, fiel mir doch ein Stein vom Herzen, daß die Jugendlichen keine Medikamente gestohlen hatten. Und das war das Entscheidende.

Bei meiner Routinearbeit mit den Pferden im Bereich der Main Line kam ich mit einigen Rassen in Kontakt, die man nur selten zu sehen bekommt. Gerade in dieser Beziehung besaß der Zirkus seinen großen Reiz für mich. Da gab es Lipizzaner, mächtige Percherons für die Arbeit auf ungesatteltem Pferd, Vollblüter für spektakuläre Rennen um das Zelt herum, Jagdpferde für die Springkonkurrenz, Reitpferde, die am Zwirnsfaden gehen für die Garland Entry, eine kompli-zierte Quadrille zu Pferde, in der die Reiter durch große, blumengeschmückte Reifen traben, und schließlich Gerbrauchspferde, wie sie die Cowboys für die Arbeit mit den Rinderherden benutzten, für die Wildwest-Schau. Der Zirkus bietet eine der wenigen Möglichkeiten, Pferde dazu zu ermuntern, ihre besonde-ren Anlagen zu zeigen. Ein Trainer sagte mir einmal: "Wenn Sie ein Pferd für Vorführzwecke ausbilden, brauchen Sie fünf Minuten für das eigentliche Trai-ning und zwei Stunden, um herauszufinden, was in seinem Kopf vorgeht."

Besonders beeindruckend fand ich die Percherons. Bisher hatte ich es immer als selbstverständlich angesehen, daß sie bloß um die Manege zu galoppieren brauchten, während die Artisten ihre Kunststücke auf ihrem Rücken zeigten. Es ist aber offensichtlich sehr viel schwieriger, ein solches Pferd auszubilden, als an-dere, die ihre Kunststücke oder besser "Tricks" vorführen. Ein Percheron muß genau sechzehn Galoppsprünge in einer Runde um die Manege machen und darf sein Tempo niemals ändern. Nur eines unter zwanzig Pferden erfüllt diese Forderung absolut korrekt.

Wenn ein Percheron mit seiner Arbeit in der Manege beginnt, wird ihm schwindelig vom ständigen Auf-dem-Zirkel-Gehen, und der Trainer muß ihm öfter Ruhezeiten gestatten. Aber schließlich ist das Pferd in der Lage, stunden-lang und ohne eine Pause im Gange zu bleiben. Das genaue Abstimmen von Takt und Tempo ist von entscheidender Bedeutung. Wenn ein Mädchen vom Rücken eines galoppierenden Pferdes in die Luft springt, einen Spagat macht und wieder landet, muß es die absolute Gewißheit haben, daß das Pferd genau im gleichen Tempo weitergaloppiert. Wird es auch nur geringfügig schneller, so-bald es fühlt, daß das Mädchen seinen Rücken verlassen hat, landet dieses auf seiner nicht rutschfesten Kruppe und kommt schmerzhaft zu Fall. Oft stürzt ein Artist krachend auf die Manegenbegrenzung, und das hat meistens ein paar ge-brochene Rippen zur Folge, wenn nicht gar ein gebrochenes Genick.

Von einem der Trainer erfuhr ich, daß er bei Beginn seiner Arbeit zur Ver-ständigung mit den Pferden konventionelle Sprachsignale benutzte, einschließ-lich des in Amerika üblichen "Whoa!" wenn er sie zum Halten bringen wollte. Beim Höhepunkt seiner Nummer ließ er fünf Mädchen zusammen durch die Manege anlaufen und alle gleichzeitig auf den Rücken des Pferdes springen. Während einer Vorstellung waren die Mädchen gerade mitten im Sprung, als ein Mann aus dem Zuschauerraum plötzlich "Whoa!" rief. Das Pferd kam sofort zum Halten, und die Mädchen flogen über seinen Rücken. Zum Glück verfehl-ten sie den Manegenrand, so daß keines von ihnen ernsthaft verletzt wurde. "Trotzdem, ich hätte den Mann umbringen können, wenn ich ihn erwischt hät-te", meinte der Trainer erregt.

Nach dieser Erfahrung brachte er allerdings seinen Percherons bei, auf ein anderes Kommando hin zu halten, wollte mir aber nicht sagen, auf welches.

Einer der besten Ausbilder von Zirkuspferden, die wir im Lande haben, ist Mark Smith, ein stämmiger kleiner Mann, der 1912 mit seiner Familie in zwei Pferdewagen die Wüsten im Südwesten von Kalifornien durchquerte und seitdem immer mit Pferden gearbeitet hat. Mark wurde von dem Produzenten Sol Lesser angefordert, der gerade an einem Film mit dem Titel "Peck's Bad Boy at the Circus" arbeitete. Laut Drehbuch sollte ein Kind einen Salto rückwärts von einem Percheron zu einem anderen ausführen, wobei beide Pferde hintereinander um die Manege galoppierten. Es gab einige erwachsene Artisten, die dieses gefährliche Kunststück beherrschten, aber ein Kind hatte es noch nicht einmal versucht. Die für Hollywood tätigen Pferdeausbilder sagten Lesser, das sei unmöglich. Dann erfuhr Lesser von Mark Smith und suchte ihn auf.

"Mir war von Anfang an klar, daß hier alles von den Pferden abhing", erklärte Mark. "Jedes Kind, das eine Ausbildung im akrobatischen Tanz hinter sich hat, könnte den Salto rückwärts schaffen, vorausgesetzt, es hätte auch den Mut, ihn auf dem Pferderücken auszuführen. Aber die Pferde müssen absolut gleichmäßig gehen, und das hintere muß genau in der vorgeschriebenen Position bleiben, so daß es an der richtigen Stelle galoppiert, wenn das Kind landet."

Mark fand in einer Tanzschule ein zehn Jahre altes Mädchen namens Gwendolyn Gillespie. Gwen war ein mutiges und besonnenes Kind. Das große Problem bestand einzig und allein darin, zwei geeignete Pferde zu finden. Mark besaß einen Percheron, der Buddy hieß und auf den er sich verlassen konnte, aber er brauchte zwei. Von den Percherons, die Mark in seinem Leben schon gesehen hatte, gab es überhaupt nur einen, dem er das Leben eines Kindes anvertrauen würde, einen Wallach mit dem Namen Runt, mit dem er während seiner Tätigkeit beim Al G. Barnes-Zirkus gearbeitet hatte. Als er den Zirkus anrief, sagte man ihm, Runt sei vor langer Zeit zusammen mit anderen ausrangierten Manegenpferden auf eine Auktion geschickt worden.

Mit Hilfe seines Bruders Pete versuchte Mark nun eine ganze Woche lang, herauszufinden, was aus Runt geworden war. Der alte Percheron war von einem Händler zum anderen gewandert und schließlich an einen Pferdehändler im nördlichen Kalifornien verkauft worden. Die beiden Brüder fuhren in höchster Eile mit Wagen und Pferdehänger zu der Stadt und hofften inständig, Runt noch dort vorzufinden.

Bei ihrer Ankunft war der Händler gerade dabei, den Percheron als Wagenpferd zu verkaufen. Der Zirkusveteran selbst stand geistesabwesend dabei, während die beiden Männer handelten. "Der arme, alte Runt bot einen jammervollen Anblick", erzählte Mark. "Ihm fehlten zwei Eisen, er war wochenlang nicht geputzt worden und zeigte Spuren vieler Bisse. Der Händler hatte ihn mit einigen angriffslustigen Maultieren zusammengepfercht, die ihn übel zugerichtet hatten."

Als Runt Mark erblickte, fing er heftig an zu wiehern und versuchte, auf ihn zuzulaufen. Der Händler wandte sich den beiden Smiths zu und fragte: "Was, zum Teufel, ist denn hier los? Der Verkauf ist abgeschlossen, gehen Sie weg von dem Pferd." Die beiden Brüder neigen gelegentlich dazu, etwas heftig zu werden, und Pete schlug den Händler kurzerhand zu Boden. Als der Mann wieder aufstand, war er schon etwas vernünftiger. Mark bezahlte ihn, dann führten er und Pete den Percheron auf den Hänger, während der erstaunte Farmer, der Runt eigentlich haben wollte, ihnen mit großen Augen fassungslos zusah.

Mark gönnte dem Percheron in seinem Stall erst ein paar Tage Ruhe. Dann führte er das Pferd zum Ausprobieren in die Manege. Als Runt die ihm vertraute Umgebung sah, machte er sich von Mark frei, sprang über den Manegenring und blieb dort stehen. Mit den Hufen scharrte er im Sägemehl und wartete augenscheinlich auf das Zeichen, mit der Vorstellung zu beginnen.

In drei Tagen beherrschte Gwen Gillespie den Salto rückwärts auf den Pferderücken. Als die Nummer abgedreht war, schickte Mark den Percheron auf eine große Ranch in Pension, wo das alte Pferd den Rest seiner Tage mit anderen Veteranen in aller Ruhe über die hügeligen Weiden wandern konnte.

Eine der schönsten und intelligentesten Pferderassen sind die Araber. Als der russische Staatszirkus einmal in Philadelphia spielte, wurde ich geholt, um ein Pferd zu behandeln. Ich muß gestehen, den Russen gegenüber war ich etwas ängstlich. Für mich waren sie Leute, die bestimmt wenig Lust verspürten, mit einem kapitalistischen Veterinär zusammenzuarbeiten - und noch dazu mit einer Frau. Ich erlebte, weiß Gott, eine Überraschung, als ich im Zirkus eintraf. So ein Zusammenschlagen von Hacken, so viele ausgestreckte Hände und eine derart freundliche Hilfsbereitschaft hatte ich noch nie erfahren. Alle ihre Pferde schienen Arabische Hengste aus polnischer Zucht zu sein, herrliche Tiere in hervorragendem Gesundheitszustand. Aber der Trainer führte mich zu einer ruhigen Ekke, wo ein kleines Schecken-Pony am Ende des Stalles stand, das an einem Katarrh der oberen Luftwege litt. Ich hatte keine Ahnung, welche Rolle die Stute in der Schau spielte, aber sie war der besondere Liebling des Trainers, und er machte sich um sie genauso Sorgen wie seinerzeit der Bulgare um seinen belgischen Hengst. Das arme kleine Tier war sehr krank, und ich hielt es für besser, sie für einige Zeit in die Klinik zu nehmen. Als man das ihrem Besitzer erklärte, war er sehr niedergeschlagen und fragte, ob er bei ihr bleiben könnte. "Ich will auch gern im Stall bei ihr schlafen, wenn es kein Zimmer für mich gibt", versicherte er mir. Das war leider nicht möglich, und er beobachtete traurig, wie sie in die Pferde-Ambulanz verladen und weggefahren wurde. Er rief zweimal täglich an, um sich nach ihrem Ergehen zu erkundigen, und an seinem freien Tag kam er heraus, um sie zu besuchen. Zum Glück erholte sich das Pony gut. Wäre es anders gewesen, hätte ihr Besitzer mir das nie verziehen - oder den Vereinigten Staaten.

So aber, nachdem alles gutgegangen war, gewannen wir ihn als treuen Freund.

Im Russischen Zirkus hatte ich die Chance, mir die Araber anzusehen. Diese edlen Tiere sind die älteste domestizierte Pferderasse der Welt und nach Ansicht vieler Pferdefreunde auch die schönste. Sie erinnern mich an unser amerikanisches Quarterhorse, das aus dem Mustang entwickelt wurde und arabisches Blut führt. Das Quarterhorse wurde ursprünglich für die Arbeit mit den Rinderherden im Westen gezüchtet. Es mußte imstande sein, eine Viertelmeile lang ein hohes Tempo zu halten - daher der Name -, um notfalls einen eigensinnigen Stier überholen zu können. Anders als ein Vollblüter brauchte es nicht über beträchtliche Entfernungen mit hoher Geschwindigkeit zu laufen. Es mußte auch nicht springen. Stattdessen aber wurde von ihm eine Reihe von Fertigkeiten verlangt, die mit der Betreuung von Rinderherden zusammenhängen. Ein gutes Herden-Pferd muß beispielsweise eine enge Acht galoppieren und dabei fliegend die Hand wechseln. Es muß sich auf der Hinterhand drehen, eine Wendung von 180 Grad machen und aus dem Schritt angaloppieren können. Wenn sein Reiter ein Kalb mit dem Lasso einfängt, muß es sofort auf den Hinterbeinen rutschend zum Halt kommen. Es muß das Seil straff halten, während der Reiter dem Kalb alle vier Beine zusammenbindet und unter dem Lasso hin- und herkriecht, um zu zeigen, daß das Pferd ruhig bleibt.

Ein wirklich gutes Pferd kann mit einer Rinderherde arbeiten wie ein Hund mit einer Schafherde. Ohne Reiter galoppiert es zwischen die Rinder, isoliert jedes ihm vom Herrn gezeigte Tier und hält es von den anderen abgesondert in Position, bis es eingefangen wird. Schauveranstaltungen, in denen diese Pferde ihr Können zeigen, werden immer populärer. Meiner Ansicht nach werden die für solche Aufgaben gezüchteten Pferde immer kleiner, damit sie schnellere Wendungen machen und ungewöhnlichere Gehorsamsbeweise erbringen können. Das wird sich aber als ein Fehler herausstellen. Denn mit der geringeren Größe der Pferde werden auch ihre Köpfe kleiner, sie entwickeln weniger Intelligenz und weniger Muskeln. Um diese Nachteile wieder wettzumachen, müssen sie oft eine grausame Ausbildung unter Anwendung überscharfer Sporen durchhalten. Dinge dieser Art führen zu Selbstzerstörung wie alle extremen Anpassungsversuche. Aber ich würde gern einmal einen Araber in der Ausbildung als Herden-Pferd sehen. Ich habe das Gefühl, sie würden ihre Sache sehr gut machen.

Die Ausbildung von "Trickpferden", z. B. für den Film, ist ein Kapitel und eine Kunst für sich. Die Pferde müssen sich verbeugen, ihre Lippen schürzen, als lachten sie, nicken und den Kopf schütteln für "ja" und "nein" und wie tot auf der Seite liegenbleiben. Einem Pferd solche Kunststücke beizubringen, ist etwas ganz anderes, als ein Herden-Pferd auszubilden! Die Routinearbeit eines Herden-Pferdes nutzt die ihm von der Natur gegebenen Fähigkeiten. Ein wilder Hengst führt gewöhnlich eine Herde von Stuten an; er wechselt instinktiv im Galopp die Hand, macht eine Wendung auf der Hinterhand oder rutscht mit tiefer Kruppe zu einer Vollbremsung. Die Aufgabe des Trainers besteht darin, dem Pferd beizubringen, diese Dinge zu einem bestimmten Zeitpunkt und auf bestimmte Art auszuführen. Wenn ein Herden-Pferd sich in zu vielen Schauvorführungen verbraucht hat, wo keine Rinder eingesetzt werden, bringt es der Trainer für einige Wochen auf die Weide und läßt es dort mit Rindern arbeiten. Dort lernt das Pferd, daß die verschiedenen Kunststücke, die man ihm beigebracht hat, einen ganz bestimmten Nutzwert besitzen. Danach kann es wieder zurück in die Rodeo-Arena und wird mit mehr Lust sein Können zeigen.

Es gibt keine Möglichkeit, ein Pferd dazu zu ermuntern, Spaß am Erlernen von Kunststücken zu entwickeln. Es kann keinen vernünftigen Grund erkennen, warum es auf ein bestimmtes Zeichen ein Taschentuch aufheben und es zu seinem Trainer bringen oder zu einer Dame hinübergehen und seinen Kopf in ihren Schoß legen soll. Hunde können Tricks ziemlich leicht lernen, weil sie den natürlichen Trieb besitzen, ihren Herrn zufriedenzustellen, aber Pferde sind weit unabhängiger. Die einzige Möglichkeit, einem Pferd Kunststücke beizubringen, besteht darin, es in eine Lage zu versetzen, die ihm unangenehm ist und der es nur durch ein Verhalten aus dem Wege gehen kann, das sich später zu einem Kunststück ausbauen läßt.

Eine solche Ausbildung vollzieht sich im allgemeinen in vier Phasen. Wenn das Pferd lernen soll, sich hinzuknien, beginnt der Trainer damit, daß er eines der Vorderbeine des Tieres anhebt. Für Pferde ist es schwer, auf drei Beinen zu stehen; so läßt es sich also auf sein Knie nieder; schließlich lernt es, sich schnell und mühelos hinzuknien, sobald der Trainer den Fuß anhebt. Das ist der erste Schritt. Beim nächsten lernt es, daß es leichter ist, sofort zu knien, sobald der Trainer nur seinen Fuß berührt und nicht erst sein Bein vom Boden heben muß. Dem Pferd wird nun bedeutet, auf ein Stichwort oder Zeichen zu knien, wobei das Zeichen darin besteht, daß der Trainer nur seine Hand ausstreckt und das Knie berührt. Später reicht es aus, wenn er nur seine Hand ausstreckt in Richtung auf den Fuß. Schließlich kann der Trainer in einer Entfernung von zehn Metern stehenbleiben, er braucht nur seine Hand zu heben, und das Pferd kniet sofort.

Diese Form der Ausbildung ist nichts anderes als eine Erweiterung der Methode, nach der einem Reitpferd beigebracht wird, auf Zügelhilfen zu reagieren. Anfangs wendet sich ein Pferd nur deshalb nach links und rechts, weil sein Reiter in der entsprechenden Richtung über den Zügel am Gebiß zieht und das Pferd sich bewegt, um dem Druck auf sein Maul auszuweichen. Aber wenn ein Trainer ein Pferd zügelgehorsam machen will, braucht er mehr als nur das Gebiß. Bei einer Linkswendung läßt er den rechten äußeren Zügel anstehen und unterstützt mit dem Schenkel seine Absicht, das Pferd zu einer Wendung zu veranlassen. Nach einiger Zeit genügen der anstehende Zügel und der Schenkeldruck für die

Wendung, ohne daß das Gebiß benutzt wird. Ein gutes, zügelgehorsames Pferd kann mit Halfter geritten werden, weil Zügel und Schenkeldruck des Reiters völlig als "auslösende Faktoren" genügen, obwohl sie ursprünglich keine Bedeutung hatten.

Sicherlich können Pferde bei ständiger Androhung von Strafe eine gewisse Routine erwerben, aber dieses System wird sich früher oder später rächen. Dafür gibt eine Geschichte, die mir ein Trainer erzählte, ein gutes Beispiel.

"Meinem ältesten Sohn Harold wurde von einem Trainer der alten Schule, der noch an eine harte Behandlung seiner Pferde glaubte, ein sehr schönes Dressurpferd angeboten. Dieses Pferd konnte mit allen vier Beinen zugleich vom Boden abspringen und beherrschte den Spanischen Tritt sowie die Trabtraversalen. Harold probierte das Pferd in der Manege. Es arbeitete ausgezeichnet, und Harold verstand nicht, warum der Mann es loswerden wollte. Er fand den Grund aber schnell heraus, als er das Tier in einer Schau vorstellen wollte. Das Pferd verweigerte jede Arbeit. Es dauerte eine Weile, bis wir entdeckten, was los war. Wir erfuhren, daß der alte Trainer sein Pferd immer schlug, wenn es seine Kunststücke zeigen sollte. Dabei benutzte er eine kurze Kette, die keine Spuren hinterließ wie eine Gerte. Das Pferd merkte schnell, daß der Mann es nicht in der Manege zu schlagen wagte, wo eine Menge Leute zuschauten. Daher verweigerte es bei seiner Vorführung, arbeitete aber im Training gut. Als Harold das herausgefunden hatte, steckte er sich vor jeder Vorstellung eine fünfzehn Zentimeter lange Kette in die Tasche. Begann es zu verweigern, rasselte Harold mit der Kette. Sofort spitzte das Pferd die Ohren und arbeitete tadellos. Aber trotzdem verkauften wir es wieder, denn nach einiger Zeit hätte es den Trick mit der Kette mitbekommen und erneut die Arbeit verweigert."

Pferde leben in einer Welt des Geruchs, des Sehens und des Hörens. Ein guter Ausbilder vergißt das niemals. Ein sehr erfahrener unter ihnen erläuterte, wie er vier Pferden beibrachte, ein Rennen zu laufen, wobei jedes von ihnen auf dem Rücken ein anderes Tier hatte, einen Leoparden, einen Affen, einen Bären und einen Hund. Einige Männer hatten versucht, das mit den Pferden zu schaffen, indem sie ihnen Augenblenden überzogen, so daß sie ihre tierischen Jockeys nicht sehen konnten. Dieser Versuch funktionierte aber nicht. Die Pferde wurden den Geruch der Tiere auf ihrem Rücken nicht los, der sie verrückt machte. Daher ging der Trainer dazu über, jedes Pferd in der Nähe des Käfigs anzubinden, in dem das Tier untergebracht war, das als sein Reiter fungierte. Nach ein paar Tagen gewöhnte sich das Pferd an den fremden Tiergeruch. Dann wurde ihm eine Lederkapuze über den Kopf gestülpt und das Tier auf seinen Rücken gesetzt. Wenn sich das Pferd auch an den fremden Reiter gewöhnt hatte, wurde die Haube weggelassen.

So wie Dompteure, die mit Löwen arbeiten, nutzen auch die Ausbilder von

Zirkuspferden gern bestimmte Eigenheiten eines Tieres, aus denen sich ein Trick machen läßt. Das gilt vor allem für die Filmarbeit, wo man oft ein "kämpfendes Pferd" braucht, das steigt und mit den Vorderbeinen um sich schlägt, wenn ihm jemand zu nahe kommt; meistens um seinen Herrn gegen "schurkische" Viehdiebe zu verteidigen. Der Trainer kauft zunächst ein von Natur aggressives Pferd, meist einen einjährigen Hengst, der schlecht behandelt worden ist und gelernt hat, wie er Menschen in Schrecken versetzen kann, wenn er sie angreift. Früher war es für den Trainer am schwierigsten, einen solchen Junghengst zu seinem Stall zu transportieren, ohne Gewalt anzuwenden. Denn hatte das Pferd erst einmal begriffen, daß der Mann keine Angst hatte und ihn zum Gehorsam zwingen konnte, respektierte ihn der Hengst und verlor viel von seiner Angriffslust. Heute verwendet man Beruhigungsmittel. Der Hengst wird an der Longe in einen kleinen, umzäunten Auslauf gebracht, wo sich ihm der Trainer in vorgebeugter Haltung nähert. Plötzlich richtet er sich auf, schreit und wedelt mit den Händen. Das veranlaßt das Pferd zu steigen und nach ihm zu schlagen. Der Mann tritt sofort zurück und überläßt das Pferd sich selbst. Bald ist der Hengst davon überzeugt, daß er alle geblufft hat, und greift jeden an, der sich ihm nähert. Schließlich erfolgt das Steigen des Hengstes automatisch und verliert all seine ursprüngliche Aggressivität. Von da an kann er wie jedes andere Pferd behandelt werden.

Ich kenne eines, dem man beigebracht hat, eine Münze mit seinen Lippen aufzuheben, dann zu einer Registrierkasse zu gehen, die Klingel zu betätigen, die Schublade herauszuziehen, die Münze hineinzuwerfen und die Lade wieder zu schließen. Es kann auch ein Fenster öffnen, hindurchklettern und schließlich über ein Liebespaar steigen, wobei es den beiden zuwiehert. Der Trainer wollte mir nicht verraten, wie er es anstellte, daß ein Pferd solche Trickfolgen lernte. "Ich muß ein paar Geheimnisse für mich behalten", erklärte er mir, "sonst könnte jeder Trainer sein."

Immerhin ist auch dies ein großartiges Beispiel dafür, was man mit Pferden erreichen kann, wenn sie anständig behandelt werden.

Nicht alle Pferde reagieren auf dieselben Methoden in gleicher Weise. Einige schütteln den Kopf für "nein", wenn man sie mit dem stumpfen Ende eines Bleistiftes an einer bestimmten Stelle des Widerristes berührt; andere reagieren auf diesen Reiz nicht, und der Trainer muß ihnen ins Ohr blasen. Manche Pferde nicken, wenn sie der Trainer am Kinn kitzelt, andere nur, wenn man ihnen gegen die Brust klopft. Aber manche lernen auch überhaupt keine Tricks. Um erfolgreich zu sein, muß man eben geeignete Pferde haben.

Viele Kunststücke lassen sich nur durch ein kompliziertes, schrittweises Vorgehen erreichen. Bei einem sehr beliebten Trick wird der Held von den Schurken gefesselt, dann erscheint sein treues Pferd und löst mit seinen Zähnen die Knoten. Meist fängt der Trainer damit an, daß er das Pferd veranlaßt, ein Taschentuch aufzunehmen, das um ein Stück Apfel gewickelt ist. Das Pferd riecht den Apfel und schüttelt das Tuch ab, um an den Apfel zu kommen. Schließlich nimmt das Pferd jedes Tuch in seinem Blickfeld auf und schüttelt es in der Hoffnung, einen Apfel zu finden. Dann ersetzt der Trainer das Taschentuch durch ein Stück Seil. Da sich das Pferd inzwischen daran gewöhnt hat, alles aufzunehmen, worauf sein Trainer deutet, greift es auch nach dem Seil. Den Apfel gibt es sofort als Belohnung. Am Ende hat das Pferd gelernt, einen Knoten zu lösen, und bringt das Seil zu seinem Herrn, um den obligatorischen Apfel in Empfang zu nehmen.

Gelegentlich findet ein Trainer für ein scheinbar unlösbares Problem eine sehr einfache Lösung. Im Zirkus gab es unter den Pferden einen riesigen Percheron, der so nervös war, daß er immer in Panik geriet, wenn die Zuschauer lachten oder applaudierten. Außer einem Beruhigungsmittel vor jeder Vorstellung schien es keine Möglichkeit zu geben, dem abzuhelfen. Da schaltete sich ein alter, versierter Trainer ein.

"Lassen Sie mich fünf Minuten mit dem Pferd allein, dann geht alles in Ordnung", versprach der Mann. Er verschwand mit dem Pferd, und als die beiden wieder erschienen, absolvierte das Pferd sein ganzes Programm ohne jede Schwierigkeit.

"Haben Sie ihm wirklich kein Beruhigungsmittel gegeben?" fragte ich den Trainer skeptisch.

"Ganz bestimmt nicht. Ich habe ihm nur Watte in die Ohren gesteckt, so daß er den Lärm nicht hören kann", erklärte er beiläufig.

Pferde entwickeln oft eine enge Beziehung zu einem Stallgenossen; sie kann so intensiv sein, daß, wenn die beiden getrennt werden, das zurückbleibende Pferd fast verrückt wird. Man hat mir von einem Trainer erzählt, der nach Hollywood gerufen wurde, weil keiner seiner dort tätigen Kollegen imstande war, eine bestimmte Szene vorzubereiten. Dabei sollte ein Pferd, das sich einer Herde wilder Mustangs angeschlossen hatte, diese wieder verlassen und auf den Helden zulaufen, als er die Stimme seines Herrn vernahm. Da Pferde nun einmal Herdentiere sind, stellte es sich als unmöglich heraus, ein einzelnes Pferd dazu zu bringen, die anderen wieder zu verlassen. Das Studio hatte sogar eine lange Klaviersaite um den Hals des Pferdes binden lassen und zog es mit nackter Gewalt aus der Herde heraus. Das Ärgerliche dabei war, daß das Pferd sich seinem geliebten Herrn, mit allen vier Beinen fest am Boden klebend, näherte und bei jedem Schritt heftig Widerstand leistete.

Der Zirkustrainer besaß zwei Pferde, die Stallgefährten und einander sehr zugetan waren. Er nahm sie mit nach Hollywood, und eines wurde der Studioherde zugeteilt. Der Trainer hielt das andere hinter dem Schauspieler, knapp außerhalb des Aufnahmebereichs. Als dieses seinen Freund in der Herde sah, wieherte es laut. Im gleichen Augenblick verließ sein Stallgenosse die Herde und lief auf ihn zu. Im Film sah es dann so aus, als liefe es freudig auf den Schauspieler zu.

Aber auch die besten Trainer machen einmal Fehler. Mrs. Buck Jones bat jemanden, ein Pferd für ihren Mann auszubilden, das als Weihnachtsgeschenk eine Überraschung sein sollte. Wenn auch im allgemeinen die Ansicht vorherrscht, die Cowboy-Stars trainierten ihre Pferde selbst, so ist das nur selten der Fall. Der Trainer brauchte Wochen für die Arbeit mit einem schönen Scheck-Wallach und lieferte dann das Pferd am Weihnachtsabend zuhause bei den Jones ab. Im Wohnzimmer waren einige prominente Leute vom Film, und Mrs. Jones hielt es für eine gute Idee, das Pferd zu ihrem Mann hinübergehen und ihm mit einem vorgestreckten Vorderbein eine Reverenz erweisen zu lassen. Der Trainer zeigte ihr, welche Hilfe der Schecke für diesen Trick brauchte, und verließ dann das Haus.

Im Hotel erfuhr er, daß Mrs. Jones ihn seit einer halben Stunde verzweifelt zu erreichen versuchte. Er rief zurück und erkundigte sich besorgt: "Wollte denn das Pferd die Verbeugung nicht machen?"

"Oh, die Verbeugung klappte großartig", versicherte Mrs. Jones ihm. "Aber ich hatte vergessen, Sie etwas zu fragen. Wie, zum Teufel, bringen Sie das verdammte Tier dazu, sich wieder aufzurichten, so daß wir es aus dem Zimmer bekommen?"

Als der Zirkus zum letzten Mal in Philadelphia spielte, hatte ich kurz vor dem Abbau noch einige Tiere zu untersuchen. Danach ging ich zum Bahnhof, um alle zu verabschieden. Fast jeder kannte mich, und so mancher rief: "Kommen Sie mit, Dr. Lose. Wir brauchen jetzt einen Tierarzt, wo der alte Doc Henderson in Pension gegangen ist. Es ist immer ein Platz frei für Sie; kommen Sie mit!"

Das bedeutete eine große Versuchung für mich, wirklich! Es sind so liebe Menschen, und überall durch das Land zu reisen, wäre mal etwas anderes als meine normale Arbeit als Tierarzt. Nur eine Minute, und fast hätte ich meinen Koffer an Bord des Zuges geworfen und wäre hinterher gesprungen. Aber natürlich konnte ich das nicht. Für zu vieles hatte ich hier die Verantwortung. Ich lachte ihnen nur fröhlich zu, schüttelte den Kopf als Antwort und winkte ihnen nach, als sich der Zug in Bewegung setzte.

Bei der Berittenen Polizei

Seit Jahren hatte ich davon geträumt, eine eigene Pferdeklinik zu bauen. Die uns am nächsten gelegene war das Bolton Center, die Tiermedizinische Hochschule der Universität von Pennsylvanien, mehr als dreißig Meilen entfernt. Außerdem beschäftigten mich bestimmte Vorstellungen, die ich gern in einer Klinik für Pferde verwirklicht hätte. Meine Praxis hatte sich ausgedehnt. Abgesehen von der tierärztlichen Betreuung der DuPont- und Biddle-Ställe war ich jetzt auch noch erster Veterinär für Pancoast und Lyman und einige kleinere Anlagen. Ich hatte zwar viel zu tun, aber es bestand keine Aussicht, genügend Geld aufzutreiben, um eine private Klinik zu bauen. Immerhin gab es auch einmal eine Zeit, wo es unmöglich schien, jemals Tierärztin zu werden! Ich wußte also, daß "Wunder" geschehen konnten.

Dieses Wunder ereignete sich eines Morgens um zwei Uhr in der Frühe, als ich nach einem harten Tag nach Hause kam. Audrey Bostwick saß in unserem Wohnzimmer, umrahmt von leeren Kaffeetassen. "Wo in aller Welt bist du bloß gewesen?" begann sie. "Norma, deine Mutter und ich versuchen seit sieben Uhr, dich irgendwo ausfindig zu machen. Die beiden haben aufgegeben und sind zu Bett gegangen. Aber du mußtest ja irgendwann wieder aufkreuzen, wenn du nicht gestorben warst! Die Polizei hat mir versprochen anzurufen, falls sie dich gefunden hätten. Da sich nichts tat, nahm ich an, du seiest noch munter und fidel."

Ich goß mir eine Tasse Kaffee ein und ließ mich in einen Stuhl fallen. "Na ja", sagte ich erschöpft. "Was ist passiert?"

"Du bist der neue Tierarzt für die Berittene Polizei von Philadelphia", erzählte sie mir. "Hundert Pferde. Neben deiner normalen Praxis wird dich das ganz schön in Trab halten."

Ich versuchte eine ebenso witzige Antwort auf diesen plumpen Scherz. Dr. McCarthy war der Polizei-Tierarzt, und ich wußte, daß man sehr zufrieden mit ihm war. Auf jeden Fall war der Veterinär der Polizei immer ein Mann gewesen. Außerdem hat ein scheidender Tierarzt immer Mitspracherecht bei der Wahl seines Nachfolgers. Von Dr. McCarthy war mir aber bekannt, daß er nicht viel von mir hielt. Als mich Inspektor Turner einmal geholt hatte, um die Zahnfleischentzündung eines Pferdes zu behandeln, war Dr. McCarthy wütend, weil man eine Frau konsultiert hatte.

"Bleibt noch Zeit, diesen Kaffee zu trinken, bevor ich meine neue Aufgabe übernehme?" Das war das beste, was ich noch zustandebrachte.

Audrey sah mich streng an. "Kaum. Trink aus und gib mir eine Übersicht deiner Qualifikationen. Ich nehme sie mit nach Philadelphia, wenn ich gehe. Dr. McCarthy ist soeben in den Ruhestand getreten. Es ist zwar nur eine Formsache, aber die Polizei-Oberen müssen ihre Zustimmung geben."

Ich wußte nicht, ob ich nun jubeln oder in Tränen ausbrechen sollte. Mein Tagesplan war schon jetzt übervoll von Terminen. Rings um Philadelphia herum gab es vier Polizeiställe, 40 Meilen von Berwyn entfernt. Der größte Teil meiner Praxis spielte sich westlich der Main Line ab, gerade am entgegengesetzten Ende von Philadelphia. Ich wußte auch, daß man bei der Polizei zu jeder Tages- und Nachtzeit für Notfälle bereit sein mußte, von denen es eine ganze Menge gab. Allerdings war es auch eine große Ehre! Soweit ich wußte, wäre ich die erste Polizei-Tierärztin in der Geschichte. Ich mochte die Polizei und sie mich offenbar auch. Und dann war da wieder der Traum von einer eigenen Klinik! Jetzt gab es vielleicht eine Chance, sie zu bauen!

Ich stellte meine Qualifikationspapiere zusammen und schickte Audrey damit los. Sie war sehr viel zuversichtlicher als ich, und als ich weiter darüber nachdachte, kam ich zu dem Ergebnis, daß die ganze Idee wohl eher von Audrey ausging als von der Polizeibehörde; so vergaß ich die Sache fast wieder.

Eine Woche später wurde ich aufgefordert, vor der Kommission der Polizei zur Überprüfung zu erscheinen. Ich zog mir einen nagelneuen Overall an, brachte meine Schuhe auf Hochglanz und fuhr nach Philadelphia. Die Herren unterzogen mich einer ziemlich strengen Prüfung, die ich mit viel Glück bestand. Sie dauerte zwei Stunden, nach einem schriftlichen folgte ein mündlicher Teil. Sie schienen vor allem an meiner Vorbildung interessiert zu sein und an der Tatsache, daß ich fast ausschließlich Erfahrungen mit Pferden besaß, weniger mit Tieren im allgemeinen. Als ich den Vertrag unterzeichnete, bemerkte einer von ihnen: "Noch etwas. Sie müssen sich auch um die siebzehn Deutschen Schäferhunde kümmern, die bei der Polizei arbeiten. Seien Sie vorsichtig, sie sind sehr scharf."

Damit hatte ich nicht gerechnet, Hunde liegen mir nicht sehr, aber jetzt ließ sich das nicht mehr ändern.

Bisher hatte ich immer gemeint, ich hätte viel zu tun; jetzt schien mir, als sei es Urlaub gewesen. Im Rahmen meiner normalen Praxis hatte ich auch die Aufsicht über ein großes Gestüt in der Nähe von Downington, gut 50 Meilen von Philadelphia entfernt. Die Arbeit mit tragenden Stuten und die Geburt von Fohlen lagen mir immer besonders am Herzen, deshalb verbrachte ich dort einen großen Teil meiner Zeit. Jeden Morgen verließ ich das Haus um fünf Uhr - wirklich jeden Morgen, auch sonntags und Weihnachten, ganz gleich, ob ich mich wohlfühlte oder krank war. Zunächst kontrollierte ich alle Polizeiställe und fuhr dann zum Gestüt. Von dort aus ging es weiter zu einem anderen bei Unionville, 30 Meilen in entgegengesetzter Richtung. Dann kamen meine üblichen Runden. Abends waren nochmals die Polizeiställe an der Reihe. Natürlich stand ich über den Auto-Sprechfunko jederzeit mit Mutter und Norma in Verbindung, so daß ich in einem Notfall meine Normaltour unterbrechen und sofort zur Verfügung stehen konnte.

Die ersten Schwierigkeiten traten bei den Hunden auf. Ein auf Angriff ausgebildeter Hund ist kein Haustier. Viele von ihnen ließen sich außer von ihrem Herrn von keinem anderen anfassen. Einige mußten in einen Zwangskäfig gesteckt werden, der bewegliche Wände besaß, die sich nach innen schieben ließen, um das Tier für die Behandlung bewegungslos zu machen. Ich kam mir vor wie bei den wilden Tieren im Zirkus. Glücklicherweise waren die Hunde gesund, so daß ich außer Impfen und Wurmkur wenig Arbeit mit ihnen hatte. Mir ist bewußt, daß viele Leute gegenüber der Polizei gewisse Vorbehalte haben, weil sie Hunde für ihre Arbeit einsetzen. Ein Gutteil dieses Gefühls läßt sich, wie ich glaube, auf uralte Zeiten zurückführen, als Menschen von den Wölfen bedroht wurden. Oft haben die Leute mehr Angst vor einem Tier als vor einem bewaffneten Mann, obwohl ein Polizist mit einem Revolver oder einem schweren Schlagstock weit gefährlicher ist als jeder Hund. Bei verschiedenen Gelegenheiten habe ich aber auch beobachtet, wie Männer, die bewaffnete Polizisten angreifen wollten, auf dem Absatz kehrt machten und vor einem knurrenden Hund das Weite suchten. Der Vorteil beim Einsatz von Hunden besteht darin, daß sie Flüchtige überholen, die in dunkle Nebenstraßen rennen oder zwischen geparkten Autos auszuweichen versuchen. Ein Polizist ist in solcher Situation immer im Nachteil. Er weiß nicht, ob der Flüchtige bewaffnet ist und sich plötzlich umdrehen und auf ihn feuern kann. Ein Hund ist kleiner als ein Mensch, schneller und beweglicher. Er kann den Flüchtigen stellen und ihn festhalten, bis der Polizist kommt. Natürlich kann mit Polizeihunden auch Mißbrauch getrieben werden, wie das meiner Erinnerung nach in einigen Städten des Südens während der Rassenunruhen vor zwanzig Jahren der Fall war. Aber das geschieht auch mit Feuerwaffen, Schlagstöcken oder Feuerwehrschläuchen.

Als Ergänzung möchte ich noch hinzufügen, daß Polizeihunde nur auf Kommando angreifen. Sie entscheiden nicht selbst darüber, wen sie angreifen. Trotzdem sind es nach meiner Erfahrung Tiere, die man lieber in Ruhe lassen sollte. Ich mag es nicht, wenn Leute zu ihnen gehen und sie streicheln wollen. Sie sind im Dienst und wollen nicht belästigt werden. Nur zum Angriff werden sie losgelassen, sonst gehen sie immer an der Leine, eine sehr vernünftige Regel. Zum Glück betraf meine Arbeit fast nur die Pferde.

Eigentlich hatte ich es für selbstverständlich gehalten, daß meine Aufgaben mit Polizeipferden etwa so wie die in den Privatställen zu erledigen seien. Nur allzu bald stellte sich heraus, wie sehr ich mich darin geirrt hatte.

Mir ist noch gut in Erinnerung, wie ich einmal am späten Nachmittag am Lincoln Pike entlangfuhr. Plötzlich knackte das Radio, und Normas Stimme kam mit einem Notruf: "Ein Polizist der Berittenen ist mit seinem Pferd über einen Steilhang in den Wissahickon Creek gestürzt. Der Mann hat sich befreien können, aber das Pferd liegt im Sumpf und versinkt. Fahr so schnell wie möglich hin!"

Ich hatte keine Vorstellung davon, wie ein Pferd aus versumpftem Gelände herauszuholen sei. Vielleicht konnte ich helfen, wenn man es befreit hatte. Aber jetzt war nicht die Zeit, darüber Überlegungen anzustellen.

"Wo genau liegt das Pferd?" fragte ich.

"Fahr zur Bells Mill Road. Da wartet ein Polizeiwagen, um dich hinzubringen. Kümmere dich nicht um die Tempovorschriften. Binde ein Taschentuch an die Antenne, und fahr so schnell du kannst. Jeder Polizist, der dich sieht, weiß dann, daß es ein Notfall ist."

Barbara hatte bereits das Fenster geöffnet und befestigte das Taschentuch an der Antenne, als ich aufs Gaspedal trat. Es war eine wilde Fahrt. An der Bells Mill Road wartete schon der Polizeiwagen. Als er uns sah, schaltete er sofort Scheinwerfer und Sirene ein und fuhr los, ich folgte dicht auf. Wissahickon Creek ist ein überraschend wilder und ursprünglicher Teil des Landes am Nordweststrand der Stadt, der Creek selbst normalerweise nur ein kleiner Fluß, außer bei Hochwasser, und wir hatten in jenem Frühjahr schwere Regenfälle gehabt. Er fließt am Fuße eines Felsens, der stellenweise 30 Meter Höhe erreicht. Das ganze Gebiet ist dicht bewaldet und nur von wenigen Reitwegen durchzogen. Mit Höchstgeschwindigkeit rasten wir durch die Vororte.

Der Polizeiwagen kam mit quietschenden Reifen zum Halten. Es hatten sich eine Menge Schaulustiger angesammelt, die alle gespannt auf etwas tief im Wald starrten. Mehrere Polizisten machten uns schnell einen Weg durch die Menge frei. Ich hatte meine schwarze Bereitschaftstasche gepackt, und Barbara trug alle sonstigen Sachen, die vielleicht gebraucht wurden. Plötzlich standen wir am Rande eines Abgrunds.

Ein Polizeioffizier, der ein alter Freund von mir war, hatte die verantwortliche Leitung. Sobald er uns sah, rief er über den Steilhang hinunter: "Die Tierärztin ist mit ihrer Helferin da, macht euch bereit." Ich hörte Stimmen von unten, und im nächsten Augenblick führte man uns zum Rand des steilen Absturzes. Höhenunterschiede wie hier sind noch nie nach meinem Geschmack gewesen, außerdem wurde es dunkel. Ich konnte keinen Weg nach unten entdecken und gebe zu, daß mir vor Angst eiskalt wurde.

Barbara muß das gespürt haben, denn sie sagte: "Geben Sie mir die Tasche, Doktor, dann haben Sie beide Hände frei."

"Nein, die behalte ich bei mir", erwiderte ich mit möglichst fester Stimme.

Jetzt konnte ich erkennen, daß eine Menschenkette von Polizisten in Abständen auf dem Steilabfall postiert war. Wie sie sich da halten konnten, war mir schleierhaft, aber jeder hatte augenscheinlich etwas zum Anfassen gefunden. Der am höchsten stehende Mann streckte mir eine Hand entgegen, während er sich mit der anderen an einer Baumwurzel festhielt. Meine Beine zitterten, in meiner Magengrube rumorte es, und meine Halsmuskeln waren steif wie Draht. Es gelang mir aber, die ausgestreckte Hand zu fassen und über den Rand zu gleiten. In der einen Hand die Tasche, rutschte ich hangabwärts, dabei immer bemüht, meine Absätze in den Boden zu bohren. Der zweite Polizist, der etwas tiefer stand, übernahm mich, und obwohl ihn mein zusätzliches Gewicht fast aus dem Gleichgewicht brachte, schaffte ich es bis zum dritten Mann. Hinter mir hörte ich Barbara nachkommen. Was würde wohl passieren, wenn sie den Halt verlor und auf mir landete? Wir hätten uns wohl beide erst am Fuße des Steilhangs wiedergefunden, mit gebrochenen Knochen, wenn nicht mit gebrochenem Genick. Glücklicherweise war Barbara trittsicherer als ich und brauchte kaum die Hilfe der Männer.

Schließlich erreichten wir den Talboden am Ufer des Creeks. Vor Erleichterung hätte ich mich am liebsten auf dem Sand lang ausgestreckt, aber dafür war keine Zeit. Ein Boot mit vier Mann an den Rudern lag bereit, einige andere hielten das Boot am Ufer fest, denn der Creek war angeschwollen, und sie hatten Mühe zu verhindern, daß es von der Strömung mitgerissen wurde. Als wir beide an Bord kletterten, drückte unser Gewicht das leichte Boot so tief ins Wasser, daß kaum fünf Zentimeter unter dem Kiel blieben. Die Männer ließen los, und wir trieben stromabwärts. Die Ruderer konnten das Boot kaum steuern.

Der Creek lag voll mit Geröll, und zwischen den Felsbrocken schäumten die Stromschnellen; wir schossen dahin wie von einer Sturzwelle getrieben. Ich hatte den Creek oft bei Tageslicht gesehen, da schien er ein friedliches Gewässer zu sein, ein Fluß, den man ohne Schwierigkeiten zu Fuß überqueren konnte. Jetzt war er ein gefährlicher, reißender Strom. Sollten wir kentern, würden wir in das brodelnde Wasser hinuntergezogen werden, und ich war mir nicht sicher, ob wir es dann bis zum Ufer schaffen würden. Das Boot schlug schnell voll Wasser, und ich hielt meine schwarze Tasche hoch, um den Inhalt vor Nässe zu bewahren. Wo mochte das Pferd bloß sein? Und wie war es überhaupt möglich, daß Pferd und Reiter über die Kante stürzten?

Zum Glück waren es nur einige hundert Meter, bis die Männer das Boot in einen toten Winkel dirigierten. Hier war die Uferpartie versumpft und bestand auf etwa dreißig Meter im Quadrat aus schwarzem, klebrigem Modder und grünem Schaum. Genau in der Mitte entdeckte ich das arme Pferd, einen riesigen Wallach, den ich sofort wiedererkannte. Major war eines der besten Pferde im Polizeikorps, ein herrliches Tier mit eindrucksvollen Bewegungen. Nur war jetzt nichts von alledem zu entdecken. Er war hoffnungslos im Morast versunken und kaum imstande, seinen Kopf zu bewegen, der zusammen mit einem Teil seines Rückens als einziges von ihm an der Oberfläche sichtbar war. Von seinem Reiter keine Spur.

Zuerst wollte ich an das wie in einer Falle gefangene Tier herankommen und ihm ein Beruhigungsmittel geben, denn Pferde gehen oft schon infolge eines sehr viel weniger ernsten Schocks ein, als ihn dieses hier erlebt haben mußte. Ich versuchte, über die Oberfläche des Morastes zu kriechen, sank aber zu tief ein.

"Hat jemand eine Axt?" rief ich. "Hauen Sie Astwerk ab, und machen Sie eine Matte über diesen Sumpf, die mich tragen kann."

Jetzt waren noch mehr Sirenen zu hören, und ich erkannte weit hinten die Feuerwehr. Sie müssen die gesamte Polizei plus Feuerwehr hierhergeschickt haben, dachte ich; so ganz abwegig war das übrigens nicht. Von den Turnieren und der Rennbahn her wußte ich, daß viele Leute dazu neigen, Pferde nur als eine Ware zu betrachten, die man kaufen und verkaufen kann. Dabei war mir entgangen, welche enge gefühlsmäßige Beziehung zwischen der Berittenen Polizei und ihren Dienstpferden besteht. Polizisten vertrauen einander in hohem Maße - der schlimmste Fehler, den ein Krimineller machen kann, ist, einen Polizisten zu verletzen -, aber es verbindet sie ein ebenso starkes Band mit ihren Pferden. Wenn ein Pferd in Schwierigkeiten ist, steht die ganze Abteilung zur Hilfestellung bereit.

Der felsige Steilhang endete einige hundert Meter hinter der Stelle, an der wir uns befanden, aber die Feuerwehr kam wegen der Bäume nicht bis zu uns durch. Trotzdem erschien schon bald ein halbes Dutzend ihrer Männer mit Äxten und begann mit dem Abhauen der Äste. Inzwischen hatte Barbara versucht, zu Major zu robben, indem sie sich flach auf den Schlamm legte, mußte aber ebenfalls aufgeben. Dann begannen die Männer damit, Zweige und Buschwerk herunterzuwerfen und obenauf Decken auszubreiten. Schließlich konnte ich mich Zentimeter für Zentimeter über diese schwankende Brücke zu dem Pferd vorarbeiten.

Major wog 14 Zentner und steckte hoffnungslos im Sumpf. Er hatte nicht mehr die Kraft, seinen Kopf hochzuhalten, der jetzt schon die Oberfläche des Morastes berührte. Ich gab ihm eine Spritze, um seinen Lebenswillen zu unterstützen, und rief Barbara zu, mir zu helfen. Sie war schon über die Zweige und Decken mit einer intravenösen Spritze auf dem Wege zu mir. Langsam fing das Pferd wieder an, mehr Lebenszeichen von sich zu geben.

"Holen Sie ein paar Seile, die wir unter seinem Bauch hindurchziehen können!" rief ich den Männern zu, denn mit seiner zurückkehrenden Kraft hatte Major wieder zu kämpfen begonnen, und das ließ ihn nur noch tiefer in den Sumpf versinken. Dann tauchte ein neues Problem auf: die Deckenbrücke war zu

164

schwach, um noch zusätzlich das Gewicht von Männern zu halten. Trotzdem wagten wir es nicht, mit den Infusionen aufzuhören. Schließlich, während Barbara Tropf und Nadel hielt, gelang es mir, die Seile zu fassen, die mir die Leute von der Feuerwehr zuwarfen, und sie unter dem Bauch von Major durchzuziehen.

Dreißig Mann zogen an jedem Seil nach oben. Als sie fühlten, daß sich Major bewegte, jubelten sie voller Erleichterung. Ich konnte deutlich beobachten, wie Major auf diesen Freudenausbruch reagierte. Er hatte schon wieder angefangen zu sinken, aber plötzlich wurden seine Lebensgeister wieder wach. "Freut euch weiter, und laut!" rief ich ihnen zu. Langsam zogen sie Major näher und näher an den Uferrand. Wenn er jetzt anfinge zu kämpfen, würde er von dem tobenden Wasser davongetragen werden. Drei der Männer an den Seilen wurden in den Strom gezogen und mußten halb ertrunken ins Krankenhaus gebracht werden. Aber allmählich bekamen wir Major auf festen Boden und wieder auf die Beine. Als ich rief: "Wir haben ihn draußen!" erhob sich nochmals lautes Freudengeschrei, das sich wie ein Lauffeuer bis zu den weiter entfernten Männern fortsetzte.

Major zitterte und war in schlimmem Schockzustand. Er konnte nicht gehen, und einige Augenblicke schien es, als seien alle unsere Anstrengungen vergeblich gewesen. Dann erschienen Männer mit Motorsägen und machten einen Weg durch die Bäume frei, so daß ein Pferdetransporter der Polizei herangebracht werden konnte. Inzwischen deckten wir Major ein. Nach einer weiteren Beruhigungsspritze hörte er auf zu zittern.

Obwohl die Männer alles taten, was in ihren Kräften stand, gelang es dem Transporter nicht, an das Pferd heranzukommen. Mehrere von ihnen stützten ihn auf jeder Seite, Barbara und ich seinen Kopf. So schafften wir es, ihn Schritt für Schritt vorwärts zu bekommen, bis er den Transporter sah. Major war schon früher damit gefahren und erkannte ihn, weil er Sicherheit für ihn bedeutete. Wiehernd taumelte er mit gespitzten Ohren vorwärts und ließ sich ohne Schwierigkeiten verladen. Ich fuhr mit ihm zur Klinik, immer noch in Angst vor einem Rückfall. Aber Major war jetzt wieder in Ordnung. Ein warmes Bad in der Klinik und eine Stunde später eine warme Mahlzeit Kleie war alles, was er brauchte. Am nächsten Tag war er wieder der alte und leistete noch mehrere Jahre Dienst als Polizeipferd.

Wie war es überhaupt passiert, daß er mitsamt seinem Reiter über den Rand des Steilhangs gestürzt war? Sein Reiter hatte im Park Patrouille geritten, als er eine Frau schreien hörte. Er wendete vom Reitweg ab und galoppierte durch die Bäume in Richtung auf den Schrei. Da sah er mehrere Männer wegrennen und verfolgte sie. Als sie in den Bäumen verschwanden, brach der Offizier durch das Buschwerk, um sie zu verfolgen - und Pferd und Reiter stürzten über den oberen

Rand den Hang hinunter ins Wasser. Als der Reiter auftauchte, konnte er sich nur mit Mühe und Not in den Stromschnellen schwimmend halten und schaffte es, wieder festen Boden zu erreichen, aber der arme Major war in dem wie Treibsand wirkenden Ufersumpf gefangen. Der Offizier stolperte durch den Wald zu einer Straße und konnte dort einen vorbeifahrenden Wagen anhalten. Es kam nie heraus, wer die Frau war, die geschrien hatte, oder was aus den Männern geworden war, die sie belästigt hatten.

Philadelphia war immer stolz auf seine Berittene Polizei. In bewaldeten Gebieten wie dem Wissahickon Park ist sie von entscheidender Bedeutung, denn für Wagen gibt es in manchen Teilen keinen Zugang, und zu Fuß kommt man nicht schnell genug vorwärts. Außerdem erfüllt die Berittene Polizei noch eine Reihe anderer Aufgaben. Bei Unruhen in der Stadt kann ein Polizist zu Pferde über die Köpfe der Menge hinwegsehen und die Störenfriede ausfindig machen. Er ist auch in der Lage, einen Flüchtigen in engen Nebenstraßen zu verfolgen. Mir schien es immer, daß die Leute von einem Reiter mehr beeindruckt waren als von einem Streifenwagen. Im vorigen Jahr, als die Hockey-Mannschaft von Philadelphia, die "Fliers", den Stanley Cup gewannen, lösten die heimkehrenden Helden beinahe Tumulte aus. Es war sehr eindrucksvoll, wie geschickt Reiter und Pferd mit dem Mob umgingen, der zeitweise außer Rand und Band geriet und geradezu gefährlich wurde. Polizisten zu Fuß oder in Streifenwagen hätten das vermutlich nicht geschafft. Eine Spezial-Mannschaft der Berittenen Polizei führt anläßlich von Ausstellungen, Turnieren und sonstigen festlichen Ereignissen ihr Können in der Öffentlichkeit vor und betreibt damit eine wirksame und hervorragende Werbung für das Polizeikorps.

Als ich Tierarzt bei der Polizei wurde, bestand die berittene Abteilung nur aus siebzig Pferden; 1970 ergänzte Bürgermeister Rizzo den Bestand um weitere 100 Pferde und Reiter. Das hielt mich ständig in Bewegung, von einem Stall zum anderen. In Belmont wurde ein neuer Stall gebaut mit Unterbringungsmöglichkeiten für 100 Pferde, einer Halle und einem Außenplatz. Die Halle hatte bewegliche Wände, deren Teile sich in Angeln drehten. Dadurch kamen in Schönwettertagen Licht und Luft herein während sie bei schlechtem Wetter geschlossen blieben. Die Halle erhielt auch große Spiegel über der Bande, so daß die Reiter sich selbst sehen und ihre Fehler korrigieren konnten. Das war alles großartig, bedeutete aber auch eine Menge Arbeit. Ich brauchte viel Zeit für die Kontrolle der Hufe und den Spezialbeschlag, der wegen des harten Pflasters auf den Straßen ständig erneuert werden mußte. Das war natürlich alles ganz anders als die Behandlung von Reitpferden und Vollblütern auf dem Lande.

Ein schwerwiegendes Problem stellte sich bei der Beschaffung von Pferden, die sich für den Polizeidienst eigneten. Es mußten große Tiere sein, von ruhigem Temperament und in der Lage, viele Stunden ohne Pause auszukommen. Das

Korps holte sich einige aus dem Norden des Staates, wo im Dutch Country Pferde noch immer das gängigste Arbeits- und Transportmittel darstellten. Aber die zum Verkauf stehenden Tiere waren meist alt, krank oder hatten irgendeine Untugend, die sie ungeeignet machten. Wann immer ich an der Ostküste von einem Pferdeverkauf hörte, benachrichtigte ich Inspektor Turner. Er schickte mir dann einen Mann, der alle Pferde aussuchte, die gute Dienstpferde zu werden versprachen.

Im Spätsommer wurde ich eines Tages von einem verlegenen Polizei-Sergeanten in den Belmont-Stall gerufen. "Dr. Lose, soeben ist ein Pferd hereingekommen, das den Stall nicht wieder verlassen will. Es trinkt jetzt am Wassertrog. Es hat häßliche Riß- und Schürfwunden, und ich wäre Ihnen dankbar, wenn Sie sich das Tier mal ansehen würden."

"Hat es irgendein Zaumzeug oder Geschirr?" wollte ich wissen.

"Nicht einmal ein Halfter. Es ist auch nicht beschlagen. Es ist ein schöner, großer Fuchs-Wallach, von etwa 1,73 m Stock, aber in schlechtem Zustand. Trotzdem scheint er mir noch immer mindestens einige hundert Dollar wert zu sein. Wir haben keine Ahnung, woher er kommt und wem er gehört."

Ich ließ mir alles mögliche durch den Kopf gehen. In der Nähe von Belmont gab es nirgendwo einen Privatstall. Seit Wochen hatte es in Philadelphia keine Turniere, Rodeos oder Zirkusvorstellungen gegeben. Falls irgend jemand ein Pferd vermißte, hätte er mit Sicherheit die Polizei benachrichtigt, und hier wurde kein Pferd unbeschlagen und ohne Halfter gehalten. Pferde wandern eben nicht frei herum, ohne Aufmerksamkeit zu erregen, dafür sind sie zu groß.

"Ich bin gleich da", erwiderte ich.

Norma kam mit, da sie auch neugierig war und das Pferd sehen wollte. Als wir ankamen, waren schon eine Menge Leute um das Tier versammelt. Vernünftigerweise hatte ihm der Sergeant ein Halfter übergestreift und ihn vom Wassertrog weggeführt, denn er trank solche Unmengen, daß es ihm womöglich geschadet hätte.

Er war tatsächlich in beklagenswertem Zustand. Alle möglichen Wunden bedeckten seinen Körper, und seine Beine waren geschwollen, als wäre er lange auf harten Straßen gelaufen. Außerdem waren alle Rippen zu sehen, kurzum, er bot ein Bild des Jammers. Ich ließ ihn von den Männern warm abwaschen. Neben den Wunden am Rumpf waren es vor allem die Beine, die die ernstesten Verletzungen aufwiesen. Ich säuberte die Schürfwunden, nähte die schlimmsten Stellen und wickelte antiseptische Bandagen um seine Beine. Schließlich bekam er noch einige Spritzen und etwas gegen einen Kaumuskelkrampf.

"Er wird wieder werden", sagte ich zu dem Sergeanten. Aber als ich ihn ansah, wußte ich, daß wir beide das gleiche dachten. Der Fuchs war genau der Typ eines Pferdes, wie ihn die Polizei brauchte. Wenn er auch vernachlässigt aussah und offensichtlich ausgebrochen war, mußte doch alles versucht werden, um den rechtmäßigen Besitzer ausfindig zu machen.

In wenigen Wochen hatte sich der „Fremdling" so gut erholt, daß er geritten werden konnte. Viele Menschen waren zur Koppel gekommen, um das zu beobachten. Bisher hatte sich der Besitzer noch nicht gemeldet, obwohl eine Beschreibung des Fuchses an die Zeitungen gegangen war und alle Pferdehändler eine Benachrichtigung erhalten hatten. Mir selbst kam der Verdacht, daß das Tier vermutlich unheilbar bösartig veranlagt war, weshalb sein Besitzer ihn ausgesetzt hatte und sich nun natürlich hütete, auf die Suchanzeigen zu reagieren. Einer der besten Reiter des Korps sattelte ihn und saß auf. Jeder erwartete eine Explosion, aber das Pferd stand ruhig, bis der Reiter es aufmunterte und die Zügel aufnahm. Der Fuchs begann mit ruhigem Schritt. Nach der ersten Runde ging der Reiter zum Trab über und bald danach zum Galopp. Soweit sich das beurteilen ließ, war er fromm und gut geritten.

"Warum sollte jemand ein solches Pferd loswerden wollen?" fragte der Sergeant. "Und warum ausgerechnet mitten in der Stadt?" Darüber diskutierten wir in der nächsten halben Stunde, aber niemand fand eine plausible Antwort.

"Nach dem Gesetz können wir ihn ohne eine vom Besitzer unterzeichnete Übernahmeerklärung nicht behalten", sagte der Sergeant schließlich. "Aber wir können ihn auch nicht wieder auf die Straße setzen. Wir werden ihn als Dienstpferd behalten, damit er sein Futter verdienen kann. Wenn der eigentliche Besitzer wieder auftaucht, müssen wir ihn natürlich gehen lassen. Es ist wirklich ein Jammer, weil wir gerade so ein Pferd brauchen, und jeder im Stall hat ihn gern. Ich werde ihn "Traveler", den Reisenden, nennen, da er mit Sicherheit von weit her gekommen sein muß."

So blieb also Traveler im Stall von Belmont. Er wurde nicht nur ein erstklassiges Polizeipferd, sondern erwies sich auch als so gelehrig, daß er dem Spezialteam zugeteilt wurde. Er war dicker geworden, seine Beine waren wieder völlig in Ordnung, und seine Wunden hatten keinerlei Narben hinterlassen. Jeder war stolz auf ihn.

Dann kam die Katastrophe. Eines Nachmittags hielt ein schrottreifes Auto bei den Belmont-Ställen. Ein schwergewichtiger Mann in Blue-Jeans und mit einem Cowboyhut betrat das Büro und fragte: "Haben Sie irgendwas von einem Fuchs gehört, der mir vor einigen Monaten abhanden gekommen ist? Irgendwer hat ihn vielleicht gesehen."

Man holte mich sofort. Der Sergeant, Inspektor Turner und der Officer, der Traveler ritt, stellten ihm genaue Fragen. Es gab keinen Zweifel, das Pferd, das er beschrieb, war Traveler.

Der Mann war Händler und mit einem Pferdetransporter unterwegs durch den Staat gewesen. Auf der Autobahn von Schuylkill hatte sich die hintere Tür des Lasters geöffnet, und Traveler war aus dem fahrenden Wagen gefallen. Warum er nicht sofort tot war oder sich mindestens ein Bein gebrochen hatte, werde ich niemals erfahren. Das Pferd hatte irgendwie überlebt und den vielbefahrenen Highway überquert. In den Wäldern von Fairmont Park war er dann herumgewandert, bis er schließlich die anderen Pferde in Belmont witterte und auf die Ställe zugelaufen war. Als ihn sein Besitzer vermißte, hatte er die übrigen Pferde verkauft und dann seinen Weg wieder zurückverfolgt in der Hoffnung, das abhanden gekommene Pferd wiederzufinden.

Unglücklicherweise machten wir den schweren Fehler, den Mann Traveler sehen zu lassen. Statt des kränklichen, schwachen Tieres, das er verloren hatte, stand hier ein herrliches Pferd in großartiger Verfassung und in offensichtlich gutem Ausbildungsstand. Der Händler war überrascht und entzückt. "Ich muß zugeben, Sie haben sich gut um ihn gekümmert. Ich nehme ihn jetzt mit."

Dem Gesetz nach gehörte ihm das Pferd, darüber gab es keinen Zweifel. Ich wußte das, Inspektor Turner wußte es, alle Leute im Stall wußten es.

"Würden Sie ihn verkaufen?" fragte der Inspektor.

Ja, der Mann war bereit, sich von Traveler zu trennen, obwohl es ihm sehr leid täte, wie er meinte. Er nannte einen Preis. Für den gleichen Betrag hätten sie ein erstklassiges Turnierpferd erwerben können!!

Da hatte ich einen meiner seltenen Lichtblicke.

"Die Polizei kann sich das nicht leisten," erklärte ich. "Nehmen Sie also das Pferd lieber wieder mit. Allerdings, da ist noch etwas zu erledigen: meine Arztrechnungen für die letzten beiden Monate, die Medikamente und Verbandsmittel. Ferner kommen noch die Futterkosten und Stallgebühren hinzu. Insgesamt ein Betrag von ..." und ich kam auf eine Summe, die selbst Mr. Biddle oder Mrs. DuPont den Atem hätte stocken lassen.

Kurz und gut, die Polizei bekam schließlich Traveler zu einem angemessenen Preis. Er glänzte weiter beim Spezialteam. Im übrigen arbeitete er überall, in der belebten Innenstadt ebenso wie auf den Reitwegen der Parks und war eines der besten Polizeipferde, mit denen ich jemals zu tun hatte.

Wie ich früher schon einmal sagte, gibt es bei den Franzosen das unselige Sprichwort: "Das einzig zuverlässige Pferd ist ein totes Pferd." Bei meiner Liebe zu den Pferden habe ich keinen Sinn für einen solchen Spruch. Aber ich muß gestehen, daß Pferde in hohem Maße individuell geprägt sind, so daß kein Mensch behaupten kann, er wüßte, was ein Pferd vorhat. Ich möchte von mir sagen, daß ich ein Pferd ziemlich gut beurteilen kann, aber es gab auch Zeiten, wo ich mich habe täuschen lassen. Das passierte einige Male mit den Dienstpferden der Polizei, nicht zuletzt, weil sie unter so ganz anderen Bedingungen leben und arbeiten als Vollblüter oder gewöhnliche Reitpferde.

Das Polizeikorps erwarb ein schönes Pferd namens Sansirmac, einen englischen Hengst, der früher einmal Rennpferd gewesen war, das über 160 000 Dollar gewonnen und sich dann eine Sehne gezerrt hatte. Er war noch immer ein temperamentvolles Tier, das als ausgesprochen bösartig galt. Wegen dieses Rufes entschloß sich der Besitzer, ihn nicht länger als Zuchthengst zu gebrauchen, und schenkte ihn der Polizei. Offen gesagt, es war ein Geschenk, auf das das Korps gut und gerne hätte verzichten können, obwohl Sansirmac ein wertvolles Tier war. Er war ein so nobles Pferd, daß die Männer ihn, wenn irgend möglich, einsetzen wollten. Man bat mich, ihn zu untersuchen und die üblichen Impfungen vorzunehmen.

Ein Blick auf das große Tier genügte mir; es legte die Ohren an, zeigte das Weiße in den Augen und fletschte die Zähne. "Legen Sie ihm die Nasenbremse an - wenn Sie es schaffen." Vier Männer verschwanden im Stall, um den Vollblüter in den Griff zu bekommen. Das Pferd stieß einen von ihnen über den unteren Teil einer Doppeltür, zwei anderen gelang es gerade noch, sich über die Boxenwand zu retten, der vierte wurde von den Hufen übel zugerichtet. Schließlich hatten sie die Bremse doch fest, und ich konnte ihm die Injektionen geben. Als ich ging, gab ich ihnen einen Rat: "Versuchen Sie, das Tier so schnell wie möglich loszuwerden, es wird bösartig bleiben und stellt eine ständige Gefahr dar. Eines Tages bringt er womöglich noch jemand um."

Aber der für den Stall verantwortliche Sergeant wollte meinen Rat nicht befolgen; das Pferd war so bildschön, daß er sich weigerte, sich von ihm zu trennen. Was sein Aussehen betraf, so war es bei weitem das auffälligste und eindrucksvollste Pferd im ganzen Korps. Daher meinte ich nur: "Halten Sie die Boxentür verschlossen. Wenn einer der Stalleute mal versehentlich hineingeht, wird er von Glück sagen, wenn er lebendig wieder herauskommt."

Sie machten den Fehler und ließen die Box offen. Ein paar Tage später ging ein junger Anwärter, der gerade erst zur Polizei gekommen war und überhaupt nichts von Pferden verstand, die Stallgasse entlang. Er wurde von Sansirmacs Schönheit unwiderstehlich angezogen, öffnete die Boxentür und ging hinein. Mit dem blinden Vertrauen, das aus völliger Unkenntnis kommt, klopfte er das Pferd, streichelte seinen Hals und stand voller Bewunderung neben ihm. Sansirmac beschnupperte ihn, machte aber sonst keine andere Bewegung. Da hatte der junge Mann eine Idee. Er holte sich Sattel und Kopfzeug und versuchte, den Vollblüter aufzuzäumen. Er besaß nur eine vage Vorstellung davon, wie das gemacht werden mußte, aber Sansirmac stand wie ein Schaukelpferd, während der Mann ihm den Zaum überstreifte, alles falsch und verdreht, und dann unbeholfen in den Sattel stieg. Etwas später kam der Sergeant zufällig an der Koppel vorbei und blieb wie angewurzelt stehen. Da trabte doch der Kerl auf Sansirmac über die Koppel und wurde im Sattel so geworfen, daß auch das sanfteste Pferd verrückt geworden wäre. Sansirmac aber tat alles, was in seinen Kräften stand, um die unmöglichen Bewegungen seines Reiters auszugleichen. Als der Sergeant dem Vollblüter eiligst in den Zügel greifen wollte, griff ihn Sansirmac wütend an.

Von da an war Sansirmac das Pferd des jungen Anwärters. Solange der Mann mit ihm zusammen war, benahm sich Sansirmac tadellos. Er lernte sogar, andere Leute zu dulden, wenn sein Reiter dabei war. Nach kurzer Dienstzeit in den Parks wurde er mitten in der Stadt auf Streife geschickt. Wegen des Lärms, der vielen Menschen und des starken Verkehrs eignen sich nur wenige Pferde dafür, aber Sansirmac bewährte sich großartig. Dann kam in meinen Augen der Höhepunkt. Weihnachten verkleidete sich der junge Polizist als Weihnachtsmann, mit einem Sack voll Spielzeug und laut bimmelnden Glöckchen, die ein gewöhnliches Pferd hätten die Wände hochgehen lassen. Er ritt durch die Nebenstraßen, wo er Geschenke an die Kinder verteilte, die sich um ihn scharten. Sie tätschelten das Pferd, zogen an seinem Schweif und gerieten unter seine Beine. Sansirmac nahm das alles gelassen hin.

Es gibt nur einen Menschen, den er immer noch nicht duldet, selbst wenn sein geliebter Reiter inzwischen sein Handwerk perfekt beherrscht, ihn unter Kontrolle hat, und dieser Mensch bin ich. Sansirmac hat nicht vergessen, daß ich es war, die ihm die Spritzen gegeben hat, und wann immer ich in die Nähe seiner Box komme, versucht er, mich umzubringen. Er ist von allen mir bekannten Pferden am schwersten zu behandeln. Ich bete zu Gott, daß er eine eiserne Gesundheit behalten möge!

Warum aber erlaubte Sansirmac ausgerechnet dem jungen Polizisten, sich mit ihm abzugeben? Mir sind gelegentlich bösartige Pferde begegnet, die einem Kind alles gestatteten, was sie mit ihm anstellten, aber auf einen Erwachsenen losgingen. Ehrlich gesagt, ich weiß nicht, warum das der Fall ist. Ich kann nur vermuten, daß das Pferd die Unschuld eines Kindes spürt und seine völlige Furchtlosigkeit. Es muß die kindliche Annäherung des jungen Polizisten gewesen sein, die Sansirmac beruhigte. Wenn ich auch Pferde kenne, die sich so verhalten, würde ich doch niemals damit rechnen. Kein Kind und kein unerfahrener Erwachsener sollte sich in der Nähe eines möglicherweise gefährlichen Pferdes aufhalten.

Völlig anders als der angriffslustige Sansirmac verhielt sich Huey. Er war ein großer Wallach, kräftig, klar im Kopf und doch der größte Feigling, der mir je begegnet ist. Hunde und sogar Katzen konnten ihn in Angst und Schrecken versetzen. Er zitterte, wenn eins dieser Tiere nur an ihm vorbeiging. Hatte ein Auto eine Fehlzündung, fiel er fast in Ohnmacht. Weil er ein so außergewöhnlich sanftes Gemüt besaß, wurde er zum Patrouillendienst in der Stadt eingesetzt; er nahm niemals etwas übel, was man ihm auch antat, und man brauchte auch nicht zu befürchten, daß er nach jemandem ausschlug oder biß, selbst wenn er gestoßen und geschlagen wurde. Leider kommt es bei Polizeipferden gelegentlich vor, daß Leute gedankenlos oder grausam auf sie losgehen. Ich mochte Huey gern wie jeder, der ihn kannte. Doch hatte ich insgeheim immer die Befürchtung, es könnte irgendwann einmal die Situation eintreten, wo Huey einfach gezwungen war, so etwas wie eine eigene Entschlußkraft erkennen zu lassen! Er hatte nicht mehr Temperament als ein Kanarienvogel, eher noch weniger.

Eines Abends gingen Huey und sein Reiter in einem Stadtteil Patrouille, der wegen seiner hohen Kriminalitätsrate berüchtigt war. Plötzlich waren Schreie zu hören, ein Schuß fiel, und ein Mann rannte offensichtlich um sein Leben, denn es folgte ihm ein zweiter Mann, der mit einer Pistole herumfuchtelte. Hueys Reiter gab ihm die Sporen, um die Verfolgung aufzunehmen, war sich dabei aber natürlich nicht bewußt, daß er sich in eine vielleicht gefährliche Situation begab. Sobald er des Polizisten zu Pferde ansichtig wurde, machte der Mann mit der Pistole kehrt und rannte in eine andere Richtung, während das vermutliche Opfer in einer Toreinfahrt zusammenbrach. Huey und sein Reiter folgten dem Banditen. Der fand schnell heraus, daß er dem Reiter nicht entkommen konnte, drehte sich um und zielte mit der Pistole auf den Beamten. Nur wenige Meter trennten sie, und der Polizist sah, daß die geladene Waffe direkt auf ihn gerichtet war. Es gab keine Möglichkeit, aus der Schußlinie zu gelangen, er war schon so gut wie tot. Aber genau in diesem Augenblick bekam der immer nervöse Huey Angst, als er sah, wie der Bandit den Arm hob, und stieg, als der Mann schoß. Die Kugel traf Huey in den Hals. Als er wieder auf seinen vier Beinen stand, jagte ein Streifenwagen heran, und der Beinahe-Mörder wurde festgenommen.

Ich machte gerade meine üblichen Runden, als Mutter mich über mein Autofunkgerät darüber informierte, was dem armen Huey zugestoßen war. Bei mir war gerade meine Nichte Margaret, die zum Glück ausgebildete chirurgische Assistentin ist. Wie immer, wenn mit irgendeinem Pferd etwas passierte, fühlte sich jeder Polizeireiter betroffen. Von der Polizeizentrale aus wurde veranlaßt, daß die Verkehrsampeln meiner Fahrt anzupassen seien, damit ich nicht zu halten brauchte. Ich brauste mit hoher Geschwindigkeit durch die Stadt, bis zu der Nebenstraße, wo Huey, nur halb bei Bewußtsein, auf dem Kopfsteinpflaster lag; sein Reiter hockte neben ihm und versuchte, die Blutung zum Stillstand zu bringen. Fast zur gleichen Zeit erschien der Pferdetransporter. Mit Hilfe einiger Beamter brachten wir Huey wieder auf die Beine und in den Transporter, wo er von einem Bauchgurt unterstützt wurde, da er nicht zu stehen vermochte. Dann fuhren wir zur Klinik, vor uns zwei Streifenwagen mit Blaulicht und Verkehrspolizisten, die jeden Verkehr stoppten, als wir vorbeikamen. In der Klinik stellte sich heraus, daß Huey nicht gehen und sich kaum auf den Beinen halten konnte, während er laufend viel Blut verlor.

Zwei Männer stellten sich neben ihn, faßten sich unter seinem Bauch weg an den Händen, um ihn zu unterstützen. Zentimeter für Zentimeter wurde der Bauchgurt gelockert, während Huey infolge des Schocks und vor Angst zitterte, daß der ganze Wagen bebte. Jetzt kam der kritische Zeitpunkt. Um ihn vom Transporter zu bekommen, mußte er umgedreht werden. Ganz allmählich schafften die Männer das, während Margaret und ich versuchten, die Blutung unter Kontrolle zu bringen. Drei Männer hatten sich auf der Rampe postiert, um ihn in Empfang zu nehmen, während zwei andere seinen Schweif festhielten, damit er nicht zu schnell nach vorne in Bewegung geriet. Langsam verließ er so den Transporter und wurde mit der Kraft dieser Männer in die Klinik geschafft. Wäre er zusammengebrochen, hätten wir uns damit abfinden müssen, denn für die Männer war es unmöglich, ihn aufzuheben. Mit letzter Kraftanstrengung bugsierten sie ihn in eine Box und stapelten Heuballen neben ihm auf, um ihn auf den Beinen zu halten.

Von jetzt an hing alles von mir und Margaret ab. Ich holte sogar Norma zu Hilfe. Huey bekam ein Beruhigungsmittel und örtliche Betäubung, wo das Blut aus der Schußwunde tropfte. Wir deckten ihn mit einer porösen Wolldecke ein, da seine Körpertemperatur infolge des Schocks und des Blutverlustes erheblich gesunken war. Dann begannen wir mit intravenösen Injektionen. Margaret holte unseren transportablen Röntgenapparat, damit ich versuchen konnte, die Lage der Kugel ausfindig zu machen. In einem Pferdehals gibt es so viele Muskelschichten, daß das ein mühsames und langwieriges Geschäft wurde, weil von vielen Blickwinkeln aus aufgenommen werden mußte. Wir waren gerade mitten in der Arbeit, als die Tür aufging und sich laute Männerstimmen näherten. "Hierher mit den Kameras! Paßt auf die Boxenwand auf - und Licht an!"

"Was hat das alles zu bedeuten?" fragte ich.

Mehrere Fernsehtrupps waren eingetroffen. Ein Mann, vermutlich ihr Chef, kam auf mich zu.

"Dies Pferd ist ein Held! Es warf den Kopf hoch und bekam die Kugel, die für seinen Reiter bestimmt war. Der Polizeidirektor will ihm zu Ehren eine besondere Medaille prägen lassen - für seinen außergewöhnlichen Mut. Er wird besonders erwähnt werden; das erste Mal, daß ein Pferd so etwas bekommen hat. Es wird im ganzen Lande Schlagzeilen machen!" In aller Ruhe, aber sehr energisch warf ich sie alle hinaus.

Guter, alter Huey! Falls er überleben und seine Medaille erhalten sollte, mußte ich die Kugel schnellstens finden.

Ich tastete vorsichtig die Wunde an seinem Hals ab. Als die Zange eingeführt wurde, konnte ich Luft durch die Öffnung entweichen hören. Das hieß, die Kugel hatte die Wand der Luftröhre durchschlagen, und ich mußte nun herausfinden, ob sie bis in die Lunge gedrungen war oder im Muskelgewebe von Hueys Hals steckte.

Eine beginnende Schwellung behinderte bereits die Luftzufuhr, denn Huey atmete mit großer Mühe. Margaret eilte in den Vorbereitungsraum der Chirurgie und kam mit einem kompletten Operationsbesteck zurück. Hueys Hals wurde gesäubert und rasiert und ein Luftschlauch in die Wunde geschoben. Er atmete tief durch, und Luft strömte durch den Schlauch in seine Lungen. Die Erleichterung machte sich sofort bemerkbar, er atmete wieder mühelos.

Nochmals setzten wir jetzt das Röntgengerät ein. Der automatische Schnellentwickler zeigte in den ersten Bildern einen kleinen, hellen Bereich am Rande eines der Filme, der möglicherweise die Kugel sein konnte. Weitere Bilder ließen sie dann deutlich erkennen. Das Geschoß war an der Wirbelsäule stecken geblieben und zwar in einem Winkel, der vom knöchernden Wirbelfortsatz und dem Wirbel selbst gebildet wird. Wegen des kleinen Kalibers hatte die Kugel aber an der eigentlichen Substanz des Skeletts keinen Schaden angerichtet. Es war nur schwierig, an sie heranzukommen, und sie mußte unbedingt entfernt werden.

Eine Kugel zu lokalisieren und herauszuholen, die tief im Muskelgewebe und dicht an vielen miteinander verflochtenen Nervensträngen liegt, ohne die feinen Nervenfasern und Gewebe zu verletzen, ist eine heikle Operation. Ich brauchte dafür drei und eine halbe Stunde, unterstützt von Margaret, meiner Helferin Norma sowie meinem Anästhesisten, Dr. Franchetti. Endlich schlief Huey auf einer Schaumgummimatratze. Die Kugel steckte ich in eine spezielle Plastikhülle und versiegelte sie mit einer für Unbefugte nicht zu öffnenden Lasche. Dann unterzeichnete ich eine Erklärung mit der Bestätigung, daß das Geschoß aus Hueys Hals entnommen wurde, mit Datum und genauer Zeitangabe, und daß ich die einzige war, die sie in der Hand gehabt hatte. Der Umschlag wurde dem Laboratorium des Erkennungsdienstes zugeleitet, um als Beweis gegen den Schützen zu dienen, der wegen versuchten Mordes verurteilt wurde. Huey erholte sich und nahm seinen Dienst wieder auf. Er wurde als das "Heldenpferd" bekannt, und sein Konterfei erschien im Fernsehen, in den Zeitungen und Zeitschriften. Er ist mir richtig ans Herz gewachsen, und ich hoffe nur, daß er nicht eines Tages infolge Herzversagens tot umfällt, weil er einem angriffslustigen Kaninchen begegnet ist.

Nicht alle Geschichten von Polizeipferden endeten so glücklich. Ein Polizist übt einen Beruf mit hohem Risiko aus, und das gleiche kann wohl von seinem Pferd gesagt werden. Die Gefahr geht nicht immer von schießwütigen Rowdys aus, auch nicht von betrunkenen oder rücksichtslosen Fahrern. Die Arbeit eines Polizisten oder seines Dienstpferdes beschränkt sich auch nicht nur auf die Entdeckung eines Verbrechens. Ein Polizeireiter muß in der Lage sein, jederzeit in einer Notsituation einzugreifen, und das gleiche gilt auch für sein Pferd.

Eines Nachmittags nach einem heftigen Gewitter rief mich mein Sprechfunk

174

unverzüglich zur 63. Straße, Ecke Parkway, um ein Pferd zu behandeln, das niedergebrochen war. Ich habe immer noch die schreckliche Verkehrssituation von damals in Erinnerung. Einige Straßen waren überschwemmt. Das hieß, daß alle Autos auf die wenigen noch passierbaren guten Autobahnen dirigiert wurden. Wie üblich wartete ein Streifenwagen auf mich, und mit Sirene und Rotlicht leitete er mich um die schlimmsten Stellen herum, bis es nicht mehr weiterging. Ein hoffnungsloses Durcheinander von Polizeiwagen, Privatautos und Unmengen von Menschen. Mit Hilfe von zwei Polizisten, die uns an abgerissenen oder herunterhängenden Stromleitungen vorbei den Weg bahnten, erreichte ich die Stelle, wo Jo-Jo in diesem Gewirr lag, ein feiner brauner Wallach mit vier weißen Beinen, eines unserer besten Pferde. Was für ein grausamer Verlust! Sein Reiter stand wenige Meter entfernt, hemmungslos weinend.

Als ich auf beide zugehen wollte, schrien Dutzende von Leuten: "Passen Sie auf! Die Drähte sind alle noch unter Strom! Der Boden ist mit Elektrizität geladen!"

Ich blieb sofort stehen, überall hatten sich Wasserpfützen gebildet, in denen die Stromleitungen lagen. An diesem gefährlichen Bereich vorbei suchte ich mir einen Weg zu dem weinenden Polizisten. "Was ist denn, um Gottes Willen, passiert?"

Mit erstickter Stimme berichtete er: "Ich ging mit Jo-Jo unsere Streife, als ich die herunterhängenden Leitungen entdeckte. Vor uns war die Straße verstopft, die Leute verließen ihre Wagen und wanderten herum. Ich rief ihnen zu, sie sollten bleiben, wo sie waren, und trabte mit Jo-Jo an, um sie zurückzudrängen. Als er an dem Licht da vorbeikam, fiel er um, als sei er erschossen worden. Der nasse Boden und seine Hufeisen leiteten den Strom genau durch ihn hindurch. Ich konnte ihn selbst in meinen Händen spüren, wo sie die Zügel hielten. Nur der Sattel hat mich gerettet. Er war neu, trocken und dick gepolstert. Ich wollte die Zügel fallen lassen, aber der Strom schnürte meine Muskeln zusammen, und ich konnte es einfach nicht. Schließlich sprang ich weg, so weit es mir möglich war. Anscheinend bin ich gerade jenseits des unter Strom stehenden Gebiets gelandet, denn meine Hände lösten sich wieder, und ich selbst spüre nichts mehr. Aber Jo-Jo ist tot."

Natürlich hatte er recht, aber ich tröstete ihn. "Vielleicht ist doch noch Leben in ihm. Sobald der Strom abgeschaltet ist, werde ich mich darum kümmern."

Niemals habe ich so ein Durcheinander erlebt. Die Leute kamen aus allen Richtungen, angezogen von der allgemeinen Aufregung und ohne sich der Gefahr bewußt zu sein. Dann erschienen auch noch mit heulenden Sirenen die Übertragungswagen des Fernsehens. Eines war jedenfalls sicher: Der arme Jo-Jo hatte sein Leben nicht vergeblich geopfert. Hätte es ihn nicht gegeben, wären viele Menschen, vor allem Kinder vom nahe gelegenen Spielplatz, getötet worden, wenn sie durch den unter Strom stehenden Matsch gegangen wären. Die Leute beachteten die Leitungen überhaupt nicht oder dachten, solange sie sie nicht berührten, bestünde keine Gefahr. Sie waren sich nicht bewußt, daß das gesamte Gebiet über zwanzig oder dreißig Meter hinweg eine Todesfalle darstellte.

Dann traf Inspektor Turner ein und berichtete, die Elektrizitätsgesellschaft habe den Strom abgestellt, und die Gefahr sei vorbei. Allerdings bestand er darauf, als erster das Pferd zu berühren, um sich zu vergewissern, daß das auch wirklich der Fall war. Ich folgte ihm zusammen mit Jo-Jos Reiter. Es war kein Stethoskop nötig, um festzustellen, daß Jo-Jo tot war. Als der Transporter kam, bat ich den Fahrer, ihn in die Klinik zu bringen, obwohl eine Autopsie kaum noch erforderlich schien.

Jo-Jos Reiter bat mich nur noch leise: "Lassen Sie mir, bitte, noch ein Stückchen von seiner Mähne."

Etwas hat mich bei den Polizeipferden immer besonders beeindruckt. Sie sind kein Spielzeug, sie erfüllen eine wichtige Funktion, und ich habe das Gefühl, sie wissen das. Zwischen ihnen und ihren Reitern besteht eine eigenartige Verbindung, die ich nirgendwo sonst erlebt habe. Die gleiche Verbindung muß früher zwischen einem Kavalleristen der alten Schule und seinem Pferd bestanden haben. Unvergessen bleibt mir immer, was ich von der "Light Brigade" gelesen habe. Als die Übriggebliebenen durch das Tal des Todes zurückritten, feuerte eine der russischen Batterien immer noch, und Reiter und Pferde bedeckten weithin das Schlachtfeld. Viele Männer weigerten sich, ihre toten oder sterbenden Pferde zurückzulassen, und saßen weinend neben ihnen. So ist mir auch eine Geschichte aus dem Mittelalter in Erinnerung. Sie erzählt von einem Ritter, der gern sterben und in den Himmel eingehen wollte. Als man ihn nach dem Grund fragte, antwortete er: "Weil ich dort mein altes Schlachtroß Roland wiedersehen werde."

Unglücksfälle und Katastrophen

Man fragt mich oft: "Welches war der schlimmste Tag in Ihrem Leben?" Das kann ich ganz klar beantworten, es war der Tag des Feuers. Außer einer Katastrophe, die eine große Zahl von Menschen in Mitleidenschaft zieht, kann ich mir nichts Schrecklicheres vorstellen als ein Feuer in einem Stall voller Tiere. Davor graut mir am meisten. Wenn es ein Wort gäbe, das das Gegenteil von einem Pyromanen bedeutet, dann wäre ich es. Ich empfinde ein solches Entsetzen vor Feuer, daß es mir unverständlich erscheint, wie Feuerwehrleute Tag für Tag mit ihm kämpfen, ohne den Verstand zu verlieren. Gottlob können sie das, es ist ihr Beruf, aber mich würde es umbringen. Ich war Zeuge von zwei Stallbränden, bei denen Pferde betroffen waren, und diese Erlebnisse waren einfach furchtbar.

Der Brand ereignete sich auf dem Gestüt von Maui Meadows, das dem General Charles Lyman und seiner Frau gehört, sehr bekannten Pferdeleuten. Dort war ich der für viele Bereiche verantwortliche Tierarzt. Manche Stuten lassen sich nicht decken, einige Hengste zögern, ihren Aufgaben nachzukommen. Dann ist es Sache des Veterinärs, mit solchen Schwierigkeiten fertigzuwerden. Selbst bei gutwilligen Tieren muß ein Tierarzt dasein, um zunächst die Kondition des Hengstes zu prüfen und um zu verhindern, daß er eine Infektion auf die Stute überträgt. Ebenso ist die Stute vorzubereiten, weil man sicher sein muß, daß sie auch zum günstigsten Zeitpunkt zum Hengst gebracht wird. Nach dem Deckakt stellt der Veterinär gewöhnlich an einer Samenprobe fest, ob die Spermienzahl ausreicht, der Samen aktiv ist und ob der Hengst auch tatsächlich gedeckt hat. Bei einer Tragzeit der Stute von elf Monaten wäre die Wartezeit zu lang, um schließlich womöglich ein negatives Ergebnis zu erhalten. Auf Pferde spezialisierte Tierärzte haben heute die Möglichkeit, schon nach dem Decken eine Schwangerschaft festzustellen, damit nichts dem Zufall überlassen bleibt.

In Maui Meadows, dem bedeutendsten Vollblutgestüt von Pennsylvanien, stand ein schöner Schimmelhengst, der auf der Rennbahn viele Erfolge errungen hatte. Mr. Lyman wollte ihn jetzt zur Zucht benutzen. Allerdings gab es da ein Problem. Obwohl perfekt in jeder Hinsicht, weigerte sich der Hengst, eine Stute zu decken. Mit Hilfe von Charles, dem Sohn General Lymans und Leiter des Gestüts, gelang es mir schließlich, den Hengst dazu zu bringen, die vorgesehene Stute zu besteigen und sie zu decken. Das war das Ergebnis harter und oft entmutigender Arbeit einer ganzen Woche! Als der Hengst erst einmal begriffen hatte, was er sollte, gab es keine Schwierigkeiten mehr, und wir hatten allen Grund zu glauben, daß aus ihm ein erstklassiger Zuchthengst würde. Ich untersuchte seine Spermien unter dem Mikroskop, mit einwandfreiem Ergebnis. Jeder freute sich über diesen Erfolg, und ich konnte mich zufrieden verabschieden. Der Hengst war nicht nur ein schönes Tier, sondern auch sehr gutartig, und ich mochte ihn gern. Wäre es mir nicht gelungen, ihn zum Decken zu bringen, wäre er gelegt worden. Das aber wäre einer Katastrophe gleichgekommen, da er eine überragende Abstammung besaß. Ich konnte also stolz auf mich sein und hatte dem Hengst gegenüber ein ähnliches Gefühl wie bei einem schwierigen Tier oder Kind, das man erfolgreich über die Runden gebracht hat.

Das war an einem Sonnabend, wie ich mich noch genau erinnere. Der folgende Morgen leitete einen herrlichen Tag ein, und da es Sonntag war, beschloß ich, mir für mich ganz allein ein paar Stunden zu gönnen, was selten genug vorkommt. Ich wollte spazierengehen, im Garten arbeiten, mich entspannen und nur die wichtigsten Besuche erledigen.

Um halb elf, als ich gerade mit dem Frühstück fertig war und die zweite Tasse Kaffee vor mir hatte, klingelte das Telefon. Auch das noch! Ich nahm den Hörer ab und rechnete mit einem Routine-Anruf. Ein Mann schrie hysterisch in den Hörer. "Der Stall brennt! Kommen Sie sofort!" und hängte auf. Er nannte seinen Namen nicht, aber trotz der schrillen, verzerrten Stimme erkannte ich den Stallmeister des Maui Meadows-Gestüts.

Ich rannte zum Wagen. Der Stall war ein herrliches, fast hundert Jahre altes Gebäude, und ich konnte nicht glauben, daß man die Pferde nicht schon herausgeholt hatte, zumal dort viele tüchtige Pfleger und Stalleute arbeiteten. In der Nacht hätten einige Pferde wie in einer Falle gefangen gewesen sein können, aber es war ja seit mehreren Stunden taghell. Also mußte der Stall voller Leute gewesen sein, die die Tiere beim ersten Anzeichen von etwas Ungewöhnlichem aus dem Stall gebracht hätten. Trotzdem fuhr ich wie eine Verrückte.

Schon aus zwei Meilen Entfernung sah ich den Qualm, der wie ein riesiger schwarzer Baum über dem flachen Farmland aufstieg. Da wurde mir zum ersten Mal bewußt, daß der ganze Stall in Flammen aufgegangen sein mußte. Wie hatte das passieren können? Einige der Pferde mußten überrascht worden sein. "Welche?" und "Wieviele?" fragte ich mich ständig. Doch nicht mein Schimmelhengst! Er war eines der wertvollsten Tiere. Ihn werden sie zu allererst herausgeholt haben. Ich hatte solche Angst, daß mir die Knie zitterten. Nach einer weiteren Meile war die Straße verstopft von den Wagen der Schaulustigen, Leuten, die den Rauch entdeckt hatten und nun das Feuer sehen wollten. Warum überhaupt jemand vom Feuer angezogen wird, ist mir ein Rätsel. Was noch viel schlimmer ist, daß solche Leute die Landstraßen verstopfen und es damit der Feuerwehr,

178

den Polizei- und Rettungswagen erschweren, den Ort der Katastrophe zu erreichen. Ich versuchte, mir einen Weg zu erzwingen, und rief aus dem offenen Fenster: "Ich bin Tierärztin, ich muß durch! Vielleicht kann ich noch einige Tiere retten!" Einige ließen mich unwillig vorbei, aber viele weigerten sich, Platz zu machen. Endlich hörte mich die Polizei und öffnete mir eine schmale Durchfahrt in Schlangenlinien um die Wagen herum.

Dann kam ich zur Stelle, wo die Wagen der Feuerwehr standen. Sie waren überall, und den Boden bedeckte ein Gewirr von Schläuchen wie Riesenspaghettis. Vor mir sah ich eine blutrote Wand von Flammen, die aus schwarzen Rauchfahnen leckte. Sie reichte bis zum Himmel. Es war alles, was von dem schönen Stall übrigblieb. Wie in Brandungswellen rollte der Rauch nach oben. Hier konnte mir auch die Polizei nicht helfen. Aber ich hatte auch keine Möglichkeit, zu Fuß weiterzugehen, ich brauchte die Arzneien und Instrumente in meinem Wagen. Irgendwo auf den Koppeln waren die Pferde, vermutlich mit schweren Verbrennungen. Ich mußte einfach durch.

Da sah ich einige Leute neben den Feuerwehrwagen und rief ihnen zu: "Ich bin Tierärztin. Bitte helfen Sie mir, zu den Pferden durchzukommen!"

Die Menge sah mich an, als sei ich verrückt. "Da gibt es kein Durchkommen. Die Straße ist blockiert!" Ich deutete auf den Holzzaun, der die Weide umgrenzte. "Reißen Sie den ein, dann kann ich über die Weide fahren."

Sie zögerten, tauschten Blicke, als sei ich nicht ganz normal, und gingen dann zum Zaun.

Einige der Kerle, die die Straße hinter mir verstopft hatten, hätte ich erschießen können. Aber diese Männer hier reagierten großartig. Sie machten die Querlatten los, rissen die Pfosten heraus und schleppten sie weg, um mir den Weg freizumachen. Dankbar holperte ich mit meinem Wagen über die Koppel. Die Hitze vom brennenden Stall war jetzt so stark, daß ich ihn umfahren mußte. Funken und brennende Holzteile stoben von überall her aus den Rauchwolken. Von Pferden oder Menschen konnte ich aber immer noch nichts sehen.

Dann folgte der schrecklichste Anblick, den ich jemals vor Augen hatte: Ein in Flammen stehendes Pferd rannte über das Feld. Sein ganzer Körper war eine einzige riesige Fackel, und es schrie entsetzlich. Es war der Schimmelhengst, den ich erst vor einigen Stunden verlassen hatte. Der Gestütsleiter und zwei andere Männger jagten hinter ihm her, aber es schien hoffnungslos, das verzweifelte Tier einzufangen. Ich sah ihn hinter einem kleinen Hügel verschwinden, immer noch in Flammen, als ob er mit Benzin übergossen wäre, und immer noch so entsetzlich schreiend.

Schließlich erreichte ich eine Stelle, wo es den Stalleuten gelungen war, einige wenige Pferde zusammenzutreiben. Fast alle hatten schlimme Brandwunden. Ich behandelte die verbrannten Stellen sofort mit Packungen von Sodiumbikarbonat, gab ihnen schmerzstillende Injektionen und bereitete alles vor für intravenöse Infusionen. Inzwischen brachten Stalleute den Schimmelhengst herein. Auf irgendeine Weise war es ihnen gelungen, ihn in eine Ecke zu drängen und ans Halfter zu nehmen. Er hatte so schwere Verbrennungen, daß ich fast an dem Versuch verzweifelt wäre, ihn zu retten. Es war ein Wunder, daß er mit dem Leben davonkam, aber sein Körper war voller Narben, so daß er als Zuchthengst nicht mehr zu gebrauchen war. Merkwürdigerweise schränkten die Wunden nicht seine Fähigkeit ein, erstklassige Fohlen zu zeugen, aber die Leute, die ihn vorher nicht gekannt hatten, ließen sich von seiner äußeren Erscheinung abschrecken.

Siebzehn Pferde starben in diesem Feuer, elf Hengste und sechs Stutfohlen, alles Jährlinge, alles Tiere von allerbester Abstammung. Das Lyman Gestüt hatte sich darauf spezialisiert, Pferde seltener und außergewöhnlicher Blutlinien zusammenzubringen, deren Herauszüchtung bei manchen viele Jahre gedauert hatte. Einige von denen, die umkamen, waren die letzten einer Abstammungslinie, für die es keinen Ersatz gab. Man brauchte nur einen Blick auf die Körper zu werfen, um sofort zu erkennen, aus welcher Richtung das Feuer gekommen war. Denn die Pferde waren in ihren Boxen gestorben, in der Ecke, die am weitesten von den Flammen entfernt war. Alle hatten verbrannte Beine, wahrscheinlich, weil die Streu sich entzündete. Ich mußte jedes Pferd identifizieren und für die Versicherung einen Totenschein ausstellen, eine widerliche Aufgabe. Dann blieb es mir auch nicht erspart mitanzusehen, wie die Bulldozer die Gräber aushoben, die nach dem Gesetz mindestens 3 m tief zu sein hatten. Jedes Pferd, das hineingeworfen wurde, erinnerte mich an die Zeit, in der ich es behandelt, mit ihm gespielt oder über seine Zukunft nachgedacht hatte. Seit diesem Erlebnis gerate ich immer in Wut, wenn ich jemanden im Stall rauchen sehe.

Einer der Stalleute war gerade beim Ausmisten, als der Heizkessel explodierte. Kein Mensch kennt die Ursache, aber er platzte wie eine Bombe. Der Mann sah einen Feuerball die Stallgasse zwischen den Boxen entlangrollen und rettete knapp sein eigenes Leben. Das ganze Gebäude ging sofort in Flammen auf. Männer stürzten durch Qualm und Feuer, um die Boxentüren von außen aufzureißen, aber die Pferde weigerten sich herauszukommen, obwohl fünf Schritte sie gerettet hätten. Es ist eine bekannte Erfahrung, daß Pferde bei Feuer in Panik geraten und die Sicherheit ihrer bekannten Box nicht verlassen wollen. Einer der Männer berichtete mit Tränen in den Augen: "Ich war entschlossen, wenigstens einige der Tiere zu retten. Wir gingen trotz der Hitze und des Rauchs in die Boxen und versuchten mit aller Kraft, die Pferde herauszuziehen. Wir schlugen und traten sie mit den Füßen, legten Seile um ihren Hals und zogen; sie waren einfach nicht von der Stelle zu bewegen."

Pferde sind oft völlig unberechenbar. Die meisten weigerten sich, ihre Boxen zu verlassen, aber Charles Lyman jr. rettete eine junge Stute namens Gypsy. Er lief durch die Stallgasse, riß die Tür ihrer Box auf und rief ihren Namen. Er sah, wie sie sich in eine Ecke drängte, aber sie wollte sich nicht bewegen. Sein Versuch, sie herauszuziehen, mißlang. Die Box füllte sich schnell mit Rauch, der ihn am Atmen hinderte. So stolperte er auf die Stallgasse und kämpfte sich durch bis zur Tür. Hier machte er nochmals halt und mehr aus einem Gefühl der Verzweiflung heraus als mit irgendeiner Hoffnung auf Antwort, rief er nochmals: "Gypsy!" Plötzlich erschien Gypsy aus dem Qualm und trabte auf ihn zu. Sie folgte ihm nach draußen wie ein Hund. Alle anderen Pferde in diesem Teil des Stalles kamen ums Leben.

Im gleichen Gebäude stand auch eine Reihe von Turnier-Ponys. Sie alle wurden gerettet - von einem Kind. General Lymans Enkelin schlief noch, als der Schrei "Feuer!" zum erstenmal zu hören war. Im Nachthemd und barfuß rannte sie zum Stall, öffnete die Tür und führte alle Ponys hinaus, die ihr bereitwillig folgten. Als das letzte draußen war, stürzte das Dach hinter ihnen ein.

Maui Meadows erholte sich niemals wieder vollständig von dieser Tragödie. Wenn sich auch der wertvolle Bestand nicht ganz ersetzen ließ, so blieben diese mutigen Pferdeleute doch weiterhin mit der Vollblutzucht verbunden.

Das zweite schreckliche Erlebnis war nicht die Folge tödlicher Hitze, sondern extremer Kälte. Ich selbst habe den Tag nur überlebt, weil ich damals sehr viel jünger war als heute. Außerdem hatte ich Glück.

Am späten Nachmittag hatte es zu schneien begonnen. Anfangs waren die Flöckchen nicht größer als ein Fünf-Centstück, bald erreichten sie die Größe von Eichenblättern. Sie kamen in solcher Dichte, daß die riesigen Ahornbäume, die die Auffahrt nur wenige Meter vom Haus entfernt begleiteten, nicht mehr zu sehen waren. Wenn es kein Durchkommen gab, schaufelten Norma und ich die Ausfahrt im Notfall frei. Diesmal füllte sie der Schnee aber ebenso schnell, wie wir schaufeln konnten. Auf unserem Zaun lagen acht Zentimeter Schnee, und die weichen Flocken dämpften jeden Laut. Ich kam mir vor wie in einer toten Welt. Was aber noch schlimmer war, Wind kam auf und türmte den Schnee zu hohen Wächten, über die wir nicht hinwegsehen konnten.

Als weitere Arbeit sinnlos wurde, kehrten wir ins Haus zurück, schüttelten den Schnee ab und zogen uns um. Wenigstens meldete sich das Telefon nicht, und ich ging dankbar zu Bett.

Um ein Uhr nachts schreckte mich das Telefon dann aber doch hoch. "Bei mir fohlt eine Stute", meldete sich jemand. "Sie hat es sehr schwer, können Sie sofort kommen?"

Ein Blick aus dem Fenster nahm mir jeden Mut. Es schneite immer noch, stärker als Stunden vorher, so, als schütte jemand riesige Körbe mit weißen Federn direkt vor unseren Fenstern aus. Der Mann wohnte in Bryn Mawr, zwanzig Meilen von uns entfernt. Damals war es plattes Land, mit großen Gütern neben weit verstreuten Farmen. Der Mann lebte auf einer dieser Farmen und besaß einige Zuchtstuten. Sein Stall lag drei Meilen von der Hauptstraße entfernt, aber ich erinnerte mich, daß auch er einen Bulldozer hatte. Selbstverständlich hatte er mit dem einen Zugang zur Autobahn freigemacht. Die Frage war nur: Konnte ich überhaupt die Farm erreichen? Falls die Straßen nicht von Schneepflügen geräumt waren, hatte ich große Bedenken.

Damals lebte mein Vater noch. Er regelte die geschäftlichen Angelegenheiten meiner Praxis, die mir immer Probleme bereiteten, und versuchte, mir nach Möglichkeit die größten Schwierigkeiten aus dem Weg zu räumen. Das Telefon hatte ihn geweckt, und als er mich fertig zum Abfahren sah, kündigte er kurzerhand an: "Ich komme mit."

Er erholte sich gerade von einem Herzanfall. "Bitte, Vater, laß es sein", beschwor ich ihn. "Du kannst mir gar nicht helfen, und wenn du wieder einen Anfall bekommst, könnte er jetzt ernster sein."

"Unter keinen Umständen erlaube ich dir, in einer solchen Nacht allein unterwegs zu sein", entgegnete er. Wenn er so redete, wußte ich, es hatte keinen Sinn, mit ihm zu streiten.

Da ich vorsorglich Schneeketten aufgezogen hatte, kamen wir ohne Schwierigkeiten aus der Ausfahrt. Sie begannen erst auf der Autobahn, denn die Schneepflüge hatten in unserer Gegend noch nicht geräumt. Den ganzen Abend war der Verkehr relativ dicht gewesen, so daß ich die Spuren der vorher gefahrenen Wagen benutzen konnte, obwohl mich das langsame Tempo, zu dem ich gezwungen war, fast verrückt machte.

Wir brauchten zwei Stunden bis Bryn Mawr und zur Farm. Dann kam ein neuer Schock: Der Mann hatte keine Zufahrt zu seinem Stall geräumt. Wie sich später herausstellte, hatte ihm die Stute so viel zu schaffen gemacht, daß er das ganz vergessen und überhaupt nicht überlegt hatte, wie ich denn über die tief verschneite Zufahrt den Stall erreichen sollte. Zum Glück hatte der Wind viel Schnee über die kahlen Felder verweht, so daß wir, wenn auch in schleppendem Tempo, vorankamen, jeden Augenblick darauf gefaßt, steckenzubleiben.

Dann erhob sich vor uns plötzlich ein doppeltes Hindernis, etwa eine Meile vor dem Stall. Eine Wächte, höher als die Motorhaube, zog sich wie eine Mauer quer vor uns von links nach rechts über die Straße, so weit wir sehen konnten. Aber damit nicht genug. Das Gewicht des Schnees hatte eine Stromleitung zerrissen, die das Haupthaus mit dem Stall verbindet. Ein Gewirr von Drähten lag nun im Schnee, teilweise von außen kaum erkennbar, und fast völlig zugedeckt.

Angesichts dieser Situation sagte ich zu Vater: "Ich muß von hier aus zu Fuß weitergehen und alles mitnehmen, was ich tragen kann. Bitte warte hier auf mich und mach die Heizung an. Laß aber ein Fenster einen Spalt offen wegen der Abgase."

"Mach dir um mich keine Sorgen", meinte Vater in aller Ruhe: "Ich komme schon zurecht. Ich hätte dir nur gern beim Tragen geholfen. Aber ich weiß, daß ich es durch die Schneeverwehungen niemals schaffen würde."

Wir hatten im Wagen einige Decken, und ich machte es ihm auf dem Rücksitz so bequem wie möglich. Als ich ausstieg, fiel ich erst mal in den Schnee, konnte mich dann aber noch bis zum Kofferraum vorarbeiten, um alles herauszuholen, was ich brauchen würde. Dann machte ich mich auf den Weg zum Stall.

Ohne überhaupt den Versuch zu machen, war mir völlig klar, daß ich mit all meinem Gepäck die hoche Wächte nicht überwinden konnte, ich mußte sie umgehen. Dabei war es unmöglich, dem Gewirr der Leitungsdrähte auszuweichen. Ich trat über sie hinweg oder suchte mir Lücken zwischen ihnen. Mit unglaublichem Glück berührte ich nicht einen der Drähte; warum, entzieht sich meiner Vorstellung, da ich ja die meisten gar nicht erkennen konnte. Die Wächte schien ohne Ende, und manchmal steckte ich bis zu den Hüften im Schnee. Dann erreichte ich ein kleines Kiefernwäldchen, dessen Bäume als Windschutz gewirkt hatten, denn der Schnee war hier nur wenige Zentimeter hoch. Am Rande dieses kleinen Gehölzes ließ sich die Wächte umgehen, und ich hatte die hell erleuchteten Fenster des Stalles vor mir. Von da an ging es nur noch bergab.

Als ich in den Stall stolperte, standen einige Männer bei der Stute in der Box. Einer blickte auf und fragte erstaunt: "Wie um alles in der Welt sind Sie denn hergekommen?"

"Wenn Sie mit mir nicht gerechnet haben, warum haben Sie mich dann erst kommen lassen?" erwiderte ich in verständlichem Ärger.

Darauf wußte keiner eine Antwort. Also untersuchte ich die Stute.

Sie fühlte sich nicht wohl, benahm sich unwillig und schwitzte stark, was gewöhnlich auf eine unmittelbar bevorstehende Geburt hindeutet. Da sie augenscheinlich unter Schmerzen litt, gab ich ihr ein Beruhigungsmittel und wusch mich mit heißem Wasser und Seife, die mir die Männer brachten. Dann reinigte ich die äußeren Geschlechtsteile. Sie preßte kräftig, um das Fohlen zu bringen, aber es kam nichts.

"Was nicht in Ordnung?" fragte der Besitzer.

"Ich bin mir nicht ganz sicher", gab ich zu. "Ich nehme an, das Fohlen liegt etwas verdreht, vermutlich in Querlage."

Ein Fohlen sollte mit den Vorderbeinen zuerst geboren werden, eines gestreckt und ein wenig vor dem anderen, mit der Nase zwischen beiden Beinen. Wenn andere Teile zuerst erscheinen, muß das Fohlen gedreht werden. Dabei besteht aber die Gefahr, daß Fohlen und Stute das nicht überleben. Einen Irrtum darf sich die Natur nicht erlauben, es gibt kein Entweder - Oder.

Ich fühlte mich in den Leib der Stute vor; ja, das Fohlen war da, und es lebte. Sehr bald entdeckte ich auch, warum es Schwierigkeiten gab. Die Beine des Fohlens waren verdreht. Ich richtete sie gerade nebeneinander, und das kleine Tier rutschte heraus. Es war ein reizendes, braunes Stutfohlen. Dann säuberte ich seine Nüstern und stellte das kleine Mädchen auf seine wackeligen Beine. Die Nachgeburt schien mir reichlich knapp gegenüber anderen Geburten, aber das kommt häufig vor, wenn das Fohlen klein ist. Die Stute verhielt sich aber weiter unruhig und zeigte keinerlei Interesse an ihrem Fohlen, was ganz ungewöhnlich war. Einige Stuten haben bei der Geburt einen Krampf, der beim Herauspressen der Nachgeburt entsteht, und ich hielt das für die Ursache. Dann brach sie wieder in Schweiß aus, ging zu Boden und verhielt sich wieder so, als wollte sie fohlen. Das rief bei uns allen große Bestürzung hervor. Also wusch ich mich nochmals und säuberte auch die Stute.

Ich würde sie ein zweites Mal zu untersuchen haben. Kaum hatte ich damit begonnen, als ich zu meiner großen Überraschung entdeckte, daß die Stute noch ein zweites Fohlen zur Welt bringen wollte! Zwillingsgeburten kommen bei Pferden ganz selten vor; aus meiner langjährigen Erfahrung kenne ich nur ein einziges anderes Paar. Aber die kleine Braune hatte noch eine Schwester oder einen Bruder. Unglücklicherweise lag das zweite Fohlen stark verdreht, in Querlage. Mit allergrößter Vorsicht, damit die kleinen scharfen Hufe nicht die Gebärmutterhaut verletzten, drehte ich es allmählich in die richtige Lage, eine langwierige und heikle Arbeit. Kurz bevor ich damit fertig war, stürzte ein Stallmann herein: "Kommen Sie schnell, Doktor", rief er, "hinten in der letzten Box ist eine Stute am Fohlen."

Ich hätte es wissen sollen! Wenn eine Stute fohlt, und im gleichen Stall steht eine andere, deren Zeit auch gekommen ist, wird sie verzweifelt versuchen, ihr Fohlen ebenfalls zur Welt zu bringen. Vermutlich löst der Geruch diese Reaktion aus.

"Wenn ich diese Stute hier verlasse, haben Sie ein totes Fohlen und eine tote Stute," sagte ich zu dem Besitzer. "Die andere Stute muß eben warten."

"Aber sie hat große Beschwerden", meinte der Stallmann skeptisch.

"Welche Stute soll denn gerettet werden?" fragte ich ihn. Er zögerte einen Augenblick. "Arbeiten Sie hier weiter. Wir werden der anderen Stute helfen, so gut es geht."

Die Versuchung war groß, alles zu beschleunigen, aber das hätte verhängnisvolle Folgen haben können. Ich zwang mich, langsam zu arbeiten, nichts zu riskieren und die andere Stute zu vergessen. Erleichtert konnte ich das Fohlen endlich auf das Stroh gleiten lassen. Es war wieder ein braunes Stutfohlen, völlig identisch mit dem ersten. In den seltenen Fällen, in denen eine Stute Zwillinge bekommt, haben sie fast immer unterschiedliche Größe, das eine viel größer als das andere. Diese beiden waren exakt gleich groß.

Einer der Pfleger war bei mir geblieben. "Säubern Sie, bitte, ihre Nüstern, reiben Sie sie ab und setzen Sie das Fohlen an", bat ich ihn dringend. Mit meiner Arzttasche lief ich über die Stallgasse zur letzten Box. Die Stute preßte stark, hilflos standen einige Männer um sie herum. Die Ursache für ihre ungewöhnliche Anstrengung: das Fohlen war außerordentlich groß! Als ich es in Empfang nahm - es war ein Hengst -, war die Mutter so erschöpft, daß ich ihr mit Injektionen helfen mußte. Aber auch die andere Mutter, die Zwillinge gebracht hatte, brauchte noch Hilfe. Ich hatte aber nur ausreichend Medikamente für ein Tier bei mir. Ich mußte also zurück zum Wagen.

Die Morgendämmerung ließ es draußen heller werden. Obwohl ich mir durch den Schnee einen Weg gebahnt hatte und ihn kannte, schien er mir jetzt viel mühsamer als beim ersten Mal. Ich war völlig erledigt, meine Beine wie Blei; und ich schleppte mich mit letzter Kraft durch den Schnee. Es hatte keinen Sinn, einen der Männer zu schicken. Er hätte keine Ahnung, was ich aus dem Wagen benötigte. Außerdem machte ich mir Sorgen um Vater, der nicht gerade in der richtigen Verfassung war, um in einem zugigen Auto zu sitzen, das in einer Wächte steckengeblieben war. Endlich tauchte der Wagen vor mir auf, ich machte mich bemerkbar und konnte erleichtert aufatmen, als ich ihn antworten hörte.

"Geht es dir gut?" rief ich.

"Großartig. Hast du dem Fohlen zur Welt geholfen?"

Ich erklärte ihm, was sich ereignet hatte, kletterte wieder über die abgerissenen Drähte und holte die Arzneien und Instrumente, die ich brauchte. Mein armer Vater bot mir höflich seine Hilfe an, aber es wäre Selbstmord für ihn gewesen, wenn er sich mit mir auf den Weg gemacht hätte. Wiederum schwer beladen, schaffte ich es über die Drähte, um die Schneeverwehungen herum und durch das kleine Wäldchen. Zum Glück hatte es aufgehört zu schneien. Im Stall gab ich beiden Stuten Infusionen und Antibiotika sowie Medikamente, die die Folgen ihres Schockzustandes lindern sollten. Alle drei Fohlen waren am Saugen, die Stuten außer Gefahr. So konnte ich endlich - zum drittenmal - den Weg durch Schnee und über Leitungsdrähte antreten, bis ich in den Wagen fiel. Vater fuhr mich nach Hause. Ich weiß nicht mehr, wie ich ins Bett gekommen bin, und wachte jedenfalls erst um elf Uhr auf. Dann fuhr ich wieder zum Stall, um nach meinen Patienten zu sehen, die alle wohlauf waren.

Bevor ich mit meinen üblichen Besuchen begann, hielt ich an einem Schnellrestaurant, um eine Tasse Kaffee zu trinken. Ein Polizist, den ich gut kannte, begrüßte mich.

"Sie werden es kaum glauben, Dr. Lose", berichtete er mir. "Die elektrischen Leitungen sind in der letzten Nacht auf dem Gestüt bei Bryn Mawr vom Sturm heruntergerissen worden, und irgendein Verrückter stieg über sie hinweg, um in den Stall zu gelangen. Sie standen alle unter Strom. Warum der nicht getötet wurde, ist mir schleierhaft. Können Sie verstehen, wie jemand so blöd sein kann?"

"Nein, aber solche Leute soll es geben," stimmte ich ihm zu.

Der kleine Hengst wurde später ein As auf der Rennbahn. Die Zwillinge litten unglücklicherweise unter einem Nabelbruch, und ich hatte große Mühe, das eine durchzubekommen, da es sich fast erwürgt hatte. Doch erholten sich beide und wurden starke, gesunde Stuten, allerdings nicht gut genug für die Rennbahn. Sie wurden als Reitpferde verkauft und führten ein Leben in liebevoller Umgebung.

Beide Stuten waren gute Mütter. Wenn eine Stute sich ihrem Fohlen verweigert, kann das ernste Folgen haben wegen der lebenserhaltenden Bedeutung der ersten Milch, die einen hohen Gehalt an Antikörpern und abführenden Substanzen besitzt. Auf Mr. Biddles Gestüt mußte ich einmal den merkwürdigsten Fall einer solchen Verweigerung behandeln, der mir je begegnet ist.

Man rief mich "so schnell wie möglich" zum Biddle Stall, was, wie ich wußte, einem ziemlich ernsten Notfall gleich kam, denn Mr. Biddle war kein Mann, der sich leicht aus der Ruhe bringen ließ. An jenem Tag hatte ich keine Assistentin, aber da ich alle Nebenstraßen mit wenig Verkehr in dieser Gegend kannte, kam ich gut voran. Mr. Biddle hatte 15 Zuchtstuten, die alle tragend waren und auf einer der großen Weiden gemeinsam grasten; jetzt standen sie aber alle zusammen in einer Koppel am Stall. Mr. Biddle führte mich zu einer Box, in der ein soeben geborenes Fohlen unsicher auf seinen langen Beinen schwankte. Es war ganz allein, jammervoll anzusehen und wieherte nach seiner Mutter. Es hatte Wunden am Körper und wurde immer schwächer.

"Wo ist die Mutter?" fragte ich, weil ein Fohlen so schnell wie möglich mit dem Saugen beginnen sollte.

"Das ist der Grund, warum ich Sie hier haben wollte", erwiderte Mr. Biddle. "Wir sahen, wie die Stuten auf der Weide nach etwas stießen und schnappten, dann den Kopf hochwarfen und davongaloppierten, aber wieder zurückkamen und ihre Angriffe fortsetzten. Einer meiner Männer lief hinüber, um zu sehen, was los war, und fand dieses kleine Fohlen im Gras. Wir konnten nirgendwo etwas entdecken, was auf die Stute hinwies, die soeben gefohlt hatte. Das Kleine muß aber zu einer von ihnen gehören. Keine der Stuten schien sich auch nur im geringsten für das Fohlen zu interessieren."

Das war mir neu. Ich untersuchte die Stuten sofort, prüfte die Scheide und das Euter, um zu sehen, ob sie Milch hatten. Es gab keinerlei Anhaltspunkte. Junge Stuten lassen oft nur schwer erkennen, ob sie gefohlt haben, und die Milch kommt erst, wenn das Fohlen mit dem Saugen beginnt. Trotzdem mußte es Anzeichen geben, wenn ich die nur entdecken konnte! Bei Erstgeburten fohlen manche Stuten gern auf offener Weide, stehen auf und entfernen sich, vermutlich in dem Gefühl, der Schmerz sei ein Anfall von Kolik. Sie sehen sich nicht um und können daher den kennzeichnenden Duft nicht wahrnehmen, mit dem das eigene Fohlen seine ersten lebenserhaltenen Bedürfnisse signalisiert.

Ich begann noch einmal von vorn. Diesmal entdeckte ich einige sehr schwache Anzeichen in Scheide und Euter einer jungen Stute. Wir brachten sie in die Box mit dem Fohlen, wo sie ihre Attacken sofort wieder aufnahm. Vernachlässigung von Fohlen hatte ich schon erlebt, vor allem bei Stuten, die vorher noch nicht gefohlt hatten und nicht wußten, was sie mit dem kleinen Wesen anfangen sollten, niemals aber eine solche Angriffslust. Es gab keine Spuren von Resten der Nachgeburt, die gern von Hunden, Katzen und großen Vögeln sofort beseitigt wird.

"Brauchen Sie eine Nasenbremse?" fragte Mr. Biddle.

"Ich will sie lieber zuerst ruhigstellen", erwiderte ich. Sobald das Mittel wirkte, wurde die Stute auch ruhiger, und ich brachte das Fohlen zu ihr. Trotz des Medikaments ging sie auf den Kleinen los.

"Wir werden wohl doch die Bremse brauchen", gab ich zu. Ein Pfleger hielt sie, und da sie unter Medikamenten stand, blieb der Stute nichts anderes übrig, als das Fohlen an dem schwach entwickelten Euter und den kleinen Zitzen saugen zu lassen. Ich blieb so lange, bis die Wirkung der Beruhigungsspritze nachließ und der Pfleger die Bremse lösen konnte. Er hielt die Stute aber nach wie vor mit einem Anbindestrick am Halfter fest. Während wir abwarteten und kaum zu atmen wagten, drehte sich die Stute um und beschnupperte das kleine Fohlen. Dann leckte sie es ab. Nun würde alles seinen richtigen Gang gehen, und wir atmeten erleichtert auf. Die Stute wurde eine beinahe übertrieben um ihr Fohlen besorgte Mutter, denn sie griff fast jeden an, der in die Box kam, nur um ihr Kind zu beschützen. Wir fanden niemals die Nachgeburt auf der Weide.

Ich machte den Vorschlag, die übrigen Stuten in Einzelboxen unterzubringen, bis sie gefohlt hatten, denn ich hatte niemals Pferde erlebt, die so wie diese ein eben geborenes Fohlen attackierten, noch eine Mutter, die sich ihrem Nachwuchs gegenüber so völlig gleichgültig verhielt. Das ist eben eines von vielen Geheimnissen im Pferdeleben, für die es keine Erklärung gibt.

In meinem Beruf habe ich oft harte Entscheidungen treffen müssen. Manche von ihnen brachten meinen Klienten bittere Enttäuschungen. Es gibt Tierärzte, die sich weigern, einem Kunden etwas mitzuteilen, womit sie ihn sich zum Feind machen würden. Das geschieht einmal, weil sie Ärger aus dem Wege gehen wollen, zum anderen, weil sie damit vermutlich einen Klienten verlieren würden. Früher habe ich solche Veterinäre, die sich scheuen, der Wahrheit ins Gesicht zu sehen, als Feiglinge eingestuft, aber vielleicht war das ungerecht. Schließlich kann sich jeder Tierarzt irren, und vielleicht wollen sie in ihrer Unsicherheit dem Tier noch eine Chance geben. Mir sind in diesem Zusammenhang vor allem zwei Fälle in Erinnerung, wo ich meiner Diagnose absolut sicher war.

Ein wohlhabendes Ehepaar hatte eine fünfzehnjährige Tochter, die eine Pferdenärrin war, wie das bei vielen jungen Mädchen vorkommt. Ich hatte sie auf Turnieren beobachtet und gesehen, wie ernsthaft sie ihr Hobby betrieb und wie hart sie arbeitete. Ihre Eltern liebten sie über alles, wollten sie aber nicht wegen ihrer Erfolge verwöhnen. Ihr wurde praktisch jeder Wunsch erfüllt, sofern ihre Eltern davon überzeugt waren, daß sie es ehrlich verdient hatte. Ihre besondere Vorliebe galt dem Springen, und sie wünschte sich dafür ein gutes, junges Pferd. Bei einem Turnier verlor sie ihr Herz an einen herrlichen Braunen, 1,73 m Stock, der schon alles gewonnen hatte. Er war ein Champion und auch schon auf größeren Turnieren Sieger gewesen. Voller Hoffnung hatte sie den Besitzer gefragt, ob er verkäuflich sei. Ja, für 50 000 Dollar. Seufzend wandte sich das Mädchen ab, aber ihr Vater hatte mitgehört!

Wenige Tage danach rief er an: "Dr. Lose, ich will meinem Mädel den Hunter kaufen", erzählte er mir. "Das heißt, natürlich nur, wenn er garantiert gesund ist. Wollen Sie mit uns zu seinem Stall in Connecticut fahren und ihn für mich untersuchen? Es ist sicher nur eine Formsache, da er Champion ist und überall, wo er gestartet ist, gewonnen hat. Aber ich möchte ganz sicher gehen. Meine Frau und Tochter kommen mit, aber bitte sprechen Sie mit dem Mädel nicht darüber. Es soll eine Überraschung für sie sein."

"Natürlich nicht. Aber sagen Sie dem Besitzer auch nicht, daß wir kommen", warnte ich ihn. "Ich kenne den Mann überhaupt nicht, aber mit Drogen und Tricks der verschiedensten Arten lassen sich Fehler am Pferd leicht vertuschen, wenn man weiß, daß der Tierarzt es untersuchen soll. Kommen wir lieber unangemeldet."

"Einverstanden. Wir fahren morgen um zehn Uhr los."

Ich bin so viel mit dem Auto unterwegs, daß ich einen Horror vor langen Fahrten habe, diese aber war ein reines Vergnügen. Der große, bequeme Wagen hatte Spezialsitze, und ich konnte mich endlich einmal richtig entspannen. Im Kofferraum war viel Platz, so daß ich alles verstauen konnte, was ich voraussichtlich brauchen würde, sogar den tragbaren Röntgenapparat. Schließlich sind 50 000 Dollar eine Menge Geld, und ich wollte unter keinen Umständen irgendeinen Fehler machen. Heute weiß ich nicht mehr, welche Geschichte sie dem Mädel erzählt hatten. Jedenfalls plauderte sie fröhlich und unbeschwert, und die Fahrt schien kurz.

Im Stall trafen wir den Besitzer nicht an, aber sein Stallmeister war da. Vom ersten Augenblick an mochte ich den Mann nicht; er war der Typ des Kraftprotzes, der einen von vornherein überfahren wollte. Das Mädchen erkannte das Pferd sofort wieder und war vor Aufregung halb verrückt. Es war wirklich ein herrliches Pferd, vom Gebäude her wohl das beste, das ich je gesehen hatte. Seine sportlichen Erfolge bestätigten das.

"Kommen wir zum Geschäftlichen", schlug der Stallmeister vor. "Das kleine

Fräulein und das Pferd haben sich ineinander verliebt, warum da noch unnötige Umstände machen? Sie sehen ja selbst, das Pferd ist einfach vollkommen."

Die Eltern des Mädchens waren bereit, auf die Untersuchung zu verzichten. Da sie mich aber nun den langen Weg nach Connecticut mitgenommen hatten, entschlossen sie sich doch, der Form halber die Untersuchung lieber durchführen zu lassen. Als das Pferd aus der Box gebracht wurde, fiel mir etwas Merkwürdiges in seinem Blick auf, ich tat es aber als Einbildung ab. Mit einem Berufsreiter im Sattel zeigte er sodann seine Gänge und sprang einige Hindernisse. Einfach vollkommen! Auch die Röntgenaufnahmen bestätigten es. Ein Pferd ohne Fehl und Tadel. Dann untersuchte ich seine Beine und hörte Herz und Lunge ab. Auch hier alles in Ordnung.

"Bringen Sie ihn jetzt, bitte, zurück zum Stall, und machen Sie das Licht aus", bat ich den Stallmeister, obwohl das Pferd offensichtlich gesund war und auch dies nur eine Formalität bedeutete.

Zum ersten Mal schien der Stallmeister beunruhigt. "Machen Sie nicht zuviel Aufhebens um nichts?" fragte er. "Sie müssen wohl irgendwie zeigen, daß Sie Ihr Geld wert sind. Aber genug ist genug."

Ich erinnerte mich plötzlich wieder an den seltsamen Ausdruck im Auge des Pferdes. "Ich muß leider darauf bestehen."

Im verdunkelten Stall untersuchte ich die Augen des Braunen mit einem Augenspiegel: Er besaß nur 30 % Sehvermögen. Die Netzhautgefäße waren verschwommen, unvollständig, und die Linsenkapsel enthielt Trübungen.

Das Mädchen sprang selig umher und kündigte an, welche Pläne sie mit ihrem herrlichen, neuen Pferd hatte. Ihre Eltern lächelten glücklich über ihre Begeisterung. Der Vater fragte zuversichtlich: "Alles in Ordnung, Dr. Lose?"

Ich war nicht imstande, ihm die Wahrheit zu sagen. "Machen Sie das Licht wieder an", war alles, was ich herausbringen konnte. Der Stallmeister gönnte mir nur einen kurzen Blick, fluchte und stampfte wütend aus dem Stall. Einen Pfleger, der die Szene verfolgt hatte, fragte ich leise: "Wie lange hat er das schon? Es scheint mir eine organische Krankheit zu sein, die allmählich schlimmer wird."

Der Pfleger zögerte, gab dann aber zu: "Das hat er schon seit Jahren, aber mit einem guten Reiter, der ihn genau kennt, ist es kaum zu bemerken. Man muß nur besonders vorsichtig sein, wenn man mit ihm den Parcours betritt, und sich mit ihm verständigen, wann er abzuspringen hat. Der Reiter muß sich allerdings auch vergewissern, daß er die Position des Hindernisses genau kennt."

Ohne ein Wort verließ ich den Stall. Das Mädchen tanzte immer noch vor lauter Freude herum und sang und redete unentwegt: "Ich liebe das Pferd, wir werden zusammen herrliche Zeiten verbringen. Wann können wir ihn nach Hause mitnehmen?" Ihre Mutter war ganz entzückt. "So selig vor Glück habe ich sie noch nie erlebt! Insgeheim fürchtete ich schon, das Pferd wäre vielleicht verkauft worden. Es würde ihr das Herz brechen, wenn sie es nicht bekäme."

Was würde ich darum geben, wenn ich ihnen nicht die Wahrheit sagen müßte! Verzweifelt suchte ich nach einer Möglichkeit, das Untersuchungsergebnis nicht zur Sprache zu bringen. Wenn man dem Tier mit einer Operation hätte helfen können oder wenn das Kind es nur als Reitpferd haben wollte, wäre die Versuchung groß gewesen, den Mund zu halten. Mir war bewußt, daß ich dem Mädchen einen grausamen Schmerz zufügen und die Eltern bitter enttäuschen mußte, aber ich konnte nicht anders. Schließlich platzte ich damit heraus: "Das Pferd wird sein Augenlicht verlieren, es ist schon jetzt halb blind. Es wäre ein unverzeihlicher Fehler, ihn für irgend jemand zu erwerben, vor allem, wenn es sich um ein Kind handelt."

Das Mädchen starrte mich an, als hätte ich ihr einen Hieb mit der Peitsche gegeben. Dann begann sie hemmungslos zu schluchzen. Ihre Mutter führte sie zum Wagen, während der Vater mich ungläubig ansah. "Sind Sie Ihrer Sache ganz sicher?"

"Absolut."

"Wie kann das Pferd dann so viele Schleifen nach Hause bringen?"

"Es wurde immer von einem Berufsreiter geritten, der sein Problem mit dem Sehen kennt. Ein solcher Reiter vermag das Pferd genau in die richtige Absprungposition zu bringen. Er zeigt ihm mit Zügel- und Schenkelhilfen, wie es zu springen hat, und achtet vor allem darauf, daß es nicht für ein Springen genannt wird, wo Hindernisse aufgebaut sind, die es nicht gewöhnt ist zu springen. Ein wirklich guter und gefühlvoller Reiter könnte vermutlich auch ein blindes Pferd so über den Parcours bringen. Es ist gefährlich, aber die Reiter werden auch dafür bezahlt, ein Risiko einzugehen. Ihre Tochter besitzt keinerlei Fähigkeiten dieser Art, und sie wird nicht dafür bezahlt, daß sie ihr Leben riskiert."

Der Mann sah mich an. Einen Augenblick lang hatte ich das Empfinden, er wolle mich eine Lügnerin nennen. Dann drehte er sich um, und wir gingen zum Wagen zurück, wo das enttäuschte Mädchen in den Armen seiner Mutter weinte. Die Mutter sah mich an, als wäre ich eine Mörderin - und ich kam mir auch so vor.

Das Mädchen weinte während der ganzen Fahrt nach Pennsylvanien. Ihre Mutter wollte sie beruhigen: "Wir kaufen dir ein anderes Pferd!" aber sie antwortet immer wieder unter Tränen: "Ich will kein anderes Pferd. Ich will nie mehr reiten." Keiner der Eltern sprach mit mir, es wurde die längste Fahrt meines Lebens. Ich holte meinen schweren Röntgenapparat heraus und alles sonstige Zeug und packte es um in meinen eigenen Wagen, ohne daß mir auch nur einer von ihnen seine Hilfe angeboten hätte. Dann fuhr ich nach Hause. Kurz nach Mitternacht kam ich an und fühlte mich so elend, als hätte ich einen der anstrengendsten Tage meines Lebens hinter mir.

Zwei Monate später traf ich den Vater zufällig bei einem Turnier. Er bemerkte ganz nebenbei: "Erinnern Sie sich noch an das Pferd in Connecticut, von dem Sie sagten, es sei halb blind?"

Ich sah ihn mit großer Überraschung an: "Ja, und ob ich mich daran erinnere, selbstverständlich."

"Unsere Tochter war so verzweifelt, weil sie den Braunen nicht bekommen konnte, daß ich mit der Familie in den Ferien nach Florida gefahren bin. Wir besuchten dort ein Turnier, und - Sie werden es nicht glauben - da war das gleiche Pferd, das wir beinahe in Connecticut gekauft hätten. Sein Besitzer hatte es für die Veranstaltung eingeflogen, und wir sahen es springen. Das erste Hindernis des Parcours war leicht, eine Hecke, nur etwa 80 Zentimeter hoch. Sein Reiter ritt an, aber anstatt zu springen, drückte der Braune durch, stürzte und rollte auf seinen Reiter. Sie mußten das Pferd sofort einschläfern und den jungen Mann mit einem Rettungswagen ins Krankenhaus bringen." Er sah mich mit sonderbarem Ausdruck an. "Doktor, Sie hatten doch recht mit Ihrer Diagnose, daß das Pferd kein Sehvermögen hatte."

Ich starrte ihn fassungslos an: "Wollen Sie etwa damit sagen, ich hätte nicht gewußt, wovon ich rede?"

Er sah weg. "So habe ich das nun auch wieder nicht gemeint. Nur, es ist möglich - jeder kann sich einmal irren."

Mir wurde ganz übel im Magen. Wenn diese beiden auch zum Glück meinem Rat gefolgt waren, so hatten sie mich doch ganz deutlich für unfähig gehalten. Das war ein schwerer Schlag für meinen beruflichen Stolz.

Er hatte natürlich recht damit, daß auch ich mich irren konnte, so leid es mir tut, das zuzugeben. Im folgenden besonderen Fall sollte ich vielleicht besser sagen: "Ich bin froh, es zuzugeben."

Im Sommer des Jahres 1976 rief man mich zu einem großen Wagenzug, der im Valley Forge-Park sein Lager aufgeschlagen hatte und dessen Pferde ich untersuchen sollte. Im Rahmen der 200-Jahr-Feier waren Leute aus allen Teilen des Landes eingeladen worden, Philadelphia mit Pferdewagen zu besuchen. Unglaublich, wie viele kamen, einige sogar aus Kalifornien! Mit Sicherheit wird sich ein solches Schauspiel nicht wiederholen können, denn von Pferden gezogene Wagen und Zugpferde, die im Geschirr gehen, werden von Jahr zu Jahr weniger.

Ich fuhr zum Park die Yellow-Springs-Road hinunter, an der es immer noch große, alte Landsitze gibt, von denen einige noch aus der Zeit der Kolonien stammen, dann über die Knox-Covered-Bridge und parallel zum Valley Creek in Richtung auf Washingtons Hauptquartier, das genau im gleichen Zustand erhalten wird wie in jenem schrecklichen Winter, "dem Tiefpunkt der Revolution", als eine kleine Schar entschlossener Männer in diesen Hügeln ihre letzte Stellung bezogen hatte. Ich kam an den Resten der ursprünglichen Schmiede in dem Tal vorbei, die diesem Distrikt den Namen gegeben hat, dann an einem Hang, wo Nachbildungen der Blockhäuser stehen, die von den Truppen benutzt wurden, und daneben die aufgeschütteten Geschützstände mit ihren langen Reihen von Kanonen. Viele Gebäude aus der Zeit vor der Revolution stehen noch und werden bewohnt; das Backhaus, das Brot für die Truppen lieferte; die Great Valley-Mühle, wo das Korn gemahlen wurde und die noch bis vor wenigen Jahren in Betrieb war; das Pulverhaus, wo auch die Kanonen repariert wurden; Lafayettes Hauptquartier und das zauberhafte King of Prussia-Gasthaus, das jetzt durch die neue Schnellstraße isoliert und abgeschnitten ist. Einst war es ein herrliches Fleckchen Erde, wo sich die Jagdgesellschaften regelmäßig trafen und wo seit 1709 köstliche Gerichte serviert wurden.

Es war einer der heißesten Sommermonate seit Menschengedenken, soweit ich mich erinnere, 35 Grad und kein Wölkchen am Himmel! Überall standen Wohnwagen, Hänger, Zelte und Pferdewagen, dazu Tausende von Schaulustigen, die mit ihren Autos die Straße blockierten. Hier gab es kein Durchkommen, so daß ich über das Gras fahren mußte, ein schreckliches Verbrechen in den Augen der Parkverwaltung. Aber die Polizei erkannte meinen Wagen und winkte mich durch. Die Gespanne repräsentierten alle Arten von Modellen und Größen und schienen in bemerkenswert gutem Zustand, wenn man bedenkt, daß sie Hunderte, in einigen Fällen Tausende von Meilen hinter sich hatten. Es gab Unmengen von Maultieren, Eseln und Zugpferden. Alle hatten besonders behandelte Hufeisen, um ihnen auf dem Straßenpflaster einen besseren Halt zu geben, eine sehr vernünftige Maßnahme. Ein auffallender, riesiger Wagen war mit einem Gespann von acht Mulis gekommen, dem größten, das ich je gesehen hatte.

Ich stellte mich vor und wurde herumgeführt. Die Leute waren von echter, altamerikanischer Herkunft, höflich, rauhbeinig, unabhängig, ziemlich schweigsam und augenscheinlich sehr geschickt im Umgang mit ihrer Ausrüstung und ihren Tieren. Ein Mann war über achtzig. Es gab überraschend wenige Verletzungen durch Satteldruck oder Zuggeschirr, in der Hauptsache nur solche am Kronenrand und geringfügige Schürfwunden an den Beinen der Pferde. Natürlich hatten die Tiere auf der langen Reise an Gewicht verloren, erholten sich aber wieder sehr schnell. Vor allem beeindruckten mich die Reitpferde, die erstaunlich stabile Rücken besaßen. Ganz klar, daß sie in erster Linie für wirkliche Arbeit gezüchtet waren und nicht als Freizeitpferde wie sonst im Osten.

Ein älteres Ehepaar sprach mich an, und der Mann meinte höflich: ”Doktor, ich wäre dankbar, wenn Sie sich mal unsere Stute ansehen könnten. Sie hat vor ein paar Stunden gefohlt.”

Ich dachte, ich hätte nicht richtig gehört! ”Woher sind Sie gekommen?”

”Von Alaska.” Er sagte es, als sei er aus dem Nachbarbezirk angereist.

"Das heißt, Sie gingen mit einer tragenden Stute fast 4 000 Meilen zu Fuß?"
"So ist es. Mein Sohn hat sie geritten." Er wies auf einen gutaussehenden jungen Mann, der lächelte und mir zunickte.
"Ich atmete tief durch. "Lebt das Fohlen?"
Der Mann schien überrascht. "Aber sicher. Es geht ihm sogar sehr gut."
Menschen und Pferde in Alaska müssen fürwahr von derbem Schlag sein! Ich untersuchte die Stute, die sich in ausgezeichneter Verfassung befand, obwohl sie ziemlich mager war. Ich gab ihr vorsorglich einige Antibiotika, um eine Infektion zu verhindern, und eine kräftigende intravenöse Spritze. Dann wollte ich das Fohlen sehen.

Um Gottes willen! Das Fohlen, gerade ein paar Stunden alt, stand draußen in der glühenden Sonne! Das Stütchen war schwach, unterernährt und keuchte schwer in der grausamen Hitze. Die Nabelschnur schleifte am Boden, geschwollen und mit Schmutz bedeckt. Das kleine Wesen stand inmitten einer Schar von Neugierigen, die offenbar noch nie in ihrem Leben ein Fohlen gesehen hatten. Alle redeten laut durcheinander und photographierten; einige zerrten die kleine Stute sogar hierhin und dorthin, als ob sie ein Spielzeug wäre, um sie von allen Seiten zu betrachten.

"Sie ist der Star des gesamten Wagenzuges", meinte der Mann stolz. "Die Zeitungen haben sie groß herausgebracht. Ja, sie ist wirklich eine Attraktion geworden."

"Wenn das so weitergeht, wird sie es nicht lange bleiben", erklärte ich ihm. "Wenn Sie sie weiter so in der Sonne lassen, wird sie in wenigen Stunden tot sein."

Die größte Sorge machte mir die verschmutzte und möglicherweise infizierte Nabelschnur. Ich ließ den Mann und seine Frau das jämmerliche kleine Wesen halten, während ich die Nabelschnur abtrennte und die Schnittstelle mit Jodlösung behandelte. Dann spritzte ich ihr ein Gegenmittel. All das mußte im Freien vor sich gehen, auf schmutzigem, staubigem Boden, in der unglaublichen Hitze der Mittagssonne und ohne jeglichen Schatten!

"Jetzt muß sie aber aus der Sonne und irgendwohin, wo sie zur Ruhe kommen kann", riet ich ihnen. "Ich kenne einen Mann, der hier in der Nähe einen Stall besitzt. Der wird sie bestimmt mit der Mutterstute aufnehmen. Da ist es verhältnismäßig kühl - es ist ein großer, luftiger Stall -, und sie kommt vor allem aus der Sonne und weg von all den Leuten hier. Ich will sie tragen, und Sie kommen, bitte, mit der Stute mit."

Der Mann schüttelte abwehrend den Kopf. "Das kann ich nicht machen, meine Dame. Wie ich ihnen schon sagte, ist sie die große Attraktion dieses Treffens. Jedermann kommt her und fragt nach ihr. In einem Stall kann sie ja niemand sehen."

"Sie wird bis zum Abend tot sein, wenn Sie sie hierlassen", sagte ich mit aller Entschiedenheit. "Ich riskiere in diesem Fall mein berufliches Ansehen."

Seine Frau mischte sich ein. "Alle unsere Tiere sind zäh und widerstandsfähig. Die kleine Stute ist hier schon gut aufgehoben."

Ich redete mit Engelszungen und dachte sogar daran, mit der Tierschutzorganisation zu drohen. Das machte alles keinerlei Eindruck auf sie. Andere Teilnehmer des Wagenzuges, die hinzukamen, nahmen sogar eine drohende Haltung ein. Auch sie betrachteten das Fohlen als etwas ganz Besonderes und wollten nicht, daß es aus ihrem Blickfeld verschwand. Diese Leute hielten zusammen wie Pech und Schwefel. Sie waren weit gereist und fühlten sich wie eine Familie, die sich gegenüber den Menschen "im Osten" zur Wehr setzen mußten. Da das Fohlen praktisch schon so gut wie tot war, hatte es keinen Sinn mehr, aus dieser traurigen Situation einen Gegenstand des Streites zu machen. Als ich ging, sagte ich nur noch: "Bringen Sie das Fohlen wenigstens unter einen Baum, wo es etwas Schatten hat und kühles Gras, um sich niederzulegen."

"Geht nicht", erklärte der Mann. "Die Leute können es besser hier in der Sonne photographieren."

Und doch liebten diese beiden ohne Zweifel ihre Pferde und kümmerten sich um sie. Es war einfach nicht zu begreifen.

Am nächsten Tag kam ich wieder, um die Behandlung der Tiere fortzusetzen. Ich schaute mich um, weil ich herausfinden wollte, was sie mit dem Kadaver des Fohlens gemacht hatten, das jetzt mit Sicherheit tot war; am gestrigen Nachmittag hatte es kaum noch Lebenszeichen von sich gegeben. Zu meiner Überraschung entdeckte ich das kleine Tier noch immer draußen in der glühenden Sonne. Es sah sogar etwas kräftiger aus, was mir völlig unverständlich war. Ich gab ihm eine weitere Injektion und appellierte nochmals an die Besitzer, es doch in den Stall zu stellen, der nur 400 Meter entfernt war, oder ihm wenigstens etwas Schatten zu gönnen. Und wieder weigerten sie sich.

Im Herbst desselben Jahres löste sich der Wagenzug auf, und die Leute fuhren nach Hause, unter ihnen auch die Besitzer des Fohlens. Zu diesem Zeitpunkt war es in guter Verfassung, gesund, spielfreudig und dick. Es trabte hinter seiner Mutter her, bereit für die Reise von 4 000 Meilen, und ich möchte wetten, die kleine Stute schaffte es. Als die Frau sagte: "Unsere Tiere sind alle zäh," hat sie gewiß nicht übertrieben. Gut und gerne hätte ich 1 000 Dollar gegen ein Fünf-Cent-Stück gewettet, daß das Fohlen die ersten Tage in der Sonne nicht überleben könnte. Ich bin froh, daß ich mich in diesem Fall geirrt hatte.

Meine Praxis wurde immer größer, so daß ich sie nur zu bewältigen vermochte, wenn ich meine Familie einspannte. Im Grunde war "meine Praxis" mehr ein Familienbetrieb als ein Ein-Mann-Geschäft. Um zu zeigen, was ich darunter verstehe, muß ich eine Geschichte erzählen.

Die Erledigung kaufmännischer Angelegenheiten hat mir niemals gelegen, ganz abgesehen davon, daß mir dafür die Zeit fehlt. Mein Vater machte das alles für mich. Es fällt mir schwer, mit den neuesten medizinischen Forschungsergebnissen auf dem laufenden zu bleiben, weil ich einfach nicht die Zeit habe, die von den Forschungszentren regelmäßig veröffentlichten Ergebnisse zu studieren. In jüngster Zeit hat es in dieser Hinsicht bedeutende Verbesserungen gegeben. Die Berichte sind jetzt auf Tonbandkassetten zu haben, die ich dann abspielen kann, wenn ich von einem Stall zum anderen unterwegs bin. Das war schon eine große Erleichterung. Als Vater starb, übernahmen Mutter und Norma die Buchführung, wofür ich dem Himmel und ihnen beiden dankbar bin. Unglücklicherweise besitzt aber keiner von uns die geschäftlichen Berufserfahrungen von Vater und sein entsprechendes Wissen.

Norma ist für Telefonanrufe zuständig. Ich kann gar nicht deutlich genug betonen, wie wichtig das ist. Man sagte mir einmal: Die Person am Telefon kann einem Tierarzt zum Erfolg verhelfen oder ihn ruinieren. Und das glaube ich auch. Wenn Norma auch noch so müde ist oder zu welcher Stunde auch immer man sie aus dem Bett geholt hat, sie ist immer bereit, interessiert zuzuhören. Nichts kann einen besorgten Besitzer so in Wut versetzen, wie Grobheit oder Gleichgültigkeit des Antwortdienstes eines Tierarztes. Er ist krank vor Sorge, und er erwartet Anteilnahme von seinem Anrufpartner. Dann gibt es da noch das Problem der Notrufe. Für den Besitzer ist es ein Notfall, obwohl es oft nur eine Bagatelle ist. Wenn ein Polizeipferd von einem Laster angefahren wird oder eine Stute während des Fohlens eingeht, ist das vorrangig. Ich sorge allerdings immer dafür, daß ein anderer Tierarzt Notrufe entgegennimmt. Norma muß über die Dringlichkeit eines Notrufes entscheiden und, wenn ich ihm nicht folgen kann, darüber, wer ihn am besten übernimmt. Ich glaube aber, am allerschwersten fällt ihr die Erklärung, warum ich so oft später komme als vereinbart. Für einen Besuch rechne ich etwa 20 Minuten. Ist die Untersuchung oder Behandlung beendet, sagt mein Klient sehr oft: "Da Sie gerade hier sind, sehen Sie doch bitte noch ..." Das kann eine weitere Stunde dauern. Inzwischen rufen die Leute, die auf mich warten, bei Norma an, die ihnen dann meine Verspätung erklären muß.

Mutter löst mich gelegentlich beim Fahren ab. Wir haben oft "elastische Tage", das heißt unerwartete Anrufe und Extra-Stunden. Es kommt vor, daß ich ohne Pause 48 Stunden unterwegs bin. Allein ist das nicht zu schaffen, so fährt Mutter, und ich kann im Sitzen neben ihr schlafen.

Meine Nichte Margaret fing als Helferin bei mir an, als sie zehn Jahre alt war. Jetzt, mit zweiundzwanzig, ist sie meine wichtigste Kraft. Ich fragte sie, ob sie Lust hätte, Tierärztin zu werden, und bekam zur Antwort: "Warum acht Jahre mit dem Lesen von Büchern verbringen, wenn ich in der Praxis lernen kann?" Natürlich darf sie ohne Zulassung als Tierarzt niemals eine eigene Praxis aufma-

chen, aber ohne ihre Hilfe müßte ich meine gesamte Arbeit drastisch einschrän-
ken. Sie weiß, wo sich alle Arzneien und Instrumente befinden, und assistiert bei
Operationen. Wenn ich meilenweit entfernt zu tun habe und entdecke, daß ich
etwas brauche, kann ich zu Hause oder über Sprechfunk anrufen. Margaret be-
reitet dann alles vor, ganz gleich, was ich haben will, und kommt mit Mutter zu
einer verabredeten Stelle, so daß ich meine Arbeit nicht unterbrechen muß.

Einen dieser "elastischen Tage" habe ich in besonderer Erinnerung. Seit fünf
Uhr früh hatte ich ohne Unterbrechung meine Besuchstour erledigt und war um
zehn Uhr abends wieder zu Hause. Nach einem heißen Bad kroch ich hundemü-
de ins Bett, als das Telefon klingelte. Es war der Lyman-Stall. Ein Pferd hatte eine
Fleischwunde und blutete stark. Es mußte sofort versorgt werden.

Ich war zu erschöpft, um selbst zu fahren. So setzte sich Mutter hinter das
Steuer, und Margaret kam mit, um zu assistieren, da sie eine erstklassige Anäs-
thesistin ist und offensichtlich gebraucht wurde. Die Fahrt zum Lyman-Stall
dauerte eine halbe Stunde, und ich fand einen Vollblüter vor, der sich ernste Rißwunden zugezogen hatte. Er mußte sehr sorgfältig genäht werden, damit keine
entstellenden Narben zurückblieben. Erst um zwei Uhr morgens war ich fertig.

Als wir zum Wagen gingen, wurde mir schlecht. Normalerweise bin ich ein
gesunder Mensch. Aber am Tag zuvor hatte ich den Fehler gemacht, in einem
Schnellimbiß ein Sandwich zu essen, weil ich keine Zeit hatte, irgendwoanders
eine ordentliche Mahlzeit zu mir zu nehmen. Norma gibt mir meist etwas zum
Lunch mit, so daß ich während der Fahrt essen kann. Diesmal aber hatten wir einen solchen Sturm von Anrufen nicht erwartet, so daß sie sich darum nicht kümmern konnte. Das Sandwich war sehr schlecht, und ich hätte es nicht essen sollen. Aber ich hatte Hunger und war in Eile. Jetzt mußte ich dafür büßen.

"Mir wird schrecklich übel", sagte ich zu Mutter, als ich in den Wagen stieg.
"Fahr so schnell wie möglich nach Hause."

Aber es war noch nicht soweit. Margaret mußte erst noch die benutzten Instrumente waschen, einpacken und ordnen. Auf diesem Gebiet befolgen wir eine eiserne Regel. Aus bitteren Erfahrungen hatte ich nämlich gelernt, daß, wenn
die Instrumente einfach in den Wagen geworfen und erst später gesäubert und
wieder ordentlich gepackt werden, unweigerlich ein Anruf kommt. Fahren wir
dann zu den Patienten, muß alles erst sortiert und auf kaltem Wege sterilisiert
werden. Wenn es aber auf die Minute ankommt, kann eine solche Verzögerung
verhängnisvoll sein. Gottlob erledigte Margaret diese langwierige und mühevol-
le Arbeit, zu der ich selbst nicht mehr imstande war. Ich lag auf meinem Sitz, von
Magenkrämpfen geplagt, bis sie fertig war. In einer halben Stunde würde ich zuhause und in meinem Bett sein.

Dann knackte der Autofunk, es war Norma. Bevor ich überhaupt mitbekam,
was sie sagte, wußte ich an ihrer Stimme, daß es sich um einen Notfall handelte.

"In den Pancoast-Ställen steht eine kranke Stute", berichtete sie besorgt. "Sie ist tragend und wurde gerade von Florida hergebracht. Ein schlimmer Fall von Gaskolik. Sie hat 39 Grad Fieber, und sie fürchten, Fohlen und Mutter zu verlieren, also sei so gut und beeile dich."

Bis zum Pancoast-Stall war es eine Stunde. Mutter nahm mir den Hörer ab. "Phyllis ist schlecht. Sag ihnen, sie sollen einen anderen Arzt anrufen." Dann kam Norma wieder: "Ich wußte schon, daß Phyllis nicht auf dem Posten war, als sie zu Lymans fuhr. Seitdem habe ich versucht, einen anderen Tierarzt zu finden. Um diese Zeit meldet sich keiner. Die Pancoasts rechnen mit ihr."

Bei den Pancoasts war ich seit 15 Jahren Tierarzt. Sie hatten einen Rennstall und ein Gestüt und gehörten zu meinen ersten wirklich bedeutenden Auftraggebern. Während dieser langen Zeit hatten sie niemals einen anderen Tierarzt herangezogen, und ich konnte sie jetzt nicht im Stich lassen. Ich nahm Mutter das Mikrophon aus der Hand. "Sag ihnen, wir kommen so bald wie möglich."

Mutter sagte dazu kein Wort, fuhr aber so schnell sie konnte. Mir ging es von Minute zu Minute schlechter. Manchmal glaubte ich, ich könnte es einfach nicht mehr schaffen und müßte aufgeben, aber der Gedanke an die Stute hielt mich aufrecht. Als wir die Pancoast-Ställe erreichten, fiel ich fast aus dem Wagen. Zwei Männer führten eine große Zuchtstute im Schritt auf dem Zirkel. Ohne jeden Zweifel war sie krank, vielleicht noch kranker als ich selbst. Sie schwitzte stark und ihr Bauch war sehr gebläht. In diesem Fall war es ein besonders glücklicher Umstand, daß ich ein hochwirksames Mittel gegen diese Art der Kolik besaß. Margaret neben mir hatte alles bereit; Schlauch, Arznei gegen Kolik, ein Mittel zur Regulierung der Magenfunktion und Paraffinöl. Ich gab der Stute eine intravenöse Injektion, um sie zu beruhigen und den Schmerz zu lindern. Dann führten wir den Schlauch ein und pumpten die Mixtur in den Magen. Zwei Stunden später ging es ihr wieder gut, und wir konnten uns auf den Weg nach Hause machen. Der Morgen dämmerte, als wir Berwyn erreichten. Ich schaffte es nur mit großer Anstrengung bis in mein Bett und mußte nach einer kurzen Pause schon wieder meine normalen Besuche absolvieren.

Meine eigene Klinik

Schon kurz nach Beginn meiner Tätigkeit als Tierärztin empfand ich es als besonders schmerzlich, nicht in einer eigenen Klinik arbeiten zu können. Es gibt in der Umgebung von Philadelphia zwei ausgezeichnete Tierkliniken, aber beide bestehen ausdrücklich darauf, daß jedes Tier, das zu ihnen gebracht wird, auch von ihren eigenen Ärzten behandelt wird. Das bedeutete natürlich, daß ich jeden Kontakt zu meinen Patienten verlor. Es gab keine Möglichkeit einer längeren Beobachtung oder einer intensiven Behandlung, und ich konnte keine Operationen vornehmen. Unter diesen Umständen fühlte ich mich nur wie ein halber Doktor.

Auch medizinische Versuche waren nicht durchführbar. Mein Hauptinteresse galt den Bein- und Hufkrankheiten sowie der Arbeit an Zuchtstuten und ihren Fohlen. Pferde werden oft lahm; noch vor zwanzig Jahren war es fast selbstverständlich, daß sie getötet werden mußten. Nach zahlreichen Sektionen entdeckte ich, daß der Schaden im mißgebildeten Fuß eines Pferdes oft durch die Kontraktion der Beugesehne im Vorderbein von jungen Pferden verursacht wurde. In der gleichen Sehnenscheide wie die tiefe Beugesehne liegt ein Band, das am Röhrbein ansetzt. Wenn dieses Band zu kurz ist, entsteht eine Ungleichheit zwischen dem Wachstum des Knochens und der Sehne. Die Folge: das Pferd steht auf der Zehenspitze. Das führt nicht nur zu großen Schmerzen, sondern das Zehenende neigt dann auch dazu, aufzureißen, womit dem Bakterienbefall Tür und Tor geöffnet ist und auf den Kronbeinrand zusätzlicher Druck ausgeübt wird. Damit das Pferd seinen Fuß flach aufsetzen kann, muß das Band verlängert werden.

So weit meine Theorie, die einige andere Kollegen mit mir teilten. Den Beweis dafür anzutreten, stand jedoch auf einem anderen Blatt. Die Stellung des Fußes ließ sich teilweise durch Stützverbände korrigieren, indem man die Sehnen streckte oder andere Methoden anwandte, die alle unbefriedigend waren, aber ohne eigene Klinik hatte ich auch keine Möglichkeit, Versuche durchzuführen.

Daneben häuften sich ebenfalls die Probleme mit Zuchtstuten und ihren Fohlen. Gelegentlich verhielt ein Fohlen das Kindspech, die erste Darmentleerung eines Neugeborenen. Um das wieder in Ordnung zu bringen, war des öfteren ein chirurgischer Eingriff notwendig. Andere Fohlen wiesen Nabelbrüche auf, die sich wenigstens für begrenzte Zeit mit bestimmten Handgriffen reduzieren ließen. Wurden sie aber durch die Entstehung von Verklebungen oder eine eingeklemmte Darmschlinge verursacht, war eine Operation unvermeidbar. Ein Fohlen kann sich bei der Geburt einen Blasenriß zuziehen, vor allem, wenn die Mutter sich erschreckt, vor der Zeit aufspringt und dabei plötzlich an der unversehrten Nabelschnur reißt. Dann gibt es alle möglichen Probleme mit den Beinen, wie z.B. den extremen Fall von Sehnenstelzfuß, wenn das Fesselgelenk zu stark nach vorn gebeugt ist und nur mit einem chirurgischen Eingriff gestreckt werden kann. Oder das Gegenteil: Der zu weit nach hinten durchgetretene Fesselkopf.

Entweder mußten diese oft sehr schwierigen Operationen in einem nicht sterilen Stall ohne jede entsprechende Einrichtung vorgenommen werden, oder das Tier wurde in eine Klinik geschickt. Dort behandelte ein anderer Veterinär, der oft ganz andere Vorstellungen davon hatte, wie diese Probleme anzugehen waren. Außerdem waren diese beiden Kliniken tierärztlichen Schulen angegliedert, wo die Studenten an den Patienten arbeiten durften. Natürlich ist mir klar, daß Studenten eine praktische Ausbildung brauchen, so wie ich sie auch hatte, aber manchmal wird ein Tier dadurch unnötig belastet. Für mich war es immer besonders hart, daß ich niemals die Möglichkeit hatte, meine Theorien über Korrekturmöglichkeiten in der Praxis zu testen, da ich nicht zum Personal einer der beiden Kliniken gehörte.

So habe ich jahrelang von einer eigenen Klinik geträumt. Ich entwarf Zeichnungen, wie ich sie mir vorstellte. Ich las alles, was ich zum Thema Tierkliniken in die Finger bekam, und konnte es sogar einrichten, im Lande herumzufahren und alle führenden Pferdekliniken zu besichtigen. Unter ihnen waren nur wenige gute. Aber eine eigene zu bauen, schien ein hoffnungsloses Unterfangen. Für Kredite besaß ich nicht genügend Sicherheiten, und meine eigenen Ausgaben waren so hoch, daß ich kaum schuldenfrei über die Runden kam, ganz gleich, wie groß meine Praxis inzwischen wurde.

Schließlich geschah im Jahre 1970 das Wunder, und zwar mit Hilfe von Malcolm Meyer von der Berwyn Bank und einiger Freunde sowie meinen Extraeinkünften durch die Berittene Polizei: ich konnte endlich meine Klinik bauen! Um den amtlichen Bauvorschriften zu genügen, schenkte mir Mutter in ihrer Großzügigkeit 10 acres (= circa 40 000 qm) von ihrem Farmland, genug nicht nur für meine Klinik, sondern auch für einige eingezäunte Koppeln, wo sich Patienten erholen, galoppieren und spielen konnten.

Ich besaß bereits eine alte Remise, die noch aus der Kolonialzeit stammte. Sie enthielt fünf Boxen und vier Ständer, die ich für Tiere benutzte, die weder ernsthaft krank waren noch an ansteckenden Krankheiten litten. Daneben stand ein kleines Landhaus, das wir vermietet hatten. Nach den Baubestimmungen mußten alle Gebäude dicht beisammen liegen und offenes Land ringsherum freilassen. Nach meinen Plänen würde die Klinik etwa 4 000 qm überbaute Fläche einnehmen und mußte daher an die Remise und das kleine Landhaus gebaut werden.

So weit wie möglich sollte sie sich im Stil den älteren Gebäuden anpassen. Sie wurde aus Zementblöcken errichtet, weiß gestrichen und bekam ein Dach aus schwarzen Asbest-Schindeln, um sie dem Baustein und den dunklen Holzschindeln der anderen Gebäude ähnlich zu machen. Ganz in der Nähe steht ein herrlicher Ahornbaum, der nach meiner Schätzung mindestens zweihundert Jahre alt ist. Ich ließ ihn durch eine Betonmauer schützen, damit er weiterhin als Schattenspender gedeihen konnte. Viele der Kliniken, die ich mir angesehen hatte, wurden im Krankenhaus-Stil gebaut, mit nur geringfügigen Abwandlungen. Da hier aber eine Klinik ausschließlich für Pferde entstehen sollte, mußte ich jede Einzelheit besonders planen. Ich bestand auf einer vollständigen Temperaturkontrolle, einschließlich Klimaanlage in allen Bereichen, wobei jede Abteilung durch eigenen Thermostat kontrolliert wird. Innen sind die Zementblöcke mit Spezialkacheln abgedeckt, so daß sich die Wände leicht säubern lassen. Alle elektrischen Leitungen enden in Sicherheitsschaltern, die wasserdicht und aus stoßfestem, nichtrostendem Stahl gefertigt sind. Die Wasserhähne in der Chirurgie wurden von mir entworfen und nach Maß hergestellt.

Der Patient betritt zunächst den Krankenstall, der fünfzehn Boxen enthält, jede mit schweren, durch Gegengewicht funktionierenden Türen, die ich selbst entworfen habe. Jede Einheit hat ihre eigene Beleuchtung und Klimaanlage und verfügt über eine Temperaturkontrolle. Die Boxen wurden mit Selbsttränken ausgestattet, und für jede einzelne Box können Heu und Hafer aus dem Speicher über der Decke zugeteilt werden. Wir haben jederzeit mindestens sechshundert Ballen Heu auf dem Speicher in Reserve, das von unserer Farm im Westen des Staates geliefert wird. Rostfreie Stahltüren, die elektrisch hoch- oder heruntergelassen werden können, verbinden diesen Stallteil mit den Außenanlagen und führen auch ins Innere der Klinik. Am anderen Ende liegt eine komplett eingerichtete Schmiede mit Feuerstelle, zwei Ambossen und allen notwendigen Werkzeugen.

Für den Fußboden in diesem Teil des Gebäudes schien mir Dynaform am besten geeignet, ein elastischer Kunststoffbelag, den ich aus Deutschland kommen lassen mußte. Er ist unempfindlich gegenüber Säuren und ätzenden Substanzen, und die mit Borium behandelten Eisen, die den Pferden auf weicher Oberfläche einen besseren Halt geben sollen, hinterlassen keine Spuren. Die dem Dynaform eigene Elastizität dient im übrigen dem Wohlbefinden der Pferde.

Wenn ein Pferd operiert werden soll, bekommt es im Boxenstall zunächst ein Beruhigungsmittel und wird dann in die eigentliche Klinik gebracht. Der Operationssaal ist mit seinen 45 x 15 m der weitaus größte Raum der Klinik. So groß wollte ich ihn haben, damit ich ein Pferd auch auf- und abtraben lassen konnte, um, wenn nötig, seinen Bewegungsablauf und Takt zu prüfen. Am äußersten Ende des Operationssaales steht eine Einrichtung, die wir die "orthopädische Box" nennen. Es ist ein Zwangsständer, sehr solide gebaut mit hölzernen Balken. Ein Pferd kann hineingeführt und sicher angebunden werden, so daß es sich nicht bewegen kann. Von oben lassen sich Bänder herunterholen, mit deren Hilfe ein Pferd unterstützend aufgehängt werden kann. Ich benutze diesen Ständer für kleinere Operationen, Arbeiten am stehenden Pferd und sonstige Untersuchungen.

Für größere Operationen wird das Tier in einen anderen Teil der Klinik gebracht und dort vorbereitet. Der Fußboden ist hier mit 15 cm dickem Schaumgummi belegt, darüber liegt schwere abwaschbare Segelleinwand. Auch die Wände sind gepolstert. Hier wird dem Pferd eine Betäubungsspritze gegeben, so daß es auf die Matte abrutschen kann. Der Anästhesist führt in die Luftröhre einen langen Gummischlauch ein und sorgt für die Aufrechterhaltung der Betäubung in Form von Gas, meist Halothan, einem Narkosegas. Zieht sich die Operation in die Länge, werden routinemäßig Flüssigkeitsinfusionen zur Unterstützung gegeben. In den Fußboden wurde ein "Lift" eingebaut, ein beweglicher Teil in der Größe eines Pferdes, über den ein Tisch mit Rädern gerollt wird, sodann läßt er sich per Knopfdruck versenken, bis die Tischplatte auf gleicher Höhe liegt wie der Boden. Dann wird die aufgeblasene Matte, auf der das Pferd liegt, über den Tisch gezogen, der Lift hebt sich wieder, bis sich der Tisch wegrollen läßt. Tisch und Pferd werden durch die Klinik gezogen bis dort, wo sich eine nichtrostende Stahltür elektrisch öffnet, die in den Vorbereitungsraum der Chirurgie führt. Hier wird das Pferd gesäubert, erhält eine weitere spezielle Vorbereitung und wird für die Operation abgedeckt. Dieser Bereich besitzt zusammen mit dem Operationsraum eine eigene Stromversorgung, falls im Haupttrakt der Strom einmal ausfallen sollte. Die Abflußgitter sind aus rostfreiem Stahl, die Wasserhähne können vom Chirurgen und seinen Assistenten mit den Knien bedient werden, die Seifengeber mit dem Fuß. Hier besteht der Bodenbelag aus Mypolam, einem besonders leitenden Material, das metallene Feilspäne enthält, so daß für Patienten und Operateur keine Gefahr eines elektrischen Schocks infolge statischer Aufladung besteht.

Der Operationsraum wird mit Halogenlampen erleuchtet, die aus Japan kommen, und hat in der großen Einheit eine Operationsleuchte mit 14 einzelnen Lampen, in der kleinen eine mit 5 Lampen. Dieses Licht erlaubt von jedem Punkt aus einen schattenfreien, unverzerrten Blick auf den eigentlichen Operationsbereich. Der Tisch läßt sich mit einem Fingerdruck in jede beliebige Stellung bringen. Ein großes Fenster trennt den Aufnahmeraum, der auch mein Büro enthält, vom Operationssaal, so daß Studenten, Besitzer und Trainer die Operation verfolgen können, ohne den Operationssaal betreten zu müssen.

Nach der Operation wird das Pferd zurück in die Klinik und durch eine weitere rostfreie Stahltür in den "Erholungsraum" gefahren, der mit gepolsterten Wänden und ebensolchem Fußboden ausgestattet ist. Das Pferd wird hier auf eine spezielle Luftmatratze heruntergelassen. Da der Raum einen eigenen Fernseh-Monitor besitzt, kann der Patient zu jeder Zeit beobachtet und kontrolliert werden. Darüber hinaus geben zwei Fenster aus splitterfreiem Glas in verschiedener Höhe die Möglichkeit zu direkter Beobachtung.

Die Apotheke steht ebenfalls mit dem Klinikgebäude in Verbindung. Dieser Raum ist etwa 10 x 15 m groß. In die Wände wurden Schränke und Arbeitstische eingebaut, und durch eine rostfreie Öffnung können Arzneien und sonstiges Material ausgegeben werden. Wenn sie nicht gebraucht wird, läßt sich diese Öffnung mit einer Schiebetür aus Stahl vom Klinikgebäude trennen. In der Apotheke stehen zwei Autoklaven, Behälter, in denen Instrumente unter Hochdruck sterilisiert werden. Sie arbeiten wie in anderen Krankenhäusern auch, mußten aber nach Maß angefertigt werden, weil die Instrumente für Pferde sehr viel größer sind. In einer Dunkelkammer können Röntgenaufnahmen maschinell entwickelt werden. In neunzig Sekunden steht ein trockenes Röntgenbild zur Verfügung. Außerdem gibt es noch einige kleine Räume, wie z.B. die Garderobe, in der sich Ärzte und Assistenten für die Operation umziehen; nebenan noch eine handelsübliche Waschmaschine mit Trockner. Die Garage, die eine fahrbare Klinik und zwei gewöhnliche Wagen beherbergt, ist mit der Apotheke verbunden.

Soweit ich unterrichtet bin, ist dies die am vollständigsten ausgestattete private Pferdeklinik der Welt. Ganz sicher kenne ich keine in den USA, die einem Vergleich standhält. Besucher aus Europa haben mir bestätigt, daß sie in ihrer Heimat keine kennen, die derart vollständig eingerichtet ist. Ich verbringe jetzt mehr Zeit in meiner Klinik als auf den Landstraßen und bin besonders stolz darauf, daß mir Entwurf und Organisation der Klinik eine Reihe hoher Auszeichnungen eingebracht haben. Heute repräsentiert die Klinik mit ihrem gesamten Inventar einen Wert von anderthalb Millionen Dollar.

Neben Norma und meiner Nichte Margaret gehören Nancy Fisher, eine geprüfte Krankenschwester, die mir bei Operationen hilft, Anna Lamp, meine Röntgenassistentin, und Dr. Franchetti, mein Anästhesist, zu meinem Personal.

Hier, in meiner eigenen Klinik, konnte ich nun endlich auf meinen speziellen Arbeitsgebieten Versuche durchführen. Anfangs besaß ich noch nicht den Mut, meine Vorstellungen von Korrektur mittels operativen Eingriffs in die Praxis umzusetzen. Dann kam eines Tages ein junges Ehepaar mit einem acht Monate alten Stutfohlen, das sie im Hänger den langen Weg von der Küste Marylands hierher gefahren hatten. Die kleine Stute war ihr besonderer Liebling, und sie hatten sie von einem Tierarzt zum anderen gebracht. Alle hatten gemeint: "Lassen Sie sie einschläfern. Es gibt keine Möglichkeit, ihr zu helfen."

Die junge Frau weinte, als sie mir erklärte: "Wir haben gehört, daß Sie eine Theorie vertreten, wie sich diese Stellung korrigieren läßt. Sie sind unsere letzte Hoffnung. Können Sie nicht irgendetwas mit ihr versuchen?"

Ich ließ sie die Stute im Schritt vorführen. Sie lahmte sehr stark und war nicht imstande, mit ihrem rechten Vorderbein richtig aufzufußen. Die Röntgenaufnahme zeigte genau das, was ich vermutet hatte.

"Diese Operation habe ich noch niemals gemacht und soweit mir bekannt ist, auch kein anderer," erläuterte ich ihnen. "Aber Ihre hübsche kleine Stute hat einen ernsten Beinschaden, und wenn ich diese Mißbildung nicht korrigieren kann, wird sie eingeschläfert werden müssen. Gelingt die Operation, wird sie Hunderten, vielleicht Tausenden von Pferden in Zukunft das Leben retten. Soll ich es versuchen?"

Die beiden berieten sich eingehend. "Fangen Sie an", erklärte dann der junge Mann entschlossen.

Die Stute wurde in den Operationssaal gefahren, und ich durchschnitt das innere Stützband, verlängerte es, nähte sorgfältig alle benachbarten Gewebe und packte Bein und Fuß in einen Gipsverband.

Die Operation hatte um sechs Uhr abends begonnen, und erst um Mitternacht war ich fertig. Danach konnte ich kaum schlafen, weil mich die Operation so sehr beschäftigte. Sobald es am nächsten Morgen hell wurde, eilte ich in die Klinik, um den Fuß zu untersuchen. Falls ich mit meiner Theorie auf dem richtigen Wege war, mußte sich das sofort am Ergebnis der Operation erkennen lassen. Aber die Stute lahmte immer noch.

Ich nahm den Gipsverband ab und bewegte den Huf über längere Zeit hin und her. Dann legte ich eine Stützbandage an, da mir der Gipsverband zu schwer erschien und auch die wiederholte Handkontrolle von Bein, Sehne und Huf behinderte. Am folgenden Tag untersuchte ich die Stute nochmals. Immer noch keine Besserung. Das konnte nur eines bedeuten: Ich hatte Unrecht. Es war eine grausame Enttäuschung, und ich konnte es nicht über mich bringen, dem hoffnungsvollen jungen Paar gegenüberzutreten.

Ich war so mutlos, daß ich es nicht wagte, die Stute auch am dritten Morgen zu untersuchen. Da sah ich Margaret fröhlich pfeifend aus der Klinik kommen. Sie winkte mir im Vorübergehen zu. Obwohl ich wußte, daß keine Hoffnung bestand, fragte ich sie: "Was macht die kleine Stute?"

"Der geht's gut", erwiderte Margaret so nebenbei. "Sie steht mit der ganzen Sohle auf dem Boden und scheint wieder gesund zu sein."

"Warum hast du mir das denn nicht gesagt?" rief ich voller Aufregung und eilte sofort zur Klinik. Die Stute stand zum ersten Mal in ihrem Leben völlig normal mit voller Belastung auf allen vier Beinen. In einem unbeschreiblichen Hochgefühl und wie berauscht wanderte ich den Rest des Tages umher. In der folgenden Woche nahmen die beiden jungen Leute sie wieder mit nach Hause. Mehrere Jahre lang brachten sie das Tier alle sechs Monate zurück, so daß ich die Ergebnisse der Operation nachprüfen und sehen konnte, welchen Einfluß sie auf den Bewegungsablauf der Stute gehabt hat.

Über diesen Erfolg und andere Techniken bei Bein- und Fußschäden habe ich mehrere Berichte veröffentlicht und hoffe, daß ich damit einen dauerhaften Beitrag zur Entwicklung der tierärztlichen Wissenschaft leisten konnte.

Als ich auf der Tierärztlichen Hochschule war und ankündigte, ich wolle mich auf die Behandlung von Pferden spezialisieren, sagte man mir: "In ein paar Jahren wird es keine Pferde mehr geben. Sie sind zu teuer und zu schwierig in der Haltung, und keiner wird mehr etwas für sie übrig haben. Das Interesse gilt nur noch Autos. Spezialisieren Sie sich lieber auf Kleintiere." Auf jeden Fall betrachtete man die Vorstellung, eine Frau könnte eine Pferde-Praxis haben, als absurd. Frauen seien nicht kräftig genug, um mit Pferden umzugehen, versuchte man mir einzureden. Heute gibt es in Amerika mehr Pferde als je zuvor, und die Tatsache, daß ich nun einmal eine Frau bin, ist für mich noch nie ein Handicap gewesen. Sicherlich, ein Tierarzt führt kein leichtes Leben. Es ist Jahre her, seit ich Urlaub gemacht habe; ich muß im Gegenteil noch von Glück sagen, wenn ich einmal eine Nacht ungestört durchschlafen kann. Ohne meine Familie hätte ich allerdings niemals durchhalten können. Aber dieses Leben hat sich bisher gelohnt, war niemals langweilig und immer voll von Herausforderungen. Und immer gab es mir das Gefühl, daß ich etwas Nützliches, Sinnvolles und Wichtiges tue.

Zur Zeit denke ich an den Bau einer zweiten Klinik in der Nähe der Rennbahn. Daß Rennpferde sich ständig mit Schäden an den Beinen plagen, ist ja keine Überraschung, und da mein Wissen und meine Erfahrung von Tag zu Tag zunehmen, schickt man viele von ihnen zu mir, was immer bedeutet, daß sie über eine beträchtliche Entfernung herantransportiert werden müssen. Viel leichter wäre es auch für die Patienten, wenn ich sie unmittelbar an der Rennbahn behandeln könnte. Mindestens einen Teil meiner Arbeit hätten dann Assistenten zu übernehmen, deren Ausbildung ich ohnehin schon nach meinen Methoden begonnen habe.

Das möglicherweise wichtigste Projekt, an dem ich gegenwärtig arbeite, ist die Entwicklung einer Technik, mit der sich schmerzhafte Nervenstümpfe vermeiden lassen. Wenn ein Nerv durchtrennt wurde, wachsen oft zwiebelförmige Gebilde, sogenannte Neurom-Knoten, am körpernahen Nervenstumpf aus. Wenn dieser Fall eintritt, beginnen die Schmerzen wieder, und die Knoten müssen entfernt werden. Das hat eine neue Knotenbildung zur Folge, die wiederum entfernt werden muß. Mit der Entwicklung neuer Theorien und Methoden bleiben die Nervenenden hoffentlich inaktiv und bilden keine schmerzhaften Knoten mehr. Sollte sich die neue Technik als erfolgreich erweisen, scheint es besonders interessant, da sie nicht nur bei Tieren, sondern auch bei Menschen angewendet werden kann und somit eine große Erleichterung für die Betroffenen bringen wird.

Es sieht so aus, als würden fast jede Woche in der Veterinärmedizin neue Entdeckungen gemacht, die wieder andere zur Folge haben. So entwickeln sich die Fortschritte in der Wissenschaft. Heute leben Tausende von Tieren, die noch vor wenigen Jahren als nutzlos und belastend getötet worden wären, ein zufriedenes und sinnvolles Leben. In zunehmendem Maße beeinflussen die neuen Entdeckungen - direkt oder indirekt - auch die Behandlung von Menschen. Manchmal wüßte ich gern, ob nicht die moderne Technik eines Tages in einer Sackgasse endet. Angesichts der knappen Energiequellen kann es sich als durchaus praktisch erweisen, in der Landwirtschaft wieder mehr Pferde einzusetzen. Sie sorgen selbst für ihre Vermehrung, helfen, ihr Futter zu erzeugen und liefern einen natürlichen Dünger, der in vieler Hinsicht jedem künstlichen Produkt überlegen ist. Nichts befriedigt mich innerlich mehr als das Gefühl, an einer immer wichtiger werdenden Arbeit beteiligt zu sein, die in hohem Maße durch die Wiederbelebung alter Fertigkeiten neue Impulse erhält. Und schließlich, falls Sie es noch nicht wissen, gehört meine Liebe den Pferden. Es ist wunderbar, sein Leben einem Wesen widmen zu können, das man liebt!

DIE NACHT DER FLIEGENDEN PFERDE

FN-Verlag ⬤ Warendorf

DIE NACHT DER FLIEGENDEN PFERDE

FN-Verlag Warendorf

Eine Sammlung
neuer und
klassischer
Pferdegeschichten

Herausgegeben
von Isabelle
von Neumann-
Cosel-Nebe

DU SOLLST FLIEGEN OHNE FLÜGEL

FN-Verlag FN Warendorf